LEÇONS D'ARMES.

PARIS.—IMPRIMERIE DE J. DUMAINE, RUE CHRISTINE, 2.

CORDELOIS

LEÇONS
D'ARMES

PAR

CORDELOIS

DU DUEL ET DE L'ASSAUT

THÉORIE COMPLÈTE SUR L'ART DE L'ESCRIME

2ᵉ ÉDITION ILLUSTRÉE
DE 28 PLANCHES ET DE 42 FIGURES, REPRÉSENTANT LES DIVERSES POSITIONS DE L'ESCRIME

GRAVÉES SUR ACIER

Par M. BROWN

PROFESSEUR A L'ACADÉMIE DES BEAUX-ARTS DE BRUXELLES

et le portrait de l'Auteur en pied gravé en taille-douce
Par Paul CHENET

PRIX : 10 FRANCS

PARIS
LIBRAIRIE MILITAIRE DE J. DUMAINE
LIBRAIRE-ÉDITEUR
Rue et Passage Dauphine, 30

1872

Tout exemplaire qui ne sera pas revêtu de la signature de l'Auteur sera réputé contrefait.

Cordelois

PRÉFACE

—

L'art de l'escrime peut être considéré sous trois aspects principaux :

Comme art plastique, il contribue puissamment au développement du corps de l'homme ; — il raffermit les muscles et leur communique une vigueur, une force de résistance surtout, qui les rendent propres à supporter et à vaincre toute espèce de fatigue ; — il donne aux membres la souplesse, la grâce et la force qui font la beauté robuste et virile.

L'escrime a aussi sa moralité. La lutte des amours-propres n'est pas moins vive que la lutte matérielle des épées, et les caractères se modifient, en bien ou en mal, à ce contact et à ce frottement. Sous l'empire de la surexcitation nerveuse produite par les exercices violents, l'esprit oublie souvent la politesse apprise et accoutumée ; les gens bien élevés restent toujours convenables sans doute, mais eux-mêmes subissent l'influence de ces courants passionnés. Les défauts de chacun deviennent beaucoup plus apparents. Le moraliste et l'observateur, qui n'ont vu au dehors que des gens revêtus d'un vernis uniforme, les retrouvent là transformés : plus beaux, plus grands, plus petits ou plus laids ; tels qu'ils sont réellement. Les uns, dominés par une sorte de *furia* irréfléchie, se précipitant en aveugles sur la lame immobile et menaçante du tireur qui leur est opposée ; d'autres, calmes, modérés, pleins d'une ardeur réfléchie mais inébranlable, ne donnant rien au hasard, recherchant pour les déjouer les projets de leur adversaire, les devinant parfois à l'aide d'un calcul intelligent, souvent aussi par une sorte d'intuition qui est le privilége des vrais tireurs. On peut dire, sans crainte, que ceux-là sauront utiliser dans les carrières qu'ils embrasseront, la carrière militaire principalement, les qualités qui les rendent supérieurs à leurs rivaux de salle d'armes.

Les qualités d'un bon tireur sont les mêmes, en effet, toute proportion gardée, que celles d'un bon capitaine : la prudence, la fermeté, la décision prompte, l'exécution rapide. Les bons tireurs sont rares, l'amour-propre grise certains hommes et les rend incapables d'aucun mouvement raisonné ; le plus grand nombre exécutent machinalement, au hasard, les attaques et les parades enseignées par le professeur ; quelques autres aussi sont victimes d'une incurable timidité, qui les empêche de développer dans la lutte leur intelligence et leurs moyens physiques.

Le but de cet ouvrage est de considérer l'escrime en elle-même, d'en donner les règles avec plus de justesse et de clarté qu'on ne l'a fait jusqu'à présent, et de créer une *méthode* qui puisse être aussi utile à ceux qui se livrent à l'enseignement, qu'aux amateurs qui désirent atteindre une force réelle et remarquable.

L'histoire de l'escrime est celle d'un certain nombre d'arts mécaniques qui sont allés du simple au composé, pour revenir du composé au simple, lorsqu'ils ont acquis leur plus haut degré de perfectionnement. L'escrime est un art véritable, et nous tâcherons ici de la dégager de toutes les superfluités dont le temps et des maîtres incapables ont encombré son enseignement et de la ramener à sa simplicité primitive, en tenant compte de tous les progrès accomplis.

Notre méthode sera donc dégagée de tout accessoire inutile, et nous aurions désiré la simplifier encore, en prenant, comme base de notre enseignement, un nombre égal de coups et de parades d'un seul mouvement; la composition et la lecture de cet ouvrage en eussent été rendues plus faciles; mais il y avait à cela un inconvénient plus grand, à notre avis, que le bien qui pouvait en résulter: c'était de donner à plusieurs parades un double emploi. Nous avons donc préféré écrire ce livre suivant la méthode d'enseignement créée et adoptée par nous, et d'après laquelle nous ne conservons qu'une seule parade de toutes celles qui ont pour but de parer le même coup et qui ne diffèrent que par la position ou la rotation du poignet.

Les manières différentes dans la rotation du poignet pour parer le même coup rendent la main incertaine dans les mouvements; elles font naître des complications souvent funestes et toujours dangereuses. L'esprit du tireur a déjà assez de préoccupations, il est inutile de lui en créer de nouvelles en le forçant à choisir entre différentes rotations de poignet pour la même parade, lorsque son salut dépend de la rapidité de sa décision. Nous avons été ainsi amené à supprimer la parade de tierce la main tournée en tierce (la conservant seulement pour les exercices conventionnels et particulièrement pour le mur), ainsi que la parade d'octave. Cette dernière parade, comme la parade de seconde, doit parer les coups dirigés dans le bas du dehors ; et nous donnons la préférence à la parade de seconde, parce que celle-ci a plus de fermeté, et qu'elle vaut mieux sous tous les rapports. Nous supprimons également la parade de quinte, inventée pour parer les coups désignés sous le nom de *coups cavés*, coups tirés dans le bas ou dans le haut du dedans (les maîtres ne sont pas plus d'accord sur le coup que sur la parade), le poignet à droite, — ce que l'on appelle en escrime la main ouverte. Les coups cavés ne se tirent plus par les bons tireurs ; du reste, ils se parent très-bien par ma quarte basse, si l'on tire dans le bas ; cette parade a sur la quinte l'avantage de conserver au poignet la même direction dans la rotation que ma quarte ordinaire et de laisser la pointe de l'épée plus près du corps de l'adversaire, afin de faciliter la riposte et de la rendre plus rapide. On trouvera, à la vérité, une différence de rotation pour notre quarte haute, la main étant alors tournée en quarte ; mais il est bon de prévenir que cette parade n'est recommandée que pour être opposée aux coupés lorsque les distances sont rapprochées et que les tireurs en sont arrivés à faire ce que l'on appelle un corps-à-corps ; cette position de la main est, du reste, la plus naturelle, elle se prend pour ainsi dire d'elle-même et sans effort de la pensée.

PRÉFACE.

Afin de justifier le titre que nous avons choisi pour cet ouvrage, celui de Leçons d'Armes, nous indiquerons la manière de faire exécuter tous les coups et toutes les parades dont nous nous servons pour notre leçon. Dans cette leçon, qu'on trouvera plus loin, nous laissons au maître le soin de prendre les parades convenables, comptant pour cela sur son intelligence, et afin de ne pas nuire à la rapidité de la démonstration.—Nous n'avons pas cru devoir indiquer non plus les deux ou trois leçons préliminaires dans lesquelles le maître devra faire prendre à l'élève la position de la garde, et, après lui avoir mis l'épée à la main, devra le faire marcher en avant, en arrière (rompre), l'exercer à l'extension du bras, à se fendre et à se relever. Lorsque l'élève sera parvenu à exécuter ces divers mouvements d'une manière passable, le professeur, pour continuer son enseignement, devra alors se reporter à la leçon déjà indiquée ci-dessus.

Ce n'est pas sans appréhension, et ce n'est qu'après avoir été longuement sollicité par plusieurs de nos amis et de nos élèves, que nous nous sommes décidé à publier ce livre sur l'art de l'escrime. Pour vaincre notre résistance, on ne cessait de nous rappeler l'insuffisance des traités sur la matière publiés jusqu'à ce jour, et l'on nous citait les noms des nombreux amateurs auxquels notre méthode a fait acquérir, en peu de temps, une force réelle. Nous avons cédé à ces sollicitations et à ces souvenirs. Puissions-nous avoir atteint le but que nous nous sommes proposé : celui d'être utile à tous ceux qui s'intéressent à cet art auquel nous avons consacré la plus longue partie de notre vie et la meilleure part de notre intelligence!

*

Aujourd'hui que mon livre a reçu des amateurs et des professeurs d'escrime un accueil des plus bienveillants, cette bienveillance même m'autorise à dire que je suis satisfait de mon ouvrage, qui a dépassé les espérances que je pouvais en concevoir ; je fais paraître une nouvelle édition, revue, corrigée et établie par chapitres, de manière à en faciliter plus encore l'étude. Je l'augmente de réflexions, d'appréciations sur le duel ; des moyens à employer selon les facultés des combattants, des circonstances et des motifs qui ont amené le combat.

Je l'augmente également d'observations théoriques et pratiques sur le jugement, la vue, le toucher, sur la manière la plus favorable de diriger les élèves dans la leçon, des parades de contractions, du temps en moyenne suffisant pour former des tireurs de la force de la plupart des maîtres d'armes, de quelques mouvements favorables sur le jeu italien, sur l'échappement du pied gauche en arrière et d'un grand nombre de définitions et observations nouvelles.

J'ajoute, à la fin du volume, les principaux articles des journaux qui ont rendu compte de ma première édition, profitant de cette occasion pour remercier les auteurs de ces articles de leur bon accueil, de leur bienveillante et aimable gracieuseté.

Qu'il soit permis à un homme d'avoir la franchise de dire, non pas pour la génération actuelle, mais pour celle à venir, que la théorie qu'il fait paraître aujourd'hui, corrigée, beaucoup augmentée, restera comme base dés vrais principes, tant qu'on fera de l'escrime avec l'épée! Je le dis sans orgueil, sans vanité, par la force du sentiment de ma conviction, on n'écrira rien, théoriquement parlant, de plus juste dans les principes, de plus sérieux, de plus vrai et de plus clair. Cette méthode, qui m'appartient exclusivement et qui n'a presque rien de conforme à tout ce qui a été écrit sur cette matière, fera faire, j'ose l'espérer, des progrès à un art que j'aime et que j'ai professé en artiste toute ma vie; art très-utile à la jeunesse et à l'homme mûr, sous le rapport physique, moral et intellectuel, qui contribue à faire respecter sa propre dignité, comme il engage à respecter celle des autres.

Je n'avais pas eu l'intention, en écrivant ce livre, d'y faire figurer le mot *duel;* je ne l'ai fait que sur l'observation d'un de mes amis qui m'a fait comprendre que la théorie du duel était le complément indispensable d'un ouvrage sur l'art de l'escrime.

N'ayant traité que fort légèrement cet article dans ma première édition, j'ai compris l'utilité grande qu'il y aurait à développer cette question, et c'est ce que je fais dans cette édition, avec la conscience de remplir un devoir.

Je traite d'abord de la manière de combattre, selon la position des parties, et des précautions à prendre. Je donne ensuite mon opinion sur la grave question du duel, sur laquelle peu d'hommes sont toujours d'accord avec eux-mêmes; je dis *toujours*, parce que les hommes changent d'opinion à ce sujet, selon leurs intérêts, selon leur position et l'influence qu'exerce sur eux la société qu'ils fréquentent. Je donne mon opinion avec conviction, sans ostentation et sans faiblesse; réclamant l'indulgence de ceux à qui ma manière de voir ne plairait pas, et remerciant d'avance ceux qui approuveront mes idées.

On trouvera peut-être que je suis plus hardi ici que dans ma première édition; la raison en est simple : j'ai écrit mon livre avec crainte et hésitation; la lecture des ouvrages antérieurs au mien, sur la théorie de l'escrime, m'avait amené à penser qu'il était impossible d'être clair et précis. Je n'avais trouvé aucun principe fixe et justement défini. Les mouvements les plus simples étaient décrits avec une prolixité fatigante et inutile. Je n'osais me flatter de faire mieux que mes devanciers; le succès de ma première édition me donne le courage de dire que j'ai réussi, et au delà de mes espérances. Je suis de plus en plus convaincu de la supériorité de ma méthode, et je le dis franchement, afin d'épargner des recherches fatigantes et inutiles dans des ouvrages qui manquent de clarté, de justesse, de principes et surtout d'enseignement. Je recommande de ne pas négliger la lecture des notes au chapitre 20°; on y trouvera de bons et très-bons renseignements, surtout pour les professeurs.

Toutes les personnes, me dira-t-on avec raison, qui ont écrit sur des questions scientifiques, ont presque toujours annoncé que les principes qu'ils développaient, que leur méthode d'enseignement étaient supérieurs à ceux de leurs devanciers. Dans ce cas, j'ai fait et dit comme tout le monde, avec la ferme conviction que je suis dans le vrai. Pour en juger, une méthode simple se présente au lecteur : c'est la confrontation des coups, des parades, des feintes, des observations, des notes générales, et des idées nouvelles, répandues en grand nombre, qui m'appartiennent exclusivement, n'ayant jamais été traitées que dans cet ouvrage. C'est, on le sait, la meilleure manière d'apprécier si mes prétentions sont justifiables. Cette confrontation, je la sollicite en faveur de la vérité scientifique et comme une gracieuseté envers l'écrivain ; sa reconnaissance est acquise d'avance aux personnes qui lui feront l'honneur de s'occuper de son livre, comme à celles qui voudront bien lui faire connaître leurs appréciations à ce sujet.

HOMMAGE

ADRESSÉ A MES ANCIENS ÉLÈVES ET AMIS.

Messieurs,

L'accord amical et fraternel qui a toujours existé entre nous m'engage à vous adresser la dédicace de la deuxième édition de mon livre sur l'Escrime et en même temps à causer encore une fois avec vous tous, d'un art dans lequel plusieurs de vous sont parvenus, par mon enseignement et leur intelligence, à une force supérieure et élégante.

Vous trouverez dans ce livre tout mon enseignement.

Je vous ai souvent dit que l'harmonie dans les mouvements en escrime facilitait, aidait et permettait à l'intelligence la spontanéité dans les calculs, et à l'esprit la faculté de saisir plus rapidement et avec plus d'à-propos les coups que l'on veut porter à son adversaire; vous savez également que, lorsque les mouvements sont faits avec facilité, l'esprit reste plus libre et que le jugement en devient plus sain et plus prompt.

Un livre théorique sur l'escrime ne peut pas être mieux dédié et mieux placé que sous la protection de ceux qui, par leur jugement intelligent, ont compris l'utilité d'un art qui a le don de former les hommes au physique, au moral et au point d'honneur en fortifiant les caractères.

Vous trouverez, mes bons amis, dans le livre que je vous dédie, quelques coups nouveaux créés par moi depuis que j'ai eu le regret de vous quitter, non volontairement, mais forcé par l'âge.

> Recevez, mes chers élèves et amis, l'assurance de ma considération la plus distinguée,

CORDELOIS.

UN MOT

A M. ERNEST LEGOUVÉ

MEMBRE DE L'ACADÉMIE FRANÇAISE, L'UN DES TIREURS LES PLUS DISTINGUÉS DE PARIS.

« Monsieur,

« J'ai lu dernièrement, dans le journal *le Voleur*, du 5 avril 1867, tiré de *Paris-Guide*, publié par la Librairie nationale, à l'occasion de l'Exposition universelle, un article sur l'*Escrime, les professeurs et les salles d'armes de Paris*. Je suis heureux, Monsieur, de m'être rencontré avec un spirituel et savant écrivain et l'un de nos tireurs d'armes les plus distingués, sur les qualités d'un art que j'ai pratiqué toute ma vie. Cela me démontre que j'étais dans le vrai, lorsque j'ai écrit la préface de ma première édition, sauf la différence de style qui caractérise l'écrivain éminent. Tout en vous priant, Monsieur, d'accepter mes vives félicitations, permettez-moi quelques légères observations, concernant les qualités sur l'art, négligées dans votre article. Vous louez avec juste raison la valeur du pouce et de l'index et vous négligez leurs auxiliaires (les trois derniers doigts), qui jouent également un rôle important ; on peut s'en assurer par la lecture d'un grand nombre de coups décrits dans mon livre *Leçons d'armes*. Vous accordez de même un mérite aux tireurs qui tendent des piéges à leur adversaire ; ici, nous ne sommes, en tant que principe théorique de l'escrime, nullement d'accord ; et, si vous avez un moment de disponible, soyez assez aimable pour examiner mes appréciations à ce sujet : vous les trouverez note 23 de cette édition. Vous avez oublié également de parler de l'harmonie dans le mouvement, quand on doit y ajouter le développement pour atteindre son adversaire, harmonie qui donne la vraie vitesse en escrime, même aux hommes auxquels la nature a refusé une grande rapidité musculaire, rapidité qui a toujours puissamment contribué à faire les forts tireurs. Vous auriez pu parler aussi, dans votre article, d'une bonne et belle qualité, peu connue et peu suivie des tireurs : celle du départ rapide de l'immobilité (fente); je ne l'ai rencontrée, pendant ma longue carrière, que dans un seul homme, à qui, malgré notre rivalité d'artiste, je me plais à rendre justice ; mouvement que je crois naturel en lui, et pour l'obtention duquel j'ai employé bien du temps ; je présume que M. Legouvé saura de qui je veux parler. La pose du coup d'épée au lieu de le lancer, qui se trouve décrit dans ma méthode, quand on doit y ajouter le développement, a aussi une vraie valeur; car le coup posé arrive plus vite, et on ajuste beaucoup mieux ; toutes ces qualités sont presque indispensables, sans oublier l'index et le pouce, pour faire un tireur de premier ordre. Cela dit sur l'art de l'escrime, vous me permettrez, Monsieur, j'ose l'espérer, une légère rectification, à laquelle je tiens beaucoup, à la fin de votre article. Vous donnez le nom de quatre amateurs des plus forts de Paris, qui sont MM. Ferry, de Espéléta, Saucède aîné et Borrel, et vous dites : Ils sont tous quatre élèves de M. Robert. Ces derniers mots ont dû échapper involontairement de votre plume ; car vous savez, comme tout le monde, qu'on n'est pas élève d'un maître parce que l'on fréquente sa salle. Si, par suite de cessation des professeurs qui vous ont donné des soins dans leur art, vous venez à fréquenter une salle étrangère et qu'un journaliste ou un écrivain quelconque se plût à annoncer que vous êtes élève du maître de cette susdite salle, je ne doute nullement que, dans l'intérêt des professeurs qui vous ont formé et par un sentiment de loyale justice, vous n'eussiez pas hésité à faire une rectification spontanée en leur faveur.

« Bien que je sois assez riche, sous le rapport de l'enseignement, je me plais et me fais un droit de faire rentrer un des beaux joyaux que vous avez détaché de ma couronne de professeur pour en enrichir un autre maître : M. de Espéléta, l'un des plus forts tireurs de France et le plus brillant, a été formé en escrime par moi seul ; n'ayant jamais pris une leçon de mes prévôts, la force que M. de Espéléta a aujourd'hui, il la possédait tout entière lorsque j'ai quitté ma salle d'armes.

« J'ose espérer, Monsieur Legouvé, que, malgré cette petite rectification et mes observations, nous conserverons l'un pour l'autre l'estime que nous méritons ; je dis *que nous méritons*, parce que l'estime se commande par la moralité dans la conduite, le caractère et le talent.

« CORDELOIS. »

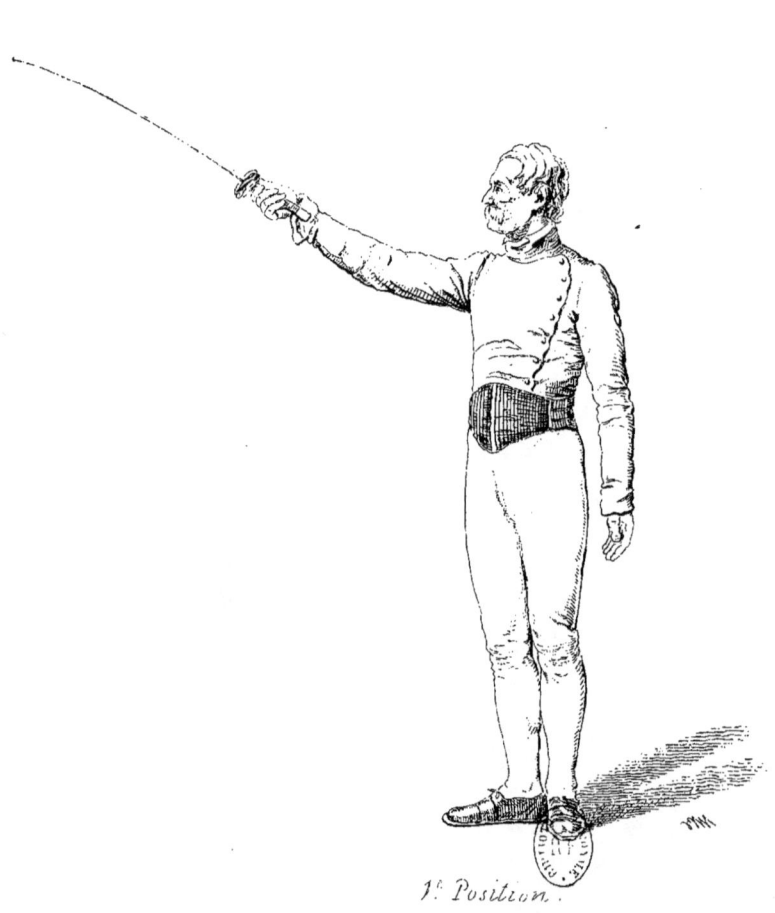

1.re Position.

LEÇONS D'ARMES

CHAPITRE Ier.

1° Manière de tenir l'épée ou fleuret.
2° Se mettre en garde.
3° De l'extension du bras.
4° De la fente ou développement.
5° Reprendre la position de la garde.
6° De la marche en avant et en arrière (rompre).
7° Des engagements.
8° Des changements d'engagements.

PRÉLIMINAIRES.

Manière de tenir l'épée ou fleuret.

Placez le pouce à plat à un centimètre de la garde sur la partie bombée du bois ou poignée, les doigts fermés sans roideur et sans force, se touchant les uns les autres. Prenez ensuite la 1re position, c'est-à-dire portez le talon droit près et touchant la cheville du pied gauche, levez le bras droit et l'épée presque verticalement, le bras gauche pendant le long et près de la cuisse gauche, la paume de la main en dedans. C'est vous dire, tournez du côté de la poitrine. (Voyez la 1re position.)

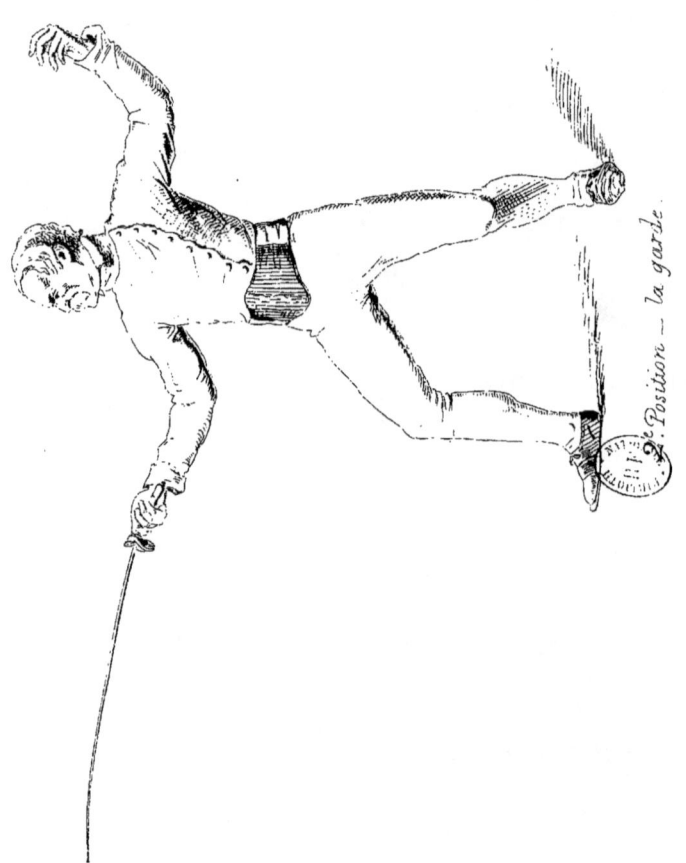

2e Position — la garde.

Page 18.

Voyez la 1re position pour passer à celle de la garde.

De cette position (la 1r), tournez la main de tierce[1], c'est-à-dire les ongles en dessous; baissez la pointe de votre épée et le bras naturellement, et lorsque votre main droite sera arrivée vers le milieu du corps, portez les doigts de la main gauche touchant la saignée du bras droit; ensuite faites passer l'épée devant le corps, en enlevant les deux bras moelleusement ensemble au-dessus de la tête, puis séparez-les en portant la main droite en avant, le pommeau de l'épée à la hauteur du sein, la pointe à la hauteur de la figure de l'adversaire, la saignée ployée, telle que l'indique la 2e position, le bras gauche en arrière et arrondi, la saignée à la hauteur de l'épaule, les doigts également arrondis sans se toucher, le pouce écarté; ensuite pliez sur les deux jambes autant que vous le pouvez, en laissant les pieds à la 1re position, et conservant le corps droit; cela fait, portez le pied droit en avant, aussi loin que vous le pouvez, sans avancer le genou gauche. (Voyez la 2e position : *la Garde.*)

---

[1] En escrime on a la main tournée en tierce lorsque les ongles, la main fermée, sont dirigés plus ou moins vers le sol. On a la main en quarte, quand les ongles sont plus ou moins en l'air; la main est en position moyenne, lorsque le pouce est placé sur la monture, l'ongle est tourné vers le ciel, l'épée régulièrement tenue.

3ᵉ Position. — extension du bras.

De la position de la garde, extension du bras.

Allongez le bras rapidement de toute sa longueur, en le détachant pour ainsi dire de l'épaule, sans roideur et sans saccade : pour obtenir ce résultat, faites une légère rotation[1] du poignet, en tournant la main un peu plus de quarte et dirigeant la pointe de votre épée vis-à-vis l'œil de l'adversaire, et en maintenant le poignet à la hauteur de la garde. (Voyez la 3ᵉ position.)

---

[1] Par rotation du poignet on entend les différentes positions que l'on donne à la main, en tournant les ongles plus ou moins vers la terre ou vers le ciel.

4e Position — développement (fente)

De la fente ou développement, étant placé dans la position de la garde.

Levez le pied droit, portez-le en avant aussi loin que vous le pouvez, rasant la terre et le posant à plat avec aplomb, le genou perpendiculaire au haut du cou-de-pied ; aussitôt que votre pied droit se lève, chassez-le avec rapidité par la tension de la jambe gauche, maintenant le pied gauche à plat, mais fortement appuyé sur le dedans du talon et de l'orteil. Ce principe doit être strictement observé pour avoir plus d'aplomb, de solidité, de vitesse, et ne jamais glisser en arrière en se fendant. Le bras gauche doit se baisser aussitôt que le pied droit se lève, et se porter le long de la cuisse gauche sans la toucher, les doigts allongés sans roideur, le pouce écarté, la paume de la main en dedans, c'est-à-dire, tournée vers la poitrine, le corps toujours droit et d'aplomb. (Voyez la 4ᵉ position : *la Fente*.)

Se relever, ou se remettre en garde après le développement.

Levez le pied droit, en même temps pliez la jambe gauche, attirez, par une petite rotation du genou et la puissance du jarret gauche, ramenez le pied droit à la distance de la garde, et, en même temps, relevez également le bras gauche. (Voyez la 2ᵉ position : *la Garde*.)

De la marche.

Étant en garde, portez le pied droit en avant, à la distance de vingt à trente centimètres, et faites suivre le pied gauche dans la même proportion, en conservant la position de la garde, rasant le sol sans le toucher, et posant toujours les pieds à plat.

Rompre (retraite).

Portez le pied gauche en arrière, et faites suivre le pied droit, de manière à conserver la distance et la position de la garde, les pieds rasant le sol, sans frottement. C'est l'inverse pour les gauchers.

Des engagements.

On est engagé en quarte lorsque les épées se joignent dans la ligne[1] du dedans du corps, c'est-à-dire lorsque l'on a l'épée de l'adversaire à la gauche de la sienne, ligne de hauteur; on est engagé en tierce, quand les épées se joignent dans la ligne du dehors, c'est-à-dire lorsque l'on a l'épée de son adversaire à sa droite.

On appelle prendre l'engagement, se couvrir du côté où l'on est engagé.

Changement d'engagement.

C'est changer de ligne en passant son épée par-dessous celle de son adversaire, et venir rejoindre l'épée dans la ligne opposée.

---

[1] Voyez l'observation sur les lignes à la fin du 6ᵉ chapitre.

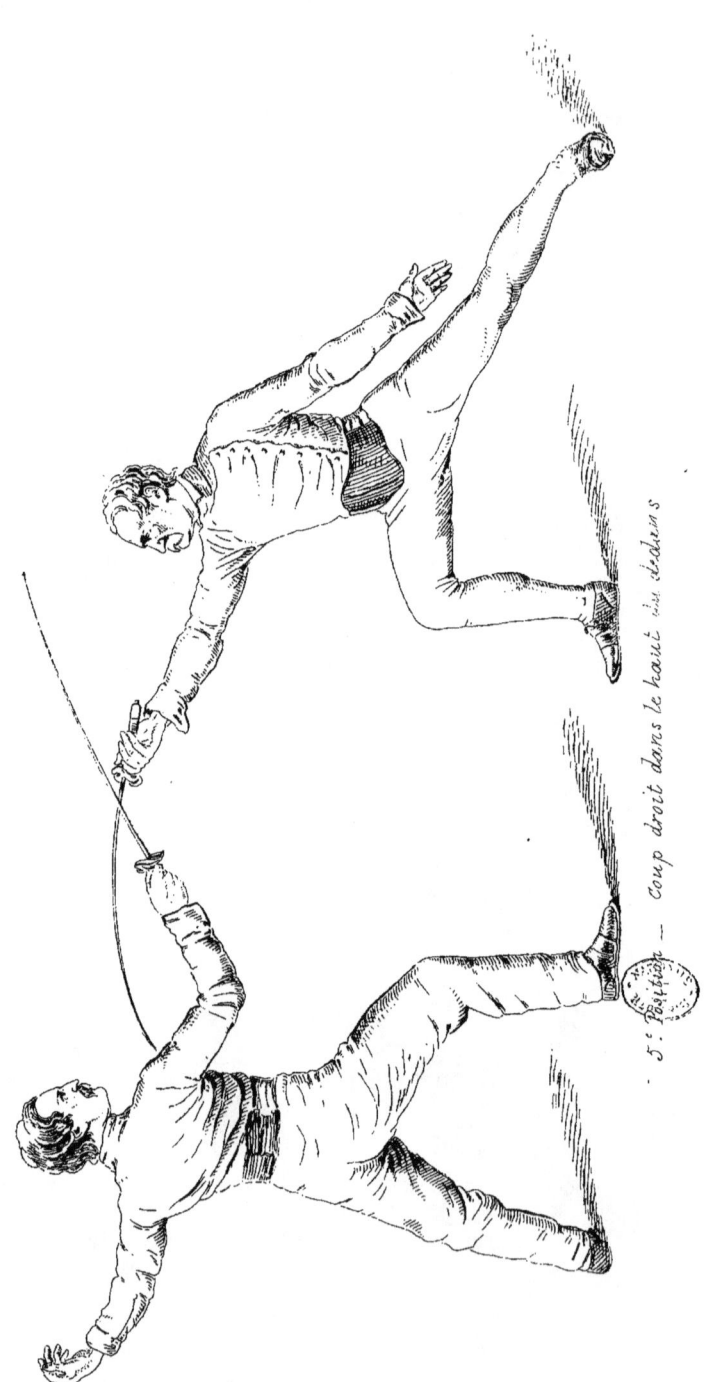

5ᵉ Position. — Coup droit dans le haut sur dedans

CHAPITRE II.

1° Coup droit dans le haut du dedans (quarte).
2° Coup droit dans le bas du dedans.
3° Coup droit dans le haut du dehors (tierce).
4° Coup droit dans le bas du dehors.
5° Du dégagement sur les armes et dans les armes.
6° Du coupé sur les armes et dans les armes.
7° Du liement dans le bas et dans le haut du dehors.

COUPS SIMPLES.

Le coup droit dans le haut du dedans (quarte).

On trouve les parades et les ripostes contre les coups d'un mouvement au chapitre troisième.

Étant en garde, et ayant pris l'engagement de quarte, portez vivement la pointe de votre épée vis-à-vis la figure de l'adversaire, la main bien de quarte, en allongeant le bras de toute sa longueur, sans roideur; et, sans qu'il y ait de temps d'arrêt dans les mouvements, fendez-vous avec rapidité en dirigeant la pointe au corps de l'adversaire en conservant l'opposition[1] de quarte, le poignet soutenu à la hauteur du sommet de la tête, la paume de la main plus élevée que les doigts autant que possible[2]. (Voyez la 5ᵉ position.)

---

[1] On appelle opposition se couvrir du côté où l'on tire.
[2] Il doit en être de même pour tous les coups dirigés dans le haut des lignes.

6.e Position — coup droit dans le bas du dedans.

Coup droit dans le bas du dedans.

Étant engagé en quarte, baissez rapidement la pointe de votre épée par un mouvement de rotation du poignet en quarte, en avançant la pointe de votre épée vers le corps de votre adversaire. (Voyez la 6ᵉ position.) Pour tenter ce coup, il faut être certain que l'adversaire n'ira pas au corps en même temps que vous : aussi je ne puis trop recommander de n'en faire usage qu'après plusieurs coups droits dans le haut, qui amènent l'adversaire à se porter en quarte la main un peu haute.

Coup droit dans le haut du dehors (tierce).

Ayant l'engagement de tierce, tendez le bras avec rapidité, sans brusquerie, en faisant faire au poignet une légère rotation en quarte, et faites suivre le développement de manière que tous les mouvements paraissent faits d'ensemble, et dirigez le coup dans le haut du dehors, avec élévation et opposition (Voyez la 7ᵉ position.)

Coup droit dans le bas du dehors.

Ayant l'engagement de tierce, baissez la pointe de votre épée en allongeant le bras, baissant également un peu le poignet, et dirigez la pointe de votre épée dans le bas de la ligne du dehors, la main toujours de quarte.

Observations sur le coup droit dans le bas du dehors.

Lorsque votre épée quitte la ligne du haut pour se diriger dans le bas, l'adversaire se porte de suite en quarte, ce qui fait que votre coup a lieu comme il est indiqué ci-dessus (dans le bas du dehors); mais si l'adversaire restait avec la position de l'engagement de tierce, votre coup arriverait dans le bas du dedans, et deviendrait et prendrait la dénomination de dégagement.

Observations pour favoriser les dégagements ou leurs feintes.

Quand vous désirez toucher votre adversaire par un dégagement, sans quitter son épée avant le départ, cédez à sa pression par une légère rotation du poignet, en quarte si l'engagement vient de la ligne du dedans pour dégager sur les armes, et en tierce, lorsque l'engagement est pris en dehors. Cette légère rotation du poignet donne de la facilité pour passer l'épée sous le bras ou le poignet de l'adversaire sans brusquerie ni roideur. Ce moyen vous permet de tirer le dégagement dans les armes ou sur les armes avec plus de vitesse, tout en ajustant mieux. Ayez soin, en cédant à la pression, de le faire de manière à rendre le mouvement presque imperceptible au regard et au toucher, et plus l'adversaire persistera à rencontrer de la part de votre épée de la résistance, plus il découvrira le côté où vous avez l'intention de porter le coup.

Cette manière de céder au lourd ou fort engagement de l'adversaire pour tirer le dégagement ou en faire la feinte a une valeur incontestable, et je suis surpris, malgré la bonté et la simplicité de cette méthode, qu'elle soit restée ignorée de mes devanciers. Lorsque je tirais un dégagement conventionnel de l'immobilité, je touchais presque tous mes dégagements sur la plupart des tireurs, et aucun ne s'est aperçu, avant que je le lui dise, que cela provenait du peu de résistance que je mettais à son engagement, joint à une vitesse d'ensemble dans le départ (harmonie dans les mouvements) sans laquelle les coups qui demandent le développement ne sont jamais vites.

Je ne puis trop recommander aux professeurs et aux amateurs de s'exercer à tirer de l'immobilité, qualité très-rare à rencontrer chez les tireurs, par la difficulté que cela présente et aussi par le peu de soin qu'on a mis à le pratiquer et à l'enseigner.

1.ᵉ Position — coup droit dans le haut du dehors.

Du dégagement sur les armes (tierce) [1].

Étant en garde, l'adversaire prenant l'engagement de quarte, sans appuyer sur son épée, passez la vôtre par-dessous son poignet et son arme par un léger mouvement des doigts, en allongeant le bras avec rapidité et en faisant suivre le développement avec le plus de vitesse possible ; dirigez la pointe de votre épée dans le haut du dehors (ligne de tierce) avec élévation et opposition. (Voyez la 7e position pour la pose : *Coup droit sur les armes*, page 28.)

Dégagement dans les armes (quarte).

L'adversaire prend l'engagement en dehors (tierce); cédez à l'engagement sans aucune résistance ; passez la pointe de de votre épée, la main tournée bien de quarte, en allongeant le bras de toute sa longueur sous celui de l'adversaire, le plus avant possible, et dirigez la pointe de votre épée, en vous fendant avec rapidité, souplesse et ensemble, dans le haut de la ligne du dedans avec élévation et opposition. (Voyez la 5e position, page 25 : *Coup droit dans le haut de la ligne du dedans* (quarte) pour la pose.)

---

[1] Le dégagement est un coup porté dans la ligne inverse d'où l'on est engagé, en passant son épée par-dessous le poignet et l'arme de l'adversaire, soit dans la ligne du dedans (quarte), soit dans la ligne du dehors (tierce), et il passe par-dessus le poignet et l'arme de l'adversaire quand son départ a lieu des lignes basses.

8.e Position course en attaque.

Définition du coupé.

Le coupé n'est qu'un dégagement qui passe par-dessus la pointe de l'épée de l'adversaire, au lieu de passer, comme dans le dégagement, par-dessous la lame et le poignet. Lorsque les distances sont rapprochées, il faut, pour la réussite plus certaine du coup, que l'épée siffle. En se retirant et en se reportant en avant, ce sifflement donne et indique plus de rapidité dans les mouvements, et par là plus de chance de succès. Ayez soin que la pointe de votre épée soit toujours arrêtée avec fermeté en la reportant en ligne, sans vacillement à l'achèvement final du dernier mouvement.

Coupé sur les armes [1].

Étant en garde, les épées engagées dans la ligne du dedans (haut), l'adversaire ayant pris légèrement l'engagement, levez vivement la pointe de votre épée tout en retirant le poignet vers l'épaule droite, par un mouvement rétrograde[2], en ployant le bras, en desserrant les derniers doigts, portant la pointe de l'épée plus en arrière que le poignet. Ensuite baissez-la rapidement, la main tournée de quarte en resserrant les doigts sans roideur, et dirigez vivement avec justesse la pointe de l'épée dans le haut du dehors, en desserrant les derniers doigts, vous fendant avec rapidité. Opposition et élévation. Le coupé terminé, la position doit être la même qu'après le coup droit ou le dégagement sur les armes. (Voyez 8ᵉ position.)

---

[1] Lorsque vous faites un coupé ou sa feinte, il ne faut jamais maintenir la pointe de votre épée en l'air; les deux mouvements, celui de retirer et celui de baisser, doivent se faire rapidement et simultanément.

[2] J'appelle rétrograde tout mouvement qui se fait en retirant l'épée et le poignet plus ou moins vers soi.

9.e Position — Coupé dans les armes en attaque.

Coupé dans le haut de la ligne du dedans (quarte).

L'adversaire ayant pris légèrement l'engagement de tierce, levez la pointe de votre épée en l'air, tout en retirant le poignet vers l'épaule gauche plus ou moins, selon la distance où vous êtes placé de la pointe de l'épée de l'adversaire, desserrant les derniers doigts, le bras ployé un peu à la saignée. (Voyez la 9ᵉ position), prolongeant le moins possible le temps d'arrêt que vous êtes forcé de mettre après le mouvement de retrait, pour reporter l'épée en avant, baissez rapidement la pointe en resserrant vos derniers doigts sans roideur, passant votre lame par-dessus la pointe de l'épée de l'adversaire, tout en dirigeant votre coupé dans le haut de la ligne du dedans (quarte), avec élévation et opposition, et fendez-vous avec vitesse. Ce coupé terminé, la position de la main du corps et des jambes doit être la même qu'après le coup droit ou le dégagement dans les armes.

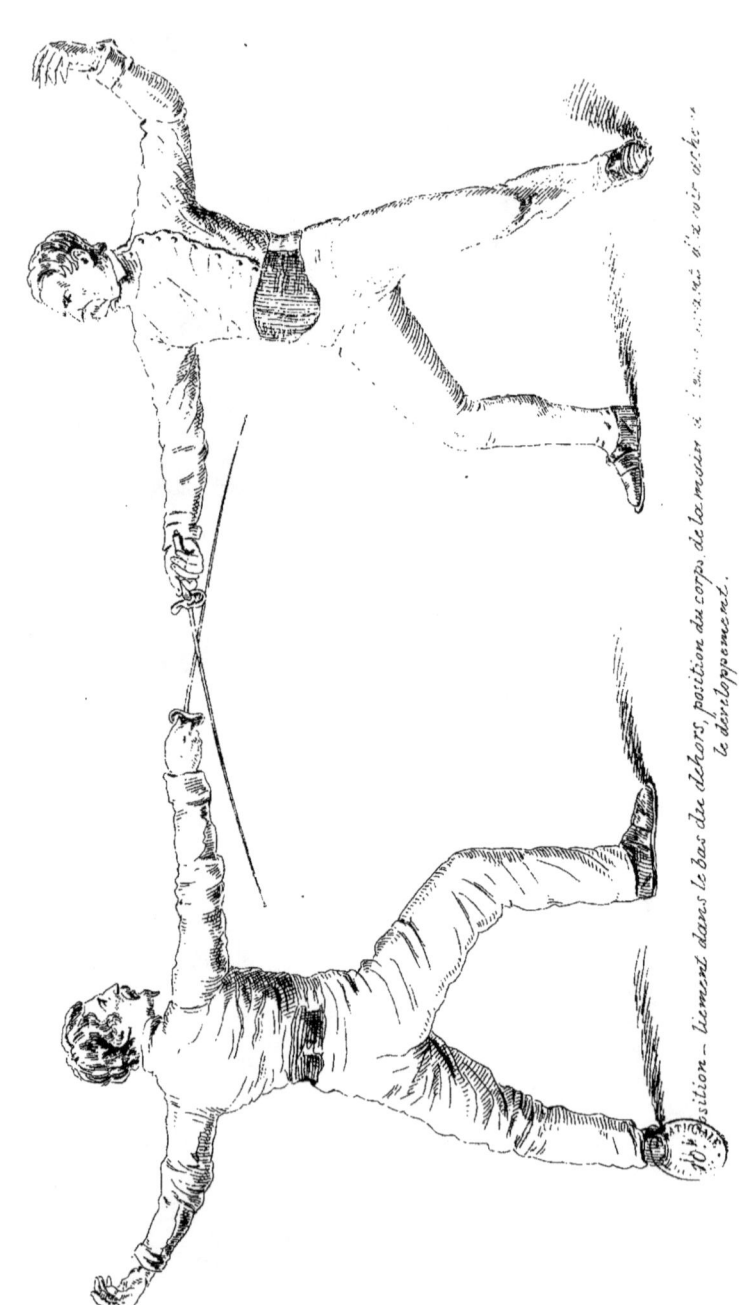

10.e position — liement dans le bas de dehors, position du corps de la main et du bras avant de virer arche le développement.

Liement dans le bas de la ligne du dehors (les épées engagées en quarte).

Étant engagé en quarte, l'adversaire ayant la pointe de son épée un peu plus basse que ne le veut la position de la garde, et le bras tendu, prenez le faible de son épée avec le fort de la vôtre, en la pressant sans brusquerie, comme si vous vouliez la tordre autour de votre épée, et dirigeant la pointe au-dessus de la hanche de l'adversaire, le poignet à la même hauteur que la pointe de votre épée, la main tournée de quarte (voyez la 10e position), et de suite, fendez-vous avec rapidité, en maintenant l'opposition en dehors.

Liement dans le haut de la ligne du dehors (tierce) [1].

Étant engagé en tierce, l'adversaire ayant la pointe de son épée un peu basse, prenez le faible de sa lame avec le fort de la vôtre, pressez sur la sienne comme si vous vouliez la tordre et la nouer autour de votre arme, en allongeant le bras graduellement, la main toujours tournée de quarte, dirigez la pointe de votre épée au corps et fendez-vous avec rapidité, opposition en dehors et élévation. (Voyez la 7e position, représentant le coup achevé : *Coup droit sur les armes.*)

---

[1] Le liement dans le haut du dehors, partant de l'engagement de tierce, placé au nombre des coups simples, peut être discutable ; j'ai cru cependant devoir, dans l'intérêt de la théorie, l'admettre et le maintenir parmi les coups simples.

CHAPITRE III.

1° Parades sur le coup droit tiré dans le haut de la ligne du dedans (quarte).
    Parade de quarte.
    Parade du contre de tierce.
    Observation sur la manière de parer.
2° Parades sur le coup droit dans le bas du dedans.
    Parade de demi-cercle.
    Parade de quarte basse.
3° Parades sur le coup droit dans le haut du dehors tierce.
    Parade de prime.
    Parade tierce.
    Parade du contre de quarte.
4° Parades sur le coup droit dans le bas du dehors.
    Parade de seconde.
    Parade de demi-cercle.
5° Parades sur le dégagement dans les armes.
    Parade de quarte.
    Parade de demi-cercle.
    Parade du contre de tierce.
    Parade de prime.
6° Parades sur le dégagement sur les armes.
    Parade de tierce.
    Parade du contre de quarte.
7° Parades sur le coupé sur les armes.
    Parade de tierce.
    Parade du contre de quarte.
    Parade de prime.
8° Parades sur le coupé dans les armes.
    Parade de quarte.
    Parade du contre de tierce.
    Parade de quarte haute.

9° Parades sur le licment dans le bas.
  Parade de seconde.
  Parade en cédant.
10° Parades sur le liement dans le haut du dehors.
  Parade de tierce.
  Parade du contre de quarte.

OBSERVATION SUR LES PARADES CONTENUES DANS LE IIIe CHAPITRE.

Je viens de faire connaître les coups simples que j'emploie dans ma leçon d'armes, ainsi que la manière de les exécuter; maintenant, je vais indiquer les parades que l'on peut employer pour se garantir de ces coups, et décrire la manière de les faire. Je les classe plutôt dans l'ordre de leur utilité que dans l'ordre numérique.

Définition des parades et de leur valeur.

Parer, c'est éviter que le coup porté par l'adversaire ne vous touche, en écartant son épée, par un mouvement de la vôtre, de la ligne de votre corps. La parade de quarte est la plus facile et la plus prompte pour parer le coup droit et le dégagement dans les armes, mais il est très-utile de parer quelquefois par le contre de tierce, afin de doubler le nombre des ripostes, sur les dégagements; on peut les tripler en y ajoutant la parade des demi-cercles et celle de seconde; cette variation a l'avantage de tenir l'adversaire dans l'incertitude sur les parades que l'on veut prendre. Il en est de même pour les coups portés sur les armes et parés par la tierce ou le contre de quarte, qui double les ripostes par leur changement de ligne.

Parades de quarte.

Étant en garde, les épées jointes dans la ligne du dedans et votre adversaire ayant pris l'engagement, il tire dans le haut le coup droit (voyez page 19), portez rapidement votre poignet à votre gauche de dix-huit à vingt centimètres, en le baissant de huit à dix centimètres, la main tournée un peu de tierce, ayant soin de faire commencer le mouvement par la pointe de l'épée, portant le poignet et le gros du pouce le plus en dedans possible, votre arme formant une ligne horizontale. Cette action de faire précéder la pointe doit avoir lieu d'une manière presque imperceptible, quoiqu'elle parcoure un plus grand trajet que le poignet. (Voyez la 11ᵉ position : *parade de Quarte*[1].)

---

[1] Dans toutes les parades il faut avoir soin de toujours commencer le mouvement par la pointe de l'épée et de la porter dans la parade de quarte, le plus près possible du corps de l'adversaire pour favoriser la riposte. La parade de quarte doit être exécutée de la même manière sur le dégagement que pour le coup droit ci-dessus, malgré la sensation contraire des épées dans l'engagement.

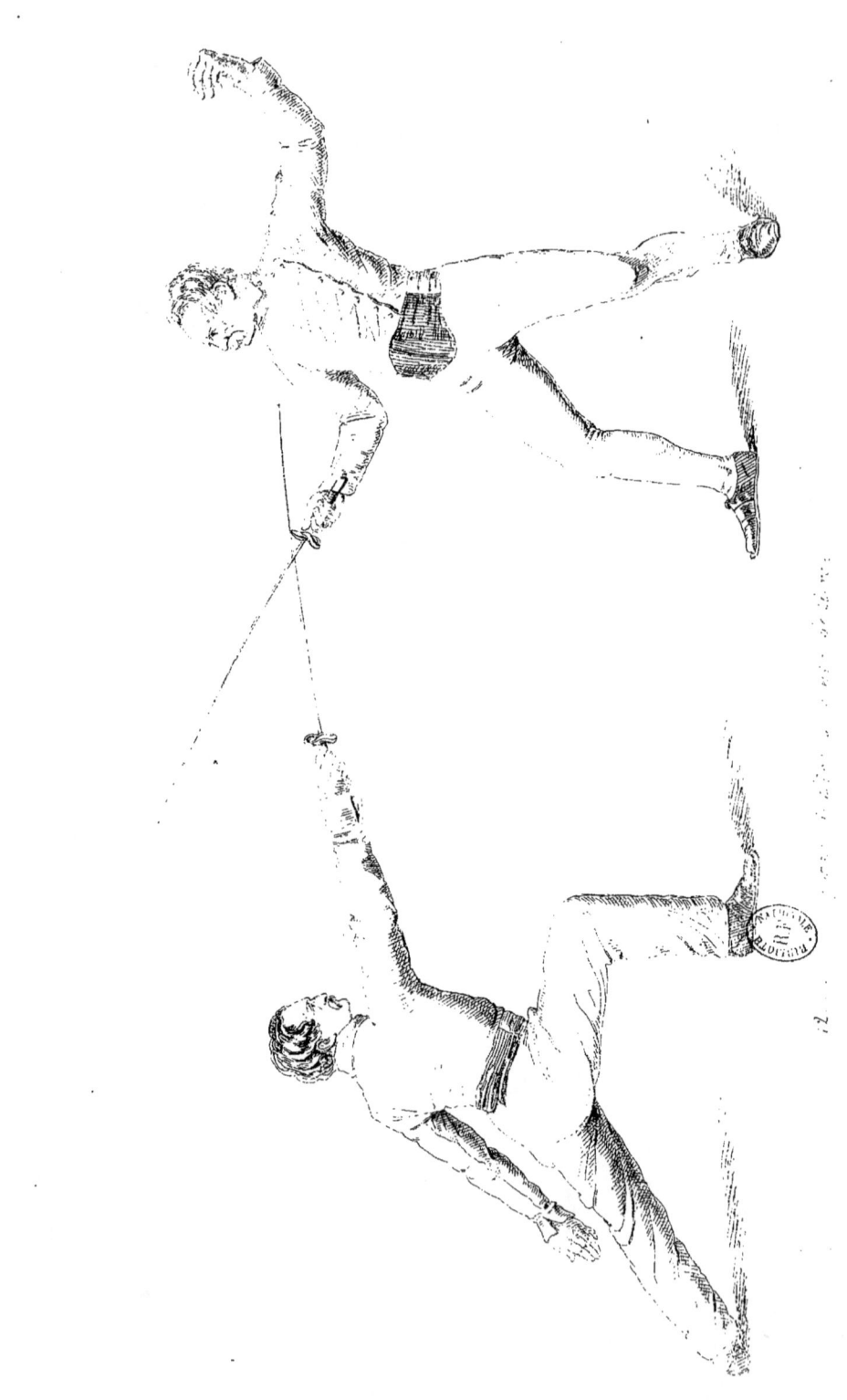

Parade du contre de tierce.

Étant engagé comme ci-dessus, en quarte, et votre adversaire tirant le coup droit dans le haut du dedans, faites parcourir à l'ensemble de votre lame un cercle, le plus étroit possible, en passant votre épée par-dessous celle de l'adversaire, levant un peu le poignet, et maintenant la main de quarte, arrêtant votre mouvement à droite avec fermeté, sans battement ni froissement pour la hauteur de la pointe et le placement du poignet. (Voyez la 12ᵉ position : *parade du Contre de Tierce.*)

Observations sur la manière de parer.

Dans toutes vos parades, à l'exception de la parade de prime, ayez soin de ne jamais ployer le poignet en parant, d'avoir toujours les muscles tendus, que les rotations qui se font par lui, se fassent sentir également dans l'avant-bras : ce petit détail est d'une grande importance, et j'ai mis bien des années avant de découvrir cette manière juste et avantageuse de parer. Dans vos mouvements, pour vous garantir, ayez toujours soin d'arrêter vos parades avec fermeté, sans roideur; lorsque vous parez tierce ou contre de tierce, vous devez toujours arrêter la parade à la même place. (Voyez la *parade de Tierce* et la 12ᵉ position). J'en dis autant pour les parades de seconde et de demi-cercle ; mais il n'en est pas de même pour la parade de quarte, ayant tout le dedans et le bas du corps à garantir, vous devez dans cette parade baisser et porter le poignet et l'épée plus ou moins à votre gauche selon la direction du coup porté par l'adversaire. Lorsque vous serez parvenu à bien arrêter vos parades, vous aurez fait un grand progrès : c'est le seul moyen de ne pas faire de grands écarts en parant ; et vous obtiendrez par là une stabilité et une régularité sérieuses dans l'épée, qualités indispensables pour devenir un beau et fort tireur.

Dans les parades de quarte, de contre de quarte, de tierce et contre de tierce, il faut avoir soin de ne jamais allonger ni raccourcir le bras. Maintenez-le toujours à la même distance du corps que vous avez dans la position de la garde, mais lorsque vous avez attaqué en vous fendant, ou même sans vous fendre, et que votre adversaire a paré par la quarte, ou par la tierce, ou par un contre de ces mêmes parades, retirez le bras en le ployant à la saignée, en vous mettant en garde et en liant en quelque sorte ce même mouvement avec votre parade, si l'adversaire riposte, tout en reprenant la même position et la même distance de votre main à votre corps que vous aviez avant votre attaque. Si vous parez en vous relevant le contre de quarte, retirez le haut du corps un peu en arrière ; ce mouvement facilite la parade, surtout contre le gaucher, ou le gaucher contre le droitier. Sans ce mouvement de retrait, on se trouve souvent gêné par le corps, ou le bras de son adversaire, qui vous force à retirer trop le vôtre et à prendre la parade trop large, mouvements qui diminuent beaucoup la vitesse.

Parade du demi-cercle [1].

Sur le coup droit de l'adversaire tiré dans le bas du dedans, parez le demi-cercle : pour prendre cette parade il faut porter la lame de votre épée et le poignet à votre gauche, faisant précéder dans le mouvement la pointe de l'épée et la laissant basse, le bras tendu, un peu fléchi à la saignée, le pommeau à la hauteur et vis-à-vis de l'œil gauche [2]. (Voyez la 13ᵉ position : *parade du Demi-Cercle*.)

[1] J'aurais bien pris pour ma cinquième parade le terme numérique de quinte, au lieu de conserver le nom de demi-cercle; mais le terme de quinte n'aurait pas été compris comme désignant la parade de demi-cercle, par la plupart des tireurs; c'est pour cela que je conserve ce dernier nom.

[2] La parade du demi-cercle a été inventée pour parer les coups dirigés dans le bas de la ligne du dedans, et adoptée par tous les auteurs. Cette parade se prenait le bras ployé et le poignet un peu bas; par cette position, le pareur était toujours touché lorsque l'attaqueur dirigeait son coup dans le haut; pour obvier à cet inconvénient et se garantir de ce danger, j'ai donné à cette parade une position au moyen de laquelle on pare parfaitement le bas et le haut.

14.ª Position — quarte basse.

Parade de quarte-basse.

On peut également parer le coup droit dans le bas du dedans par la parade que j'appellerai quarte-basse; c'est-à-dire parer plus bas, et toujours par le même mouvement décrit, page 39. (Voyez la 14e position : *Quarte-basse*.) La rotation du poignet en portant le gros du pouce, le plus en dedans possible, que je recommande dans ma parade de quarte, devient ici très-utile, pour conserver la pointe de l'épée près du corps de l'adversaire.

Il m'est arrivé quelquefois, en parant quarte-basse, de porter mon épée horizontalement à huit, à dix centimètres du sol, pour parer certains coups dirigés dans le bas, par un adversaire, tirant à bras raccourci et main basse. Je donne ce petit renseignement, convaincu de son utilité.

15.e Position — parade de prime

Parades de prime, de tierce, et de contre de quarte.

Sur le coup droit tiré dans le haut du dehors (tierce), on peut parer la prime, la tierce et le contre de quarte. Pour parer la prime sur le coup droit, tournez la main tout à fait de tierce en portant la lame de votre épée horizontalement à la hauteur du haut de la tête, le poignet au-dessus et en face de votre œil gauche. (Voyez les 15e et 16e positions : *Parade de Prime.*)

Je recommande aux tireurs d'être très-sobres de cette parade dans tous les cas.

La parade de tierce est la plus facile et la plus prompte pour parer les coups tirés dans le haut de la ligne du dehors.

La parade du contre de quarte, quoique moins prompte, a aussi une grande valeur.

16.ᵉ Position – parade de prime pour riposter par le coupé, les deux mouvements se liant ensemble.

Parade de prime pour riposter[1] par le coupé, sans interruption dans le mouvement de la parade et de la riposte sur les coups simples ou composés de l'adversaire qui passent par-dessous l'arme de l'attaqué et qui se terminent dedans les armes.

Sur le coup tiré dans les armes par votre adversaire, tournez tout à fait la main en tierce, baissez ensuite la pointe de votre épée en ployant le bras, faites passer la lame de l'épée près du corps, portant le poignet vis-à-vis votre œil gauche à la distance de 15 à 20 centimètres, par un mouvement rapide, et sans interruption de haut en bas et de bas en haut, en retournant la main de quarte dans ce dernier mouvement et dirigez la riposte dans la ligne du dedans.

Voyez où l'épée doit passer en parant (16° position).

J'ajoute ici la riposte à la suite de la parade par exception.

---

[1] La riposte est, en escrime, un coup que l'on porte à son adversaire après avoir paré son attaque.

Parade de tierce.

L'adversaire ayant pris l'engagement de tierce et tirant le coup droit sur les armes, portez vivement votre arme à votre droite de quinze à vingt centimètres de la ligne directe en tournant la main de quarte, commençant toujours le mouvement par la pointe de l'épée que vous portez un peu plus en dehors que le poignet, et que votre main, sans battement ni froissement, fasse une opposition simple. (Voyez la 12° position, page 43 : *Parades de Tierce et Contre de Tierce.*

Parade du contre de quarte, sur le coup droit tiré sur les armes par l'adversaire.

Pour exécuter cette parade sur le coup droit de l'adversaire, baissez un tant soit peu la pointe de votre épée, faites parcourir à l'ensemble de votre arme un petit cercle de droite à gauche, en reportant l'épée en quelque sorte au point de départ, la main restant tournée de quarte, jusqu'au moment où vous êtes arrivé à écarter par ce mouvement, fait avec rapidité, le coup porté par votre adversaire : avec le même mouvement inclinez la main de tierce, pour prendre la même position qu'à la parade de quarte. (Voyez la 11° position, page 41.)

Cette petite rotation du poignet, à la finale de la période, donne de la facilité pour parer par le même mouvement le coup qui viendrait à être dirigé dans le bas ; elle favorise la

17.e Position. — parade de seconde.

grâce et la souplesse; de plus, elle permet la rotation contraire, rotation qui empêche de saccader la riposte. Ce dernier mouvement de rotation aide beaucoup le tireur à mieux ajuster.

Parade de seconde.

Sur le coup droit tiré dans le bas du dehors par l'adversaire, parez seconde : pour exécuter cette parade, baissez la pointe de votre épée, en la portant à votre droite par un mouvement brusque et arrêté en tournant la main de tierce ; en même temps baissez le poignet à la hauteur de la hanche, le bras tendu. (Voyez la 17e position : *Parade de Seconde*.)

On peut également parer le coup tiré dans le bas du dehors par le demi-cercle indiqué ci-dessus, page 45.

Parade contre le dégagement tiré dans la ligne de quarte (ligne du dedans).

On pare le dégagement tiré dans le haut du dedans, par la quarte, le demi-cercle, le contre de tierce et la prime : je classe ici ces parades non pas dans l'ordre numérique, mais selon leur qualité : dans cette circonstance la quarte est la plus usitée, la plus facile et la plus prompte ; le demi-cercle a la même promptitude, mais présente plus de difficultés dans l'exécution ; le contre de tierce, quoique un peu plus lent, a, je l'ai déjà dit, la même valeur ; la prime je ne la recommande pas, comme étant trop lente et découvrant tout le corps ; toutefois, j'expliquerai de nouveau comment on doit la parer contre le dégagement. La parade de quarte s'exécute de la même manière que sur le coup droit indiqué page 25 ; la seule différence est que dans le coup droit on a la sensation du toucher étant en garde en dedans des armes, tandis que dans le dégagement on a la sensation en dehors.

Le demi-cercle se pare de la manière indiquée, page 45 : *Coup droit dans le bas*, différence également dans la sensation.

Le contre de tierce se pare également de la même manière que pour le coup droit (voyez page 43) avec cette différence que si l'adversaire ne tirait pas son dégagement serré, vous seriez obligé de faire parcourir à votre épée un cercle un peu plus grand.

La prime, quand on l'emploie pour parer le dégagement tiré dans les armes, présente une différence assez marquée avec celle indiquée pour parer le coup droit sur les armes. Je crois nécessaire de décrire de nouveau cette parade telle qu'elle doit être exécutée pour parer le dégagement.

Parade de prime sur le dégagement dans les armes.

Les épées engagées dans la ligne du dehors, sur le dégagement dans les armes tiré par l'adversaire, tournez tout à fait la main de tierce, portez de suite votre poignet à la hauteur et en face du front, à la distance de douze à quinze centimètres, l'épée placée horizontalement à votre gauche, ayant grand soin, dans tous les mouvements, de faire précéder la pointe de votre épée.

Mais si vous voulez riposter par le coupé sans interrompre le mouvement, reportez-vous à la 16ᵉ position page 51.

Parades à employer contre le dégagement sur les armes (tierce).

On pare le dégagement sur les armes par les parades de tierce et contre de quarte. Bien que j'aie indiqué la manière de parer tierce sur le coup droit, je crois devoir me répéter ici, l'engagement n'étant plus le même ; il s'y rencontre une légère différence.

Parade de tierce.

Vous êtes en garde, ayant pris l'engagement de quarte, votre adversaire dégage sur les armes ; aussitôt qu'il quitte l'épée, portez le poignet à droite de 35 ou 40 centimètres la main tournée de quarte, le pommeau de l'épée à la hauteur et vis-à-vis le sein droit, la pointe à la hauteur de l'œil et un peu plus à droite que le poignet. (Voyez la 12ᵉ position : *Parade du Contre de Tierce*, page 43.)

Parades contre le coupé sur les armes.

On pare le coupé dirigé sur les armes par les parades de tierce, contre de quarte et prime. Les parades de tierce et contre de quarte s'exécutent comme ci-dessus (dégagement et coup droit sur les armes). Quant à la prime, le poignet doit être porté un peu plus haut, plus à droite, et la pointe de l'épée un peu plus inclinée vers le bas qu'à la parade de prime indiquée page 54.

Parade contre le coupé dans les armes.

On pare le coupé tiré dans les armes par les parades de quarte et contre de tierce, de la même manière que pour parer le dégagement, et par la parade que je désigne sous la dénomination de quarte haute.

Parade de quarte haute.

Sur le coupé dans les armes de votre adversaire, portez le poignet à la hauteur et vis-à-vis l'œil gauche, à environ quarante centimètres de distance de la figure, la pointe de l'épée oblique et à droite. (Voyez la 13e position : *Quarte haute.*)

Parade contre le liement dans le bas de la ligne du dehors.

Vous êtes en garde, les épées engagées dans la ligne du dedans, la pointe de l'épée un peu basse, votre adversaire attaquant par un liement d'épée, dans le bas vous pouvez employer, pour parer, les deux manières suivantes :

On pare le liement par la parade de seconde, et en cédant à la pression, et ramenant l'épée de l'adversaire en quarte d'où elle est partie, votre main restant tournée en quarte.

La seconde se pare de la même manière qu'elle est indiquée, page 53, avec la différence que vous cédez à la pression jusqu'au moment où l'adversaire ayant conduit la pointe de son épée dans la direction du bas de la ligne de votre corps, vous tournez alors la main de tierce avec rapidité, le bras tendu sans roideur, la pointe de l'épée plus basse et plus en dehors que le poignet en chassant l'arme adverse à votre droite. (Voyez la 17e position : *Parade de Seconde*, page 53.)

18ᵉ Position — parade de quarte haute (vue de face)

19.e Position.— parade contre le corps en cédant à la pression, position de la main après avoir paré pour riposter.

Parade en cédant.

Sur le liement dirigé dans le bas du dehors par votre adversaire, céder à la pression en évitant de quitter un instant son épée, et lorsque la pointe de son arme arrive à menacer le bas de votre corps, baisser un peu la main en la laissant de quarte et sans interrompre le mouvement, relever le poignet en tenant toujours sa lame avec la vôtre, et la conduire à vingt centimètres environ vers votre gauche, jusqu'au point où vous vous trouvez garanti. (Voyez la 19e position : *Parade en cédant.*)

Parade contre le liement tiré dans le haut du dehors (tierce).

Vous êtes en garde, les épées engagées dans la ligne du dehors, votre adversaire attaquant par un liement d'épée sur les armes, vous pouvez parer, après avoir cédé à sa pression, quand la pointe de son épée menace le haut du dehors de votre corps, par la tierce, par le contre de quarte, ou par la prime. Quand vous employez cette dernière parade après avoir cédé à la pression, vous tournez le poignet selon la riposte que vous désirez faire. (Voyez 15e et 16e position, page 49 et 51.)

CHAPITRE IV.

RIPOSTES PAR LES COUPS SIMPLES.

Après avoir décrit les coups simples et les parades nécessaires pour éviter d'être touché par ces mêmes coups, je vais passer aux différentes ripostes à exécuter après avoir paré.

Ripostes [1] d'un mouvement qu'on exécute après les parades décrites ci-dessus.

Après avoir paré quarte ou contre de quarte, vous pouvez riposter par le coup droit dans le haut du dedans, le coup droit dans le bas du dedans, le dégagement, le coupé et le liement.

Riposte du coup droit dans le haut du dedans après la parade de quarte ou du contre de quarte.

Après avoir paré quarte ou le contre de quarte (voyez la 11ᵉ position : *Parade de Quarte*, page 41), rapportez vivement la pointe de votre épée vis-à-vis le corps de l'adver-

---

[1] La riposte est, en escrime, un coup que l'on porte à son adversaire après avoir paré son attaque.

saire, en allongeant le bras de toute sa longueur, et dirigez-la dans le haut de sa poitrine, conservant l'opposition de quarte, et s'il est trop éloigné pour le toucher fortement sans y joindre le développement, fendez-vous avec rapidité et remettez-vous en garde sitôt le coup assuré, vous tenant toujours prêt à parer, que vous ayez touché ou non [1].

Riposte dans le bas de la ligne du dedans après la parade de quarte ou du contre de quarte.

Après avoir paré quarte ou le contre de quarte, baissez la pointe de votre épée en dessous du poignet de votre adversaire, en tournant la main bien de quarte, la portant en ligne horizontale avec la pointe de votre épée, et à la même hauteur, le bras presque tendu. (Voyez la 6ᵉ position.) Si l'adversaire est trop éloigné pour le toucher sans vous fendre, fendez-vous avec rapidité.

Riposte par le dégagement après la parade de quarte ou du contre de quarte.

Après avoir paré quarte ou contre de quarte, rapportez un peu le poignet à votre droite, pour engager l'adversaire à se porter de suite à la parade de quarte et prendre l'opposition du dehors plus facilement, et, sans interrompre le mouvement, passez votre épée par-dessous son poignet, et dirigez la pointe dans le haut de la ligne du dehors [1], et presque toujours en se fendant.

---

[1] Après la riposte on reprend la position de la garde, que l'on se soit fendu ou non.

20.ᵉ Position, où doit s'arrêter l'épée d'après le trajet qu'elle parcourt pour riposter par le coup c sur les armes.

Riposte par le coupé après la parade de quarte ou du contre de quarte.

Après avoir paré quarte ou contre de quarte, relevez la pointe de votre épée en ployant le bras, tout en retirant le poignet à la hauteur et à dix centimètres environ de l'épaule droite, la pointe de votre épée plus en arrière que le poignet. (Voyez la 20e position), puis baissez-la rapidement en la portant en ligne droite, la pointe à la hauteur de l'œil de l'adversaire, de suite fendez-vous, en dirigeant le coup au corps avec justesse et rapidité en maintenant l'opposition et l'élévation. Il faut pour la réussite plus certaine dans l'exécution du coupé en riposte, que votre épée siffle en la retirant et en la reportant en avant, que la pointe soit toujours bien arrêtée à la fin de ses mouvements, sans vacillement ni ballottement. (Voyez la 7e position le coup achevé); on peut également riposter sans se fendre, cela dépend de la distance.

Riposte par le liement après la parade de quarte ou du contre de quarte.

La riposte par le liement doit s'employer le plus souvent contre le tireur qui remise[1], ou qui reste le bras tendu après son attaque. Cette riposte s'exécute de la manière suivante :

Après avoir paré quarte ou le contre de quarte, pressez sur

---

[1] La remise consiste à placer la pointe de l'épée par un coup droit à la suite de l'attaque sur le corps de son adversaire, du côté où a eu lieu la parade, ou bien encore quand l'attaqué n'a pas paré et que l'attaquant a passé son attaque.

la lame de votre adversaire, en portant la pointe de la vôtre dans le bas du dehors, de manière à sortir la sienne de la ligne de votre corps, en la faisant passer à votre droite; prenez l'opposition en dehors et fendez-vous si vous n'êtes pas à portée pour toucher fortement sans vous fendre. (Voyez la 10ᵉ position, le liement en attaque, page 37.)

Ripostes d'un mouvement que l'on peut exécuter après la parade de tierce ou du contre de tierce.

Après la parade de tierce ou du contre de tierce, vous pouvez exécuter : 1° le coup droit dans le haut de dehors; 2° le coup droit dans le bas de la même ligne; 3° le dégagement; 4° le coupé dans les armes, et 5° le liement.

1° Pour la riposte directe, tirez droit de la manière indiquée page 28 : *Coup droit sur les armes* (dehors). (Voyez la 7ᵉ position, page 31.)

2° Riposte dans le bas du dehors : exécutez-la de la même manière qu'au coup droit dans le bas, indiqué également page 27.

3° Riposte par le dégagement : après avoir paré tierce ou contre de tierce, portez un peu le poignet à votre gauche pour engager l'adversaire à se porter à la parade de tierce, prendre l'opposition d'avance à votre gauche, et, sans interrompre le mouvement, ni laisser rencontrer votre arme, passez la pointe de l'épée en allongeant le bras de toute sa longueur (la main tournée bien de quarte) par-dessous celui de l'adversaire en vous fendant de toute vitesse, si votre adversaire est relevé, conservant l'opposition et l'élévation. (Voyez la 5ᵉ position, page 25.)

21.ᵉ Position — *le tireur cherchant l'épée dans le trajet qu'elle parcourt pour riposter sur le coup dans les armes. (vue de face)*

4° Riposte par le coupé : après votre parade de tierce, élevez la pointe de l'épée en retirant le poignet, la main tournée de tierce près et à la hauteur de votre épaule gauche, la pointe de l'épée en l'air et plus en arrière que le poignet (ensuite voyez la 21ᵉ position), abattez vivement la pointe de votre arme, la main tournée de quarte, en allongeant le bras et, en dirigeant le coupé dans le haut de la ligne du dedans, fendez-vous rapidement en maintenant l'opposition et l'élévation. (Voyez la 5ᵉ position : *Le Coup terminé* [1], page 25.)

5° Riposte par le liement : près avoir paré tierce ou contre de tierce, l'adversaire appuyant son épée sur votre arme dans cette même ligne et maintenant le faible de son épée contre le fort de la vôtre, pressez-la de droite à gauche sans brusquerie, et quand vous l'aurez ramenée par un mouvement circulaire dans la ligne de tierce d'où vous êtes parti, allongez le bras de toute sa longueur, la main toujours tournée de quarte, et dirigez, en vous fendant, la pointe de votre épée dans le haut de la ligne du dehors, avec opposition et élévation.

---

[1] En riposte, comme en attaque, il ne faut jamais prolonger le temps d'arrêt que vous êtes forcé de mettre lorsque vous arrêtez l'épée pour la reporter en avant; il faut toujours, dans tous les coupés en riposte, que l'arme siffle dans les deux mouvements, celui de retirer et celui de la reporter vers le corps, ceci dit cette fois pour toutes.

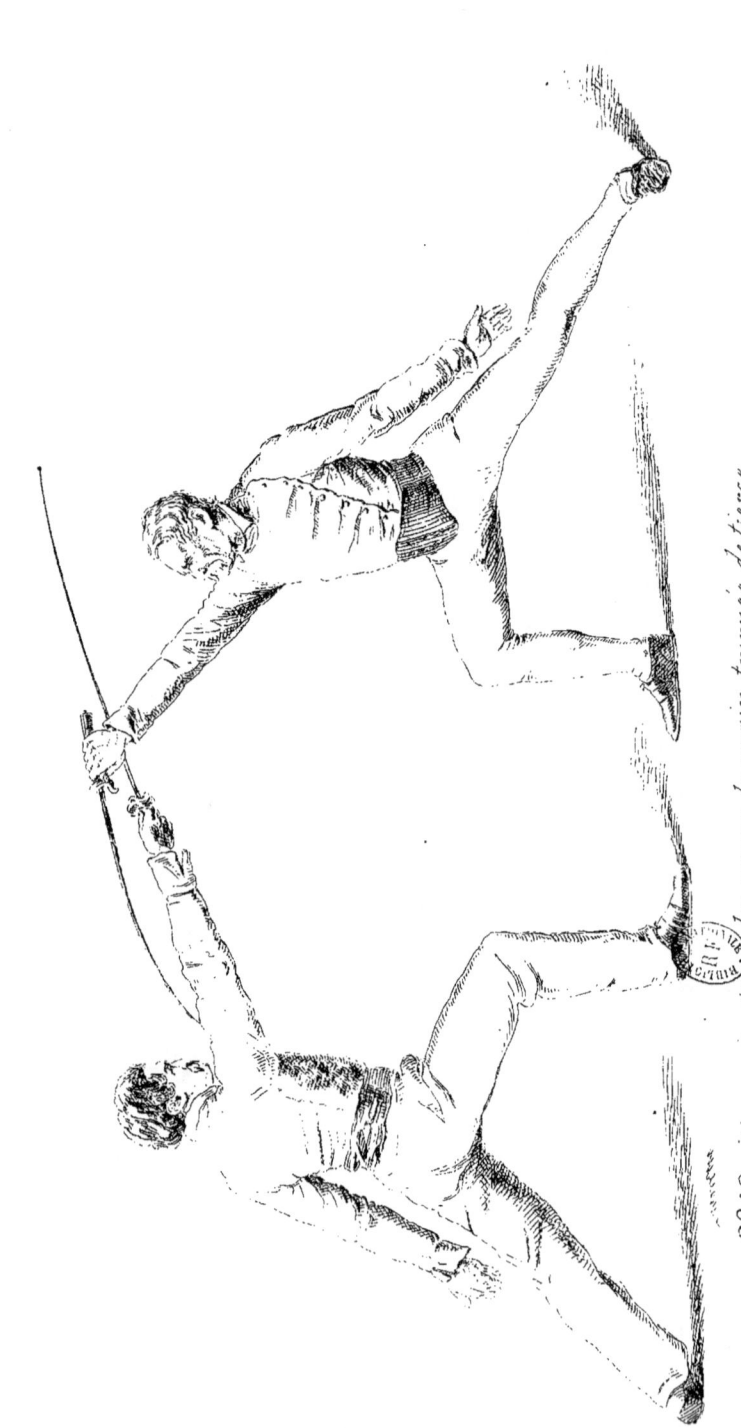

22e Position — riposte sur les armes la main tournée de tierce.

On peut également, après la parade de tierce, riposter, la main tournée de tierce. Mais pour exécuter cette riposte à la suite du liement, il faut, aussitôt votre pression pour lier l'épée terminée, tourner la main tout à fait de tierce et diriger la pointe de l'épée dans le haut du dehors. Cette manière de tourner le poignet donne de la facilité pour prendre plus d'élévation (Voyez la 22ᵉ position.)

Observation.

On se sert plus particulièrement, après la parade de tierce ou du contre de tierce en riposte, de la main tournée en tierce, contre le tireur qui reste fendu après son attaque, ou qui se relève en portant le pied gauche en avant (étant droitier) au lieu de porter le pied droit en arrière. Les divers mouvements de l'adversaire qui rapprochent les distances, vous permettent de tirer la main tournée en tierce, soit en attaque, en riposte et en redoublement. La main tournée de cette façon, facilite l'élévation qui diminue la distance de la ligne droite devenue gênante par le rapprochement de l'adversaire.

Démonstration d'un coup nouveau en forme de coupé, la main tournée en tierce, les épées engagées en quarte.

EXEMPLE.

Au moment où le tireur se rapproche de vous en appuyant son épée sur la vôtre dans la ligne de quarte, ne faites pas la plus légère résistance à sa pression, laissez votre poignet à la place où il se trouve, faites faire à la main un mouvement bien prononcé en quarte, de manière à faciliter le mouvement de votre lame, dont la pointe doit se porter tout à fait en arrière, et revenir ensuite, sans interruption, passer pardessus la pointe de l'épée de l'adversaire en renversant tout à fait la main de tierce et diriger le coup dans le haut du dehors. Ce coup exécuté ainsi devient un coupé sur les armes. Soit en riposte, en attaque ou en redoublement, cette sorte de coupé, la main tournée de tierce, vous permet d'en faire la feinte et de tirer le dégagement dans les armes, la main restant toujours de tierce. — Ce coupé-dégagé ne se faisant que lorsqu'on est corps à corps devient juste, malgré l'impossibilité de prendre l'opposition, attendu que lorsque l'on tire étant corps à corps, dans les armes la main tournée de tierce, l'adversaire est trop rapproché pour pouvoir prendre un *temps*[1].

Riposte après avoir paré le demi-cercle.

Ayant paré le demi-cercle, portez de suite la pointe de votre épée, le bras tout à fait tendu (la main restant tournée de quarte) au milieu du corps de votre adversaire, sans vous fendre ; mais s'il n'est pas assez rapproché de vous pour le toucher en allongeant seulement le bras, fendez-vous rapidement en conservant l'opposition en dedans.

Riposte par le liement après la parade du demi-cercle.

Ayant paré comme ci-dessus le demi-cercle, pressez avec le fort de l'épée la lame de l'adversaire sans brusquerie, en

---

[1] Voyez plus loin la signification du mot *temps*.

la liant de manière à maintenir le faible de son épée avec le fort de la vôtre, la main haute et toujours de quarte, prenant l'opposition du dehors et dirigeant la pointe de votre épée dans le haut du corps de l'adversaire.

On peut également, pour prendre plus d'élévation sur un tireur qui reste fendu, le poignet élevé, tourner la main de tierce, lorsque la pression pour le liement est presque terminée d'après la manière indiquée plus haut. (*Ripostes de Tierce*, page 65.)

Autre riposte par le dégagement.

Ayant paré le demi-cercle, tout en conservant la hauteur et la même position que dans la parade, apportez la main un peu à droite, ce qui engage l'adversaire à se porter de suite à la parade du demi-cercle, puis, sans interrompre votre mouvement, passez la pointe de l'épée par-dessus la lame et le bras de l'adversaire, dirigeant le coup dans le bas de la ligne du dehors avec opposition. Cette riposte se fait rarement.

Riposte après avoir paré quarte basse.

Après avoir paré quarte basse, ripostez par le coup droit en tournant bien la main de quarte et conservant l'opposition en dedans.

Riposte après la parade de prime.

Après avoir paré prime, apportez la pointe de votre épée en allongeant le bras (la main restant tournée de tierce) vis-à-vis le haut du corps de l'adversaire, fendez-vous rapidement avec élévation. (Ce coup ne comporte pas d'opposition.)

Riposte par le coupé après la prime.

Ayant paré prime, portez la pointe de l'épée en arrière de votre épaule gauche, passez-la vivement, par une rotation de poignet, en quarte au-dessus de la pointe de celle de votre adversaire, et, sans interrompre le mouvement, allongez le bras de toute sa longueur et dirigez, en vous fendant, la pointe de l'épée dans le haut de la ligne du dedans en maintenant l'élévation et l'opposition.

Riposte par le liement après la parade de prime.

Étant en parade de prime, levez la pointe de votre épée en l'air tout en tournant la main de quarte, maintenez le faible de l'épée de l'adversaire sur le fort de la vôtre, comme si vous vouliez l'y attacher; ensuite et sans interrompre le mouvement, baissez la pointe de votre épée en allongeant le bras et dirigez-la dans le haut du dehors avec opposition.

Autre manière de riposter par le liement après la parade de prime.

Après avoir paré prime, pour riposter par le liement la main tournée de tierce, laissez-la dans la position de la parade, ensuite portez la pointe de votre épée en face le haut du corps de votre adversaire en allongeant le bras de toute sa longueur, et fendez-vous avec rapidité, prenant l'opposition en dehors et maintenant toujours la main tournée de tierce.

Votre lame, quand vous avez touché, doit ployer en sens contraire de sa courbe habituelle.

25e Position. — Pivoter dans la main, étant sorti à moitié du renversé.

Différence dans la parade de prime pour riposter par le coupé, les deux mouvements se liant ensemble.

Pour exécuter cette riposte, ayez, en parant prime, la pointe de votre épée dirigée vers le sol (voyez la 16ᵉ position) faisant passer votre lame tout le long et près du corps par un mouvement rapide du poignet, en tournant la main de quarte sans interruption dans le mouvement, dirigez la pointe de votre épée dans le haut de la ligne du dedans en maintenant l'élévation et l'opposition.

Riposte après avoir paré la seconde.

Ayant paré la seconde, tirez droit directement la main tournée de tierce, le poignet se maintenant pour la hauteur dans la même position que celle que vous avez après votre parade. (Voyez la 23ᵉ position.)

Autre riposte après la parade de seconde.

Ayant paré seconde, levez vivement la pointe de votre épée et le poignet en tournant rapidement la main de quarte, dirigeant la pointe dans le haut du dehors.

Riposte après la parade de quarte haute.

Vous pouvez riposter par le coup droit dans le haut : par le coupé sur les armes la main tournée de tierce, en passant la lame de votre épée par-dessus le sommet de votre tête, le poignet restant presque à la même place dans sa rotation ; et par la feinte de ce même coupé et le dégagement, la main restant toujours tournée de tierce[1] dans le coupé ou dans la feinte, la lame de l'épée passe par-dessus le sommet de la tête, et parcourt un cercle presque entier.

Riposte après la parade en cédant.

Après avoir paré en cédant au liement, ripostez par le coup droit en maintenant fortement l'opposition de quarte. Vous pouvez aussi riposter par le dégagement après avoir fait la feinte de tirer droit.

Après la description théorique des coups simples, des parades, des ripostes et des feintes, nous allons passer aux coups de deux mouvements, coups composés d'une feinte et du coup final, coup achevé, qu'on appelait la botte, expression que j'ai annulée comme étant trop triviale pour l'art de l'escrime.

La théorie des coups composés est dominée par un principe général de la plus haute importance, que j'ai établi, et qui se formule ainsi : il faut toujours prendre l'opposition à la dernière feinte, du côté où l'on doit terminer son attaque, c'est-à-dire en dedans, si l'on termine le coup en quarte, et en dehors si on le termine en tierce. Ceci s'applique à tous les coups que l'on porte dans le haut des lignes[2], quand les

---

[1] J'ajoute ici une riposte composée à la riposte simple, par exception, comme je le fais également en faveur de la parade en cédant.

[2] Observation sur les lignes et les parades de contractions.

épées sont engagées en quarte ou en tierce et que le départ (attaque) a lieu de l'engagement du haut.

De ces mêmes engagements, lorsqu'on tire dans le bas, il n'y a pas d'opposition possible ; mais si les coups partent de l'engagement des lignes basses et que l'on tire dans le bas, il faut observer la même règle pour l'opposition que pour ceux qui se portent et qui se terminent dans le haut des lignes.

24. Battre – jeter le corps en arrière avec le haut du derrière sur ces pistolets.

Page 72

CHAPITRE V.

DES FEINTES [1].

Après avoir fait connaître les coups simples et les parades pour se garantir de ces mêmes coups et la manière de les exécuter en y ajoutant leurs ripostes, j'arrive à la démonstration des feintes.

Les tireurs devront porter leur attention sur les différentes feintes, sur la manière de les exécuter, d'après les coups que l'on veut porter, de même pour la position de la main qui doit varier selon les parades que prend l'adversaire et que l'on doit tromper.

Feinte du coup droit dans le haut de la ligne du dedans (quarte).

Étant en garde, vous prenez l'engagement de quarte, et si votre volonté est, en faisant cette feinte, d'achever droit, vous allongez le bras de toute sa longueur, avec opposition en dedans, de la manière indiquée au coup droit dans le haut de la ligne du dedans ; si votre intention est de tromper le contre de tierce, cette feinte doit se faire de la même manière, en maintenant toujours l'opposition en dedans, mais si votre intention était de tromper la parade de quarte, vous devez faire votre feinte sans opposition, la pointe de votre épée formant une ligne tout à fait droite avec votre épaule. (Voyez la 24ᵉ position.)

---

[1] Les feintes ont pour objet d'engager l'adversaire à prendre une parade pour se garantir du mouvement qui le menace et qui prend la dénomination de feinte. Les battements, les froissements et les pressions ont de plus l'avantage d'écarter l'arme de la ligne où se font ces mouvements qui livrent passage au coup droit ; mais dans ce dernier cas, ils perdent leur qualité de feinte.

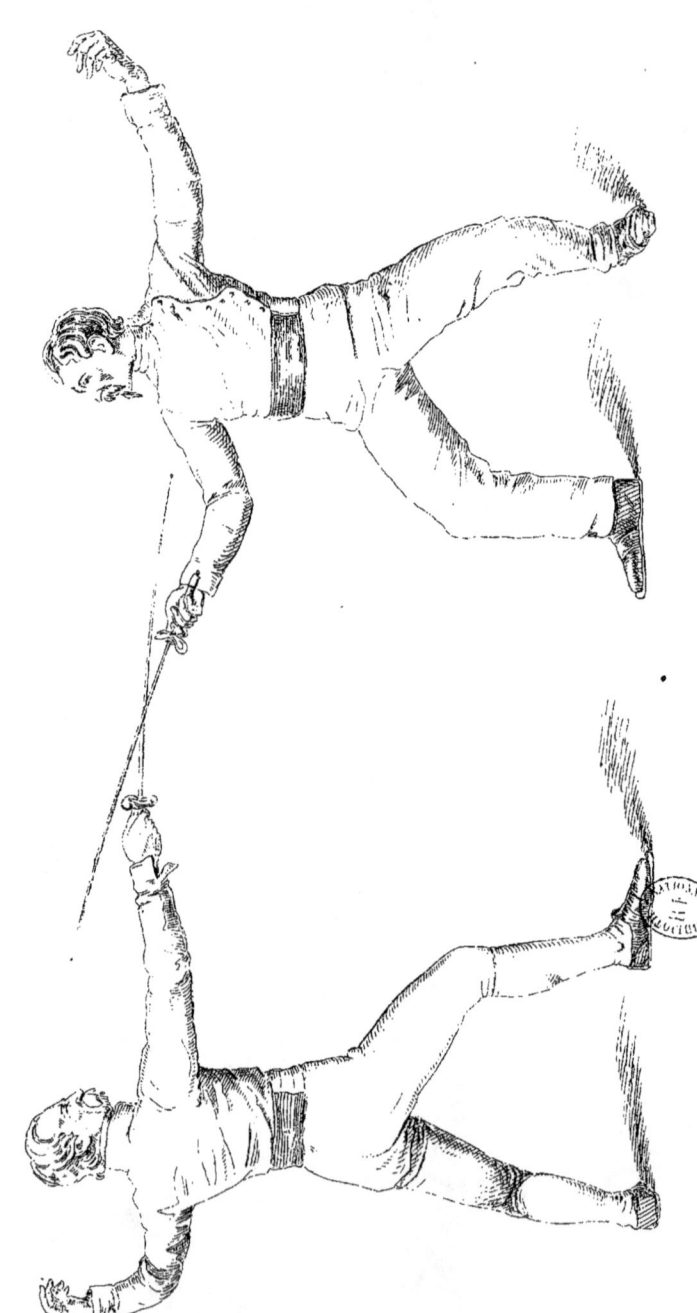

25. Position – Fente du Coup droit dans le haut de la ligne du dehors.

Feinte du coup droit dans le haut de la ligne du dehors (tierce).

Étant en garde, prenez l'engagement de tierce, et si votre intention est, en faisant cette feinte, de tirer droit, allongez le bras de toute sa longueur, la pointe de votre épée à la hauteur du cou de l'adversaire, le poignet et le bras formant une ligne droite avec l'épaule (voyez la 25ᵉ position); il en sera de même si vous voulez tromper le contre de quarte[1]; mais si votre intention est de tromper la parade de tierce, portez un peu le poignet en dedans pour prendre plus rapidement et plus facilement l'opposition de quarte.

---

[1] On peut également, quand l'adversaire a pris l'engagement, faire la feinte du coup droit en tierce, en suivant les mêmes principes que ceux ci-dessus énoncés.

Feinte du coup droit dans le bas du dedans (quarte).

Étant engagé en quarte, les épées croisées, que vous ayez pris l'engagement ou non, baissez rapidement la pointe de votre épée en faisant suivre le mouvement du poignet, et en allongeant le bras, laissant un peu de flexibilité dans la saignée (Voyez la 26ᵉ position.)

Feinte du coup droit dans le bas du dehors (tierce).

Étant engagé dans le haut de la ligne du dehors, prenez l'engagement; baissez la pointe de votre épée en faisant suivre le mouvement du poignet, tout en allongeant le bras, et laissant de la flexibilité dans la saignée.

Feinte de dégagement dans le haut de la ligne du dehors (tierce).

Les épées engagées de la position de la garde ordinaire, dans la ligne du dedans, l'adversaire ayant pris l'engagement, passez votre épée par-dessous son poignet, en tournant la main un peu de quarte par un petit mouvement de rotation, ayant soin de commencer le mouvement de la pointe, allongeant en même temps le bras de toute sa longueur, tout en lui laissant de la flexibilité, prenant l'opposition en dedans (c'est vous dire de porter en même temps votre poignet à gauche), si la feinte est faite pour tromper une parade simple, et l'opposition en dehors (le bras et l'épée formant une ligne droite), si elle a pour but de tromper la parade du contre de quarte; mais si vous la

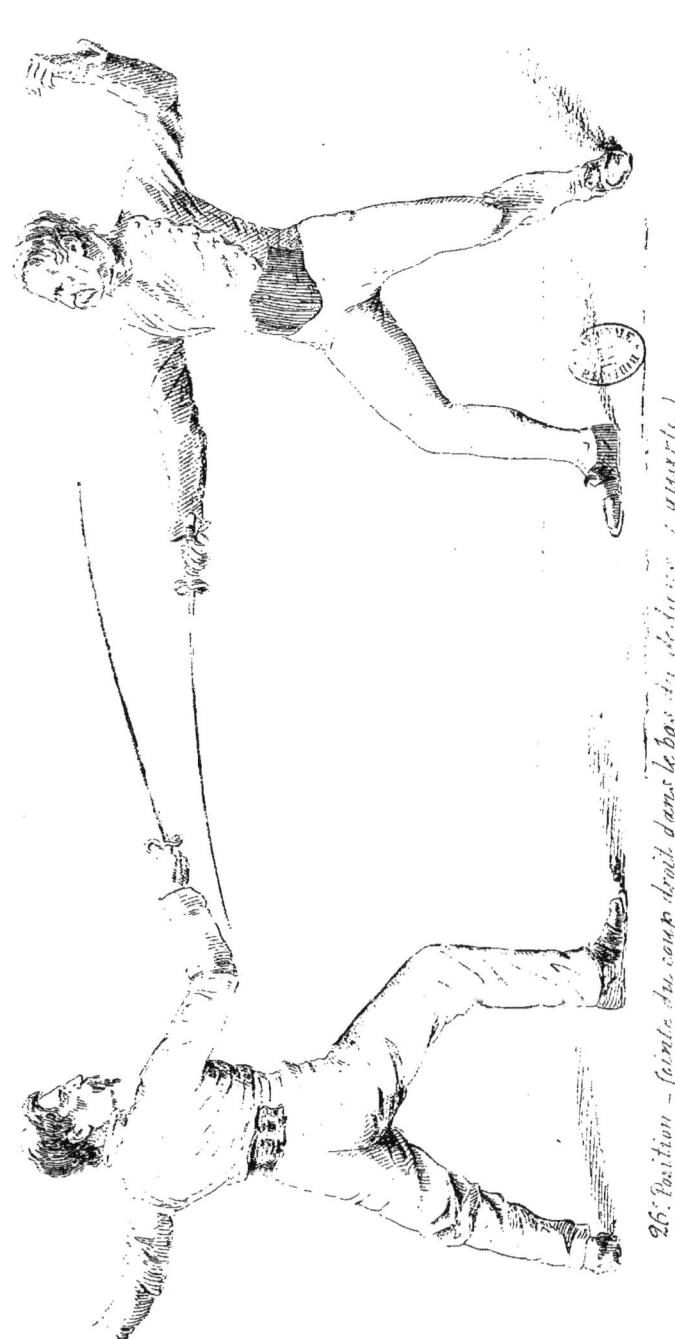

26.º Position – feinte du coup droit dans le bas de la tête (y arrivée.)

faites avec l'intention de couper (Voyez *la feinte de coupé* ci-dessous), n'allongez pas tout à fait le bras, faites la menace à la hauteur du front, la main moins tournée de quarte que pour les mouvements ci-dessus, afin de faciliter le retrait de l'épée vers l'épaule gauche, avec plus de promptitude, pour la passer ensuite rapidement par-dessus la pointe de l'épée de l'adversaire. Je fais la recommandation de ne pas allonger autant le bras, en faisant la feinte, pour couper après et de porter la pointe de l'épée plus haute que lorsqu'elle doit passer par-dessous le poignet ou le bras de l'adversaire, et la main moins tournée de quarte, afin d'éviter également, par cette différence dans l'exécution de la feinte, la rencontre des épées par la parade de tierce, et obtenir plus de rapidité dans le coup qui se termine par le coupé. Je fais observer aussi que les feintes faites à la hauteur des yeux, ou à peu près, engagent plus l'adversaire à se porter à la parade.

Feinte de dégagement dans les armes (quarte).

L'engagement étant pris par l'adversaire dans la ligne du dehors (tierce), passez votre épée par-dessous son bras en allongeant le vôtre de toute sa longueur, si vous êtes placé à grande distance, en conservant de la flexibilité, ayant soin de faire précéder le mouvement de la pointe de l'épée.

Si vous faites cette feinte dans le but de tromper la parade de quarte, prenez l'opposition en dehors, c'est-à-dire le bras et l'épée formant une ligne droite avec l'épaule. Si, au contraire, votre intention est de tromper la parade du contre de tierce, prenez l'opposition en dedans ; c'est vous dire de porter le poignet vers votre gauche, et allongez le bras de toute sa longueur quelle que soit la distance où vous êtes placé; mais si vous faites avec l'intention de couper, n'allongez pas tout à fait le bras, et faites la menace à la hauteur du sommet de la tête, la main de quarte.

Mais si votre intention est d'exécuter un coup de plus de deux mouvements, vous devez allonger le bras graduellement jusqu'à la dernière feinte.

Observation concernant les feintes.

On rencontre quelquefois des pareurs vis-à-vis desquels on est tenu de faire les feintes plus énergiquement et avec plus de rapidité que sur certains autres, ces premiers ne répondent pas toujours aux menaces faites lentement, ou ne répondent que faiblement, de manière à se préparer pour parer la finale du coup de l'attaquant. Il faut donc, sur ces tireurs, mettre une plus grande rapidité dans vos menaces. C'est à l'attaquant d'apprécier les qualités de son adversaire et d'employer, dans ce cas, les moyens de vitesse dans les feintes pour le forcer d'y répondre.

Feinte de coupé sur les armes (tierce).

Les épées engagées dans la ligne du dedans et les pointes un peu hautes, l'adversaire ayant pris faiblement l'engagement, levez la pointe de votre épée en ployant le bras, tout en retirant plus ou moins le poignet vers l'épaule droite, selon la distance où votre arme est placée de la pointe de celle de l'adversaire, ayant soin, quand vous levez la pointe de votre épée, de la porter plus en arrière que le poignet, desserrant les derniers doigts, et rendant le temps d'arrêt, que vous êtes forcé de mettre à la fin du mouvement de retrait, le moins long possible ; baissez rapidement l'épée, en resserrant la main, sans roideur ; allongez le bras, plus ou moins, selon le coup que vous désirez porter, et arrêtez la pointe de l'épée, sans vacillement, à la hauteur et vis-à-vis le haut du corps de l'adversaire, sans baisser ni lever le poignet dans ce dernier mouvement ; il faut que les deux mouvements, celui de lever et de baisser l'épée, se fassent rapidement et presque simultanément et que l'épée siffle en la retirant, comme lorsqu'on la dirige vers le corps de son adversaire. Si le chemin que vous avez à parcourir vous commande ce sifflement, pour gagner de la vitesse pour l'opposition, même principe que pour le dégagement.

Mais si les épées sont faiblement engagées et que vous soyez placé à grande distance, le sifflement, dans ce cas, n'est pas utile.

Feinte de coupé dans les armes (quarte).

Les épées engagées dans la ligne du dehors (tierce) et les pointes un peu hautes, l'engagement pris faiblement par l'adversaire, levez la pointe de votre épée en ployant le bras et en retirant le poignet, plus ou moins vers l'épaule gauche, selon la distance où votre épée est placée de la pointe de celle de l'adversaire, ayant soin, quand vous levez la pointe de votre épée, de la porter plus en arrière que le poignet, desserrant les derniers doigts et rendant le temps d'arrêt, que vous êtes forcé de mettre à la fin du mouvement de retrait, le moins long possible; baissez rapidement l'épée en resserrant la main, sans roideur; allongez le bras, plus ou moins, selon le coup que vous désirez porter, et arrêtez la pointe de l'épée, sans vacillement, à la hauteur et vis-à-vis le haut du corps de votre adversaire, sans baisser ni lever le poignet; pour le lever, l'abaissement, le sifflement de l'épée, même principe que pour le coupé sur les armes ci-dessus, même opposition que pour la feinte de dégagement dans les armes.

Feinte de liement dans le bas du dehors.

De la position de la garde, les épées engagées en quarte, l'adversaire ayant la pointe de son épée un peu basse, le bras tendu; l'engagement pris par l'un des tireurs, ou engagement mixte, pressez le faible de son arme avec le fort de la vôtre, sans brusquerie, comme si vous vouliez la tordre autour de votre épée, en allongeant le bras de toute sa longueur; conduisant la pointe un peu au-dessus de la hanche de l'adversaire, portant le poignet à la même hauteur, ou à peu près, que la pointe de votre épée, la main tournée de quarte et l'opposition en dehors. (Voyez 10e position, page 37.)

Feinte de liement dans le haut du dehors (tierce).

Engager sur les armes (de la position de la garde) l'adversaire ayant la pointe de son épée un peu basse, le bras tendu, qu'il ait pris ou non l'engagement, faites une pression en appuyant sur le faible de son épée avec le fort de la vôtre, la continuant jusqu'au moment où vous êtes revenu dans la ligne du point de départ, par un mouvement circulaire, allongeant le bras graduellement, sans brusquerie, la main restant toujours tournée de quarte, les épées ne doivent pas se quitter dans le mouvement de pression.

Battement en quarte ou en tierce.

Le battement est un coup sec, plus ou moins fort, donné sur l'épée de l'adversaire, soit avec le fort, soit avec le faible de votre épée; il peut se faire dans la ligne où l'on est engagé et également en changeant de ligne.

Je recommande la main tournée de quarte pour les battements en tierce, et la main tournée un peu de tierce pour les battements en quarte.

Froissement.

Le froissement est un mouvement qui se fait en pressant avec le fort de l'épée le faible de celle de son adversaire, glissant rapidement le long de sa lame et la chassant hors de la ligne du corps; la main tournée de quarte si le froissement est fait en dedans des armes, et la main tournée de tierce si le froissement est fait pour chasser l'épée en dehors : il ne faut faire le froissement que du côté où l'on est engagé; il est dangereux de le tenter en changeant l'engagement, ce qui donne trop de facilité pour le dérobement.

De la pression.

Appuyez avec le fort de la lame de votre épée sur celle de l'adversaire, sans brusquerie ni froissement, jusqu'au moment où vous avez éloigné la pointe de l'arme de l'adversaire de la ligne de votre corps. On n'emploie presque plus ce mouvement [1].

---

[1] Les battements, froissements et pressions perdent leur qualité de feinte lorsqu'ils sont suivis du coup droit. (Voyez ce qu'en dit l'auteur, page 84.)

CHAPITRE VI.

1° Des coups composés de deux mouvements.
2° Observation et enseignement des plus utiles, contenus dans ce chapitre, sur la manière de faire une feinte lorsque l'on veut tromper un contre, et ce qu'on doit faire quand l'adversaire, sur cette feinte, pare un simple, et également lorsque l'on veut tromper une parade simple et que l'adversaire pare un contre.

COUPS DE DEUX MOUVEMENTS.

On trouve les parades et les ripostes contre les coups de deux mouvements au chapitre septième.

COUPS DE DEUX MOUVEMENTS EN ATTAQUE COMMENÇANT PAR LE BATTEMENT.

Battement en quarte en changeant de ligne[1] et coup droit dans le haut.

Étant en garde, les épées engagées en tierce, faites un battement en quarte plus ou moins fort, en passant votre épée par un mouvement circulaire dessous celle de votre

---

[1] Les battements se font également sans changer la ligne de l'engagement.

adversaire, de suite tirez droit dans le haut de la ligne du dedans, la main tournée en quarte maintenant l'opposition en dedans. (Voyez la 5ᵉ position.)

Observation sur le coup droit après le battement.

Les battements, les pressions, les froissements, suivis du coup droit dans le haut, doivent-ils être considérés comme faisant partie des coups composés. L'art de l'escrime a pour certaines explications des exigences qui ne paraissent pas toujours rationnelles et qu'on est quelquefois forcé d'adopter pour définir certains mouvements. Ainsi le battement, la pression, le froissement, suivis du coup droit dans le haut, malgré que je les place aux coups de deux mouvements et qu'ils les comportent réellement, ne sont, en réalité, que des coups simples. En voici la raison : le pareur doit faire, pour se garantir des feintes comme du coup, autant de mouvements que l'attaqueur, et dans les coups désignés ci-dessus, le pareur n'a besoin que d'en faire un seul pour se garantir ; par ce motif, on ne peut les classer que dans les coups simples. Il en est de même pour le battement, froissement, pression en tierce, suivis du coup droit dans le haut de la ligne [1].

Battement en quarte et coup droit dans le bas.

L'engagement des épées placées, comme ci-dessus, en tierce, faites un battement en quarte plus ou moins fort, ensuite baissez la pointe de votre épée ainsi que le poignet,

---

[1] Voyez *Lignes*, page 94.

de manière à former une ligne horizontale, et dirigez, sans interruption dans les mouvements, votre coup dans le bas du corps de l'adversaire, sans opposition, la main bien tournée de quarte. (Voyez *Coup droit dans le bas*, 6ᵉ position.)

Battement en quarte et le dégagement [1].

Engagé comme ci-dessus en tierce, après avoir fait le battement en quarte, reportez un peu votre main à droite pour engager l'adversaire à venir parer quarte, et, sans lui laisser le temps de rencontrer votre épée avec la sienne, faites-la changer de ligne en la passant par-dessous son poignet par un petit mouvement des doigts, et dirigez la pointe en vous fendant avec vitesse dans le haut de la ligne du dehors, avec opposition et élévation.

Battement en quarte et le coupé sur les armes.

Engagé de tierce, battez l'épée de l'adversaire en quarte assez vigoureusement, aussitôt levez la pointe de votre épée en l'air, en retirant le poignet vers l'épaule droite, plus ou moins selon la distance où vous êtes placé de l'arme de l'adversaire, la pointe plus en arrière que le poignet, en desserrant les derniers doigts, et sans perdre de temps, baissez la pointe de votre épée et dirigez-la dans le haut de la ligne

---

[1] Ici le battement prend le titre de feinte, et le coup est réellement composé de deux mouvements.

du dehors, en vous fendant avec opposition et élévation. (Voyez *Coupé sur les armes*, page 33).

Il faut, en baissant votre arme, resserrer les doigts de manière à pouvoir arrêter la pointe, sans vacillement, un peu plus haute que la place où l'on veut toucher, la lame de l'épée doit, ici, siffler en la retirant et en la reportant en avant.

Battement en quarte et tromper le contre de tierce par le dégagement.

Engagé comme ci-dessus en tierce, battez l'épée en quarte, ramenez aussitôt la pointe de votre épée en face le haut du corps de l'adversaire, l'épée formant avec le bras une ligne droite en conservant l'opposition en dedans, maintenant l'aplomb du corps et la fermeté sur les jambes, l'adversaire parant le contre de tierce sur le battement, sans laisser rencontrer votre épée par la sienne, dégagez dans les armes en passant votre lame par-dessous son bras, la main bien tournée de quarte, en dirigeant la pointe de votre épée dans le haut du dedans avec élévation.

Battement en quarte et tromper le contre de tierce par le coupé.

Les épées engagées comme ci-dessus, en tierce, faites le battement en quarte, plus ou moins fort, en passant l'épée par-dessous celle de l'adversaire par un mouvement circulaire. Sur le battement en quarte, il pare le contre de tierce, levez vivement la pointe de votre épée en l'air, en retirant le poignet vers l'épaule gauche, desserrant les derniers doigts, la pointe de votre épée un peu plus en arrière que le poignet, évitant la rencontre des épées par la parade de l'adversaire, et sans perdre de temps, dans le mouvement de retirer et d'avancer l'épée, baissez rapidement la pointe, et arrêtez-la avec fermeté, en resserrant les doigts, à la hauteur de la figure de l'adversaire, et dirigez le coupé en vous fendant dans la ligne du dedans, conservant l'opposition de quarte et l'élévation [1].

Battement en tierce et coup droit dans le haut du dehors.

Les épées engagées en quarte, battez celle de votre adversaire en tierce en passant la vôtre, par un mouvement circulaire, dessous sa lame, faites le battement sec et la main tournée de quarte [2], aussitôt allongez le bras en dirigeant la pointe de votre épée dans le haut de la ligne du dehors et fendez-vous avec rapidité, élévation et opposition.

Battement en tierce et coup droit dans le bas.

Engagé comme ci-dessus, en quarte, faites votre battement de même, en tierce, que pour le coup droit dans le haut, ensuite baissez la pointe de votre épée ainsi que le poi-

---

[1] Il ne faut pas oublier que dans tous les coupés, après les battements, froissements, pressions et parades, l'épée doit siffler en la retirant et en la reportant en avant.

[2] Je fais faire le battement en tierce la main tournée de quarte par la raison que ce mouvement est plus rapide que celui fait la main tournée en tierce.

gnet, de manière à former une ligne horizontale; l'adversaire se portant en quarte dès que vous quittez le haut de la ligne où vous avez fait le battement, dirigez votre pointe dans le bas du dehors en tournant beaucoup la main de quarte.

Battement en tierce et le dégagement dans les armes.

Après votre battement en tierce comme ci-dessus, reportez un peu le poignet et l'épée à votre gauche, et sans interruption dans les mouvements, tout en allongeant le bras, passez la pointe de votre épée par-dessous celui de l'adversaire en tournant bien la main de quarte et dirigez le coup dans le haut de la ligne du dedans avec élévation et opposition.

Battement en tierce et le coupé dans les armes.

Après votre battement en tierce [1], levez la pointe de l'épée en retirant le poignet vers votre épaule gauche, plus ou moins près, selon la distance où vous êtes de l'adversaire, la pointe plus en arrière que le poignet, desserrant les derniers doigts, puis, sans perdre de temps, baissez l'épée en resserrant la main et dirigez la pointe dans le haut de la ligne du dedans, en maintenant l'élévation et l'opposition. (Voyez la 5ᵉ position : *le Coup terminé.*)

---

[1] Lorsque l'on ne craint pas le dérobement, on peut faire le battement la main tournée en tierce; mouvement qui facilite le retrait de l'épée vers l'épaule gauche.

Battement en tierce, tromper le contre de quarte dans le bas.

Les épées engagées en quarte, faites un battement en tierce en passant votre épée par-dessous celle de l'adversaire; sur ce battement, il prend le contre de quarte; sans laisser rencontrer votre épée, baissez la pointe et le poignet horizontalement et dirigez avec vitesse votre coup dans le bas du corps de l'adversaire, sans opposition, la main bien tournée de quarte[1].

Battement en tierce, tromper le contre de quarte par le dégagement.

Engagé comme ci-dessus, en quarte, battez l'épée de votre adversaire en tierce en passant votre épée par-dessous sa lame; faites le battement sec et la main tournée de quarte, ramenez aussitôt la pointe de votre épée en face du haut du corps de l'adversaire, en conservant l'opposition en dehors et en maintenant l'aplomb du corps et la fermeté sur les jambes; l'adversaire parant le contre de quarte, sans laisser rencontrer votre épée par la sienne, dégagez sur les armes en la passant par-dessous son poignet et dirigez la pointe de votre épée dans le haut du dehors en vous fendant avec vitesse.

---

[1] Il se rencontre certains tireurs sur lesquels il y a avantage à tourner tout à fait la main en tierce quand on trompe le contre de quarte dans le bas; l'appréciation dans ce dernier mouvement reste à l'attaqueur.

Battement en tierce, tromper le contre de quarte par le coupé.

Les épées engagées en quarte, comme ci-dessus, faites le battement en tierce plus ou moins fort, la main tournée de quarte, en passant l'épée par-dessous celle de l'adversaire ; sur votre battement, il pare le contre de quarte, levez rapidement la pointe de votre épée, en retirant le poignet vers l'épaule droite, desserrant les derniers doigts, évitant la rencontre de son arme, et aussitôt, baissez le plus vite possible votre épée, en allongeant le bras de toute sa longueur, en dirigeant la pointe dans le haut de la ligne du dehors (tierce), il faut avoir soin, comme dans tous les coupés en riposte ou qui se font après une feinte, que votre lame siffle en la retirant et en la reportant en avant, afin d'obtenir le plus de vitesse possible, en conservant toujours l'opposition et l'élévation.

Observation.

Après le froissement et les pressions, tous les coups s'exécutent de la même manière qu'après le battement, ou, à si peu de différence près, que ce n'est pas la peine de les indiquer dans ce chapitre ; j'en parlerai plus tard quand je décrirai les attaques en marchant.

COUPS DE DEUX MOUVEMENTS COMMENÇANT PAR LA FEINTE DU COUP DROIT [1].

Feinte du coup droit et coup droit dans le haut du dedans [2].

Étant engagé en quarte et ayant pris l'engagement (je rappelle pour mémoire que prendre l'engagement, c'est se couvrir du côté où l'on est engagé), faites la feinte du coup droit dans le haut, et, si votre adversaire ne vient pas vite à la parade ou n'y vient pas du tout, achevez droit en vous fendant avec la plus grande rapidité, maintenant l'opposition de quarte et l'élévation.

Feinte du coup droit dans le haut de la ligne de quarte et coup droit dans le bas.

Ayant pris l'engagement comme ci-dessus (quarte), faites la feinte du coup droit bien prononcée dans le haut; l'adversaire se portant à la parade de quarte, sans lui donner le

---

[1] Je me serais bien servi, pour désigner la finale du coup tiré, du mot *botte*, usité généralement en escrime; mais ce mot m'ayant paru trop trivial pour l'art des armes, je le supprime dans cet ouvrage.

[2] Ce coup droit, que je porte et place au rang de coup de deux mouvements, ne doit être considéré que comme coup simple, par la même raison que j'ai donnée à la suite du battement tiré droit, page 84.

temps de rencontrer votre épée, baissez la pointe ainsi que le poignet horizontalement et dirigez-la dans le bas du dedans. (Voyez la 6ᵉ position.)

Feinte du coup droit en quarte et le dégagement sur les armes.

Ayant pris l'engagement de quarte comme ci-dessus, faites feinte du coup droit en abandonnant l'opposition, la pointe de votre épée et le bras formant une ligne tout à fait droite avec l'épaule ; l'adversaire se portant à la parade de quarte, évitez la rencontre de son épée, en dirigeant la pointe de la vôtre, par le dégagement, dans le haut de la ligne du dehors, en maintenant l'élévation et l'opposition de tierce.

Observation.

Je retranche le coupé après la feinte du coup droit, lorsque l'adversaire prend une parade simple de tierce ou de quarte, par la raison que celui-ci, parant vite, rencontrerait votre épée et pourrait riposter. Il ne faut jamais en escrime s'exposer volontairement.

Feinte du coup droit en quarte et tromper le contre de tierce par le dégagement.

Engagé en quarte comme ci-dessus, faites feinte du coup droit dans le haut, en conservant l'opposition de quarte, votre adversaire parant le contre de tierce, évitez la rencontre de son épée, en passant la vôtre par-dessous son bras, le plus près du corps possible, et dirigez la pointe de votre épée dans le haut de la ligne du dedans, en conservant toujours l'opposition de quarte et l'élévation.

Observation.

Toutes les fois qu'on voudra tromper un contre après avoir fait une feinte, on ne doit pas oublier l'observation que j'ai faite dans les premières lignes de l'observation.

Feinte du coup droit en quarte et tromper le contre de tierce par le coupé dans les armes.

Engagé en quarte comme ci-dessus, faites feinte du coup droit dans le haut (la feinte doit être faite en apportant la pointe de l'épée à la hauteur de l'œil de l'adversaire et le bras peu allongé), sur la parade du contre de tierce, levez vivement la pointe de votre épée, en retirant le poignet vers l'épaule gauche (voyez la 9ᵉ position), desserrant les derniers doigts, baissez aussitôt la pointe de votre arme et dirigez-la en resserrant la poignée, au moment où vous abattez l'épée, dans le haut de la ligne du dedans en conservant l'opposition et l'élévation.

Feinte du coup droit dans le haut du dehors et coup droit achevé.

Ayant pris l'engagement de tierce, faites la feinte du coup droit dans le haut, et si votre adversaire ne se porte pas vite à la parade ou s'il ne répond pas à votre feinte, achevez le coup droit, en conservant l'opposition et l'élévation.

Feinte du coup droit en tierce et coup droit dans le bas.

Ayant pris, comme ci-dessus, l'engagement de tierce, faites feinte du coup droit bien prononcée, l'adversaire se portant à la parade de tierce, sans lui laisser le temps de rencontrer votre lame, baissez vivement la pointe de votre épée ainsi que le poignet horizontalement, et dirigez-la dans le bas de la ligne du dehors; je dis du dehors, parce que l'adversaire reviendra nécessairement à la parade de quarte; dans le cas où l'adversaire ne reviendrait pas pour parer le dedans, la finale du coup deviendrait alors un dégagement dans le bas.

Observation.

Les lignes, en escrime, désignent, comme je l'ai déjà dit, le dedans et le dehors, soit dans le bas, soit dans le haut, et prennent leur dénomination par l'engagement des épées, par leurs positions dans les coups portés et les parades, comme également dans les feintes, aussi, par cette raison, on ne peut pas dire que l'on tire le coup droit dans le bas du dehors toutes les fois que l'on trompe la parade de tierce ou du contre de tierce à son adversaire en tirant dans le bas, ce coup arrivant toujours dans la ligne du dedans. Le coup que l'on porte dans le bas devient alors un dégagement dans le bas de la ligne du dedans, au lieu du coup droit, dans le bas du dehors (voyez la fin de l'article concernant la feinte du coup droit en tierce et coup droit dans le bas); toutefois, il se rencontre des nuances dans la manière de faire la feinte du coup droit dans le haut du dehors, comme dans la manière de se porter à la parade de cette feinte, qui font que j'admets la feinte du coup droit dans le haut du dehors et coup droit dans le bas, c'est lorsque dans la feinte du coup droit dans le haut du dehors, l'attaqueur, en faisant la feinte, laisse son arme en contact avec celle de l'adversaire, et que celui-ci se porte à la parade de quarte ou de seconde, quand l'attaqueur quitte son épée, le coup, dans ce cas, arrive dans le bas du dehors.

Feinte du coup droit en tierce et le dégagement.

Ayant pris l'engagement de tierce, faites feinte du coup droit dans le haut en abandonnant l'engagement; l'adversaire se portant à la parade de tierce, passez la pointe de votre épée par-dessous son bras, le plus près possible du corps, en maintenant toujours le vôtre droit et d'aplomb sur les jambes, dirigez de suite la pointe de l'épée dans le haut de la ligne du dedans, en vous fendant rapidement avec une opposition de quarte et élévation.

Feinte du coup droit en tierce, tromper le contre de quarte par le coup droit dans le bas.

Les épées engagées en tierce, faites votre feinte de la même manière que pour tirer le coup droit dans le haut, fortement prononcée; l'adversaire parant le contre de quarte, baissez de suite, sans laisser rencontrer votre arme par la parade du contre, la pointe de votre épée, ainsi que le poignet formant ensemble une ligne horizontale, et dirigez le coup dans le bas du corps de l'adversaire, sans opposition ni élévation.

Feinte du coup droit en tierce et tromper le contre de quarte par le dégagement sur les armes.

Prenez le même engagement de tierce, faites votre feinte de la même manière que pour tirer droit, l'épée et le bras formant une ligne droite (cette feinte bien prononcée); votre adversaire parant le contre de quarte, dégagez sur les armes en passant votre épée par-dessous son poignet, et dirigez la pointe dans le haut du dehors, en vous fendant avec vitesse, conservant l'opposition en dehors.

Feinte du coup droit en tierce et tromper le contre de quarte par le coupé sur les armes.

Faites la feinte du coup droit dans le haut, la pointe de l'épée plus élevée que pour le dégagement ci-dessus, aussitôt que l'adversaire prend le contre de quarte, levez la pointe de votre épée sans la laisser rencontrer par la sienne, en retirant le poignet près de l'épaule droite, la main de quarte, la pointe de l'épée plus en arrière que l'épaule, desserrant les derniers doigts de suite, baissez la pointe de votre épée en resserrant les doigts et l'arrêtant avec fermeté à la hauteur des yeux de l'adversaire, dirigez-la de suite dans le haut du dehors, en vous fendant avec rapidité, opposition et élévation. (Voyez la 8e position : *le Coupé.*)

Feinte de dégagement en quarte et coup droit dans le bas.

Votre adversaire ayant pris l'engagement de tierce, faites la feinte de dégagement bien prononcée dans le haut de la ligne du dedans avec l'opposition ; l'adversaire venant pour parer quarte, aussitôt, et sans laisser rencontrer votre épée, baissez la pointe ainsi que le poignet, formant une ligne horizontale, et dirigez-la dans le bas du dedans.

Feinte de dégagement en quarte, et le dégagement en tierce, coup désigné en escrime sous la dénomination de : *Une-deux sur les armes.*

L'engagement étant pris en tierce par l'adversaire, faites la feinte de dégagement en prenant l'opposition en dehors, c'est-à-dire en portant la pointe de votre épée et le poignet en ligne droite avec votre épaule, et, sans laisser rencontrer l'épée par la parade de quarte de l'adversaire, dégagez sur les armes, en maintenant l'opposition en dehors et en vous fendant avec rapidité.

Observation.

La manière que j'indique de prendre toujours l'opposition à la dernière feinte du côté où l'on doit terminer son attaque, pourra être critiquée par des tireurs d'armes qui n'auront pas bien réfléchi et qui croient que l'opposition doit être toujours prise du côté où l'on fait la feinte, ce qui est une grave erreur. Sur *une-deux*, par exemple, l'adversaire qui voudrait prendre le temps[1] sur un tireur qui suit la méthode que j'indique, ne le pourrait pas, par la raison que le second mouvement se fait en même temps que celui de l'adversaire, qui tombe par conséquent dans la ligne couverte par l'opposition prise à l'avance par la feinte; de plus, cette manière de faire la feinte a le grand avantage de pouvoir porter le coup avec plus de vitesse, et celui de mieux ajuster; sur un coup composé de trois mouvements dont le premier a pour but de tromper un contre (je prends pour exemple celui de tierce), et le second un simple (quarte), il faut prendre l'opposition de quarte à la première feinte et celle de tierce à la seconde.

---

[1] Ce que l'on appelle *prendre le temps*, c'est exécuter une attaque sur les feintes ou sur l'attaque de son adversaire. Le coup d'arrêt est à peu près semblable au coup intitulé *temps*, et afin de simplifier autant que possible le langage de l'escrime, je confonds ces deux coups, et leur donne à tous deux la dénomination de coup du *temps*.

Feinte de dégagement en quarte et le coupé sur les armes.

Votre adversaire prenant l'engagement de tierce, faites la feinte de dégagement dans les armes, à la hauteur des yeux de l'adversaire, levez ensuite vivement la pointe de votre épée en l'air en retirant le poignet, près et à la hauteur de l'épaule droite, les derniers doigts desserrés, mais touchant toujours la monture (voyez la 8ᵉ position). Baissez aussitôt rapidement votre épée en ligne droite en resserrant vos doigts et en allongeant le bras, la pointe de l'épée vis-à-vis de l'œil de l'adversaire, fendez-vous alors avec vitesse, en dirigeant le coup dans le haut de sa poitrine, conservant l'opposition et l'élévation.

Feinte du dégagement dans les armes, tromper le contre de tierce par le dégagement dans la même ligne où l'on a fait la feinte. Coup que l'on appelle et que j'appellerai doubler le dégagement.

(Cette dénomination, quoique n'étant pas exacte, doit être conservée pour faciliter le professeur dans sa leçon.)

L'adversaire ayant pris l'engagement comme ci-dessus en tierce, faites une feinte de dégagement dans les armes, bien prononcée et arrêtée en prenant l'opposition en dedans; votre adversaire parant le contre de tierce sur cette feinte, aussitôt dégagez dans les armes en allongeant le bras le plus possible et maintenant le corps droit et d'aplomb sur les jambes, fendez-vous avec rapidité, en conservant l'opposition de quarte et l'élévation.

Feinte de dégagement dans les armes et tromper le contre de tierce par le coupé.

Engagé comme ci-dessus, en tierce, faites la feinte de dégagement en quarte, la pointe de votre épée à la hauteur de l'œil de l'adversaire, la feinte moins prononcée que pour le dégagement; aussitôt qu'il prend le contre de tierce, levez vivement la pointe de votre épée, retirant le poignet vers l'épaule gauche, la pointe de l'épée plus en arrière, en desserrant les derniers doigts, de suite baissez la pointe avec rapidité en resserrant les doigts, allongez le bras en arrêtant la pointe à la hauteur de l'œil et liant en quelque sorte ces mouvements, fendez-vous avec rapidité, en conservant l'opposition de quarte et l'élévation, et dirigez le coup dans le haut du dedans.

Feinte de dégagement sur les armes et le dégagement dans les armes (ou une-deux dans les armes).

Étant en garde, les épées croisées en dedans, votre adversaire prenant l'engagement, faites la feinte de dégagement dans le haut de la ligne du dehors, avec l'opposition en dedans (voyez page 98, *observation*) et allongez le bras de toute sa longueur; l'adversaire parant tierce[1], passez de suite la

---

[1] Lorsque l'on fait le mouvement nécessaire pour éviter avec son épée d'être touché du côté où l'on est menacé, ce mouvement prend la dénomination de parade, malgré que l'on n'ait pas rencontré l'épée de l'adversaire; cette dénomination est acceptée pour faciliter l'enseignement et le raisonnement.

pointe de l'épée par-dessous son bras le plus avant possible, et dirigez-la dans le haut du dedans, en conservant l'opposition, la main bien tournée de quarte, faites en sorte de lier ensemble le plus possible ces deux mouvements, fendez-vous avec vitesse.

Feinte de dégagement sur les armes et le coupé dans les armes.

L'engagement étant pris par l'adversaire comme ci-dessus, en quarte, faites la feinte de dégagement sur les armes, la pointe de votre épée à la hauteur du sommet de la tête de l'adversaire, le bras un peu moins allongé que pour le dégagement, la main tournée en position moyenne et sans presque interrompre le mouvement, levez la pointe de l'épée en retirant le poignet vers l'épaule gauche, desserrant vos derniers doigts comme je l'ai indiqué ci-dessus, la pointe de l'épée plus en arrière que votre épaule ; aussitôt, baissez la pointe de l'épée, en l'arrêtant sans la laisser vaciller, à la hauteur de l'œil de l'adversaire, et dirigez-la de suite, en vous fendant avec rapidité, dans le haut de la ligne du dedans, en conservant l'opposition de quarte et l'élévation.

Feinte de dégagement sur les armes et tromper le contre de quarte par le coup droit dans le bas du dedans.

Étant engagé en quarte, l'adversaire ayant pris l'engagement, faites la feinte de dégagement sur les armes bien prononcée, et quand l'adversaire sera prêt de rencontrer votre épée par la parade du contre de quarte, évitez-la en baissant la pointe ainsi que le poignet horizontalement et dirigez le coup dans le bas du dedans. (Voyez la 6ᵉ position.)

Feinte de dégagement sur les armes et tromper le contre de quarte par le dégagement, du même côté, ce que l'on appelle et ce que j'appellerai, comme je l'ai dit plus haut, *doubler le dégagement*. (Cette dénomination quoique n'étant pas exacte, doit être conservée pour faciliter la leçon.)

L'engagement pris en quarte par l'adversaire, faites la feinte de dégagement sur les armes bien prononcée et arrêtée avec l'opposition du côté où vous faites la feinte, et quand l'adversaire sera près de rencontrer votre épée par sa parade du contre de quarte, évitez-la en dégageant sur les armes avec vitesse, fendez-vous avec opposition et élévation.

Feinte de dégagement sur les armes et tromper le contre de quarte par le coupé.

L'adversaire ayant pris l'engagement de quarte, faites la feinte de dégagement sur les armes; il pare le contre de quarte, sans mettre de temps d'arrêt, levez vivement la pointe de l'épée, retirant le poignet vers l'épaule droite, la pointe plus en arrière que le poignet en desserrant les derniers doigts; sans perdre de temps, baissez la pointe de votre épée à la hauteur de l'œil de l'adversaire, en allongeant le bras, et dirigez-la de suite dans le haut du dehors en conservant l'opposition de tierce et vous fendant avec rapidité.

Feinte de coupé dans les armes et le coup droit dans le bas [1].

Les épées engagées dans la ligne du dehors, l'adversaire ayant pris légèrement l'engagement, faites la feinte de coupé dans le haut de la ligne du dedans fortement prononcée, l'adversaire prend la parade de quarte sur cette feinte, sans laisser rencontrer votre épée par la sienne, baissez la pointe et votre poignet horizontalement, tout en dirigeant le coup dans le bas du corps de l'adversaire, sans opposition.

Feinte de coupé dans les armes et dégagement sur les armes.

Ce coup est désigné généralement sous la dénomination de coupé dégagé, dénomination dont nous nous servons pour enseigner.

Étant en garde, l'adversaire ayant pris légèrement l'engagement de tierce, faites la feinte de coupé dans le haut de la ligne du dedans, bien prononcée, avec vitesse, et presque sans interrompre le mouvement, passez la pointe de votre épée par-dessous son poignet, et dirigez-la dans le haut du dehors en vous fendant avec élévation et opposition : il est bien entendu qu'il faut, dans ce coup, que l'adversaire réponde à la feinte du coupé par la parade de quarte, sans

---

[1] Je recommande d'être très-sobre des coups dans le bas des lignes partant de l'engagement du haut, par la raison que l'on ne peut pas se couvrir par l'opposition.

cela on tomberait sur son arme qui serait restée dans la ligne de tierce, où votre coup est dirigé.

Feinte de coupé dans les armes et tromper le contre de tierce par le dégagement dans la même ligne.

L'engagement étant pris comme ci-dessus (en tierce), faites la feinte de coupé dans le haut du dedans, bien prononcée, en prenant l'opposition du côté où vous faites la feinte : aussitôt que l'adversaire prend la parade du contre de tierce, évitez la rencontre des épées en passant la pointe de la vôtre par-dessous son bras, le plus avant possible, en maintenant le corps droit, et dirigez-la dans le haut de la ligne du dedans, en conservant l'opposition et l'élévation.

Feinte de coupé sur les armes, et le dégagement dans les armes (coupé-dégagé).

Étant en garde, les épées engagées de quarte, l'adversaire ayant pris légèrement l'engagement, faites la feinte de coupé sur les armes en allongeant le bras, laissant un peu de flexibilité à la saignée, et presque sans interrompre le mouvement, passez la pointe de votre épée par-dessous le bras de l'adversaire le plus avant possible, et dirigez-la dans le haut de la ligne du dedans avec élévation et opposition. L'adversaire doit répondre par la parade de tierce à la feinte de coupé.

Feinte de coupé sur les armes et tromper le contre de quarte par le coup droit dans le bas.

L'engagement des épées pris légèrement dans la ligne en dedans par l'adversaire, faites la feinte de coupé sur les armes, ayant soin d'arrêter la pointe de votre épée à la hauteur de la poitrine de l'adversaire, aussitôt qu'il prend la parade du contre de quarte, baissez rapidement la pointe de l'épée et le poignet horizontalement, tout en dirigeant le coup dans le bas de la ligne de quarte, sans opposition.

Feinte de coupé sur les armes et tromper le contre de quarte par le dégagement sur les armes.

Engagé comme ci-dessus (quarte), faites la feinte de coupé sur les armes en ayant soin de bien arrêter la pointe de votre épée à la hauteur du haut du corps de l'adversaire ; aussitôt qu'il prend la parade du contre de quarte, évitez la rencontre des épées en passant la pointe de la vôtre par-dessous son poignet, et dirigez-la dans le haut du dehors en vous fendant avec rapidité, opposition et élévation.

Observation.

Je m'abstiens de décrire les coups qui commencent par des feintes de coupé et se terminent de même par le coupé, ce jeu n'étant pas assez sérieux.

Il engage trop l'adversaire à prendre le temps. Prendre le temps, ici, signifie partir droit sur les mouvements de l'adversaire.

Feinte de liement dans le bas de la ligne du dehors, et coup droit dans le haut de la même ligne.

Les épées engagées dans la ligne du dedans (quarte), votre adversaire ayant la pointe de son épée menaçant votre corps, faites la feinte de liement (voyez *le Liement*, page 37) dans le bas de la ligne du dehors, l'adversaire parant alors seconde, relevez la pointe de votre épée et le poignet, et dirigez-la dans le haut de la même ligne.

Feinte de liement en tierce et le dégagement en dedans (quarte).

Les épées engagées en tierce, la pointe de l'épée de l'adversaire menaçant votre corps, le bras un peu tendu, faites la feinte de liement (voyez plus haut, page 37) sur les armes, la main tournée demi-quarte, l'adversaire opposant son épée en tierce pour parer le haut du dehors menacé du liement, dégagez dans les armes en passant l'épée par-dessous son bras, tournez la main tout à fait de quarte en dégagement, prenez l'opposition, conservez l'élévation et fendez-vous avec rapidité.

Feinte de liement dans le haut du dehors (tierce) et tromper le contre de quarte par le coup droit dans le bas du dedans.

Les épées engagées en tierce la pointe de l'épée de l'adversaire menaçant votre corps et ayant le bras tendu, faites la feinte de liement sur les armes (voyez *Liement*, page 37) la main tournée demi-quarte, l'adversaire prenant pour parer le contre de quarte sur la menace du liement, baissez vivement la pointe de votre épée ainsi que le poignet horizontalement, tout en dirigeant le coup dans le bas du dedans, la main bien tournée de quarte, sans opposition.

Même feinte de liement et tromper le contre de quarte par le dégagement sur les armes.

Faites comme ci-dessus la feinte de liement; la feinte achevée, l'adversaire prend le contre de quarte; aussitôt que son épée est près de rencontrer la vôtre, évitez-la en dégageant sur les armes, en conservant l'opposition en dehors, et fendez-vous avec rapidité.

Observation des plus utiles sur la manière de faire une feinte quand on veut tromper un contre et ce qu'on doit faire quand l'adversaire ne le prend pas.

Toutes les fois que vous voudrez tromper un contre, soit de tierce, soit de quarte par le dégagement, vous aurez soin de rendre votre feinte bien menaçante et de mettre un petit temps d'arrêt dans la menace selon la vitesse que met votre adversaire dans sa parade; mais si votre jugement venait à être trompé, c'est-à-dire si, au lieu du contre que vous attendiez, votre adversaire venait à parer un simple, vos jambes et votre corps ayant conservé leur position et leur aplomb, il faut de suite vous remettre en garde du bras, en opposant votre épée (comme parade) du côté où l'adversaire l'a rencontrée, laissant votre épée en ligne du même côté ; s'il riposte par le coup droit, votre opposition ayant servi de parade, tirez de suite le coup droit qui devient ainsi une contre-riposte[1]. Ce que je viens de décrire ici, comme observation, est une des choses les plus utiles et les plus difficiles à exécuter en escrime. C'est tout ce que l'on peut obtenir de plus fort comme exécution.

Ce principe dans les feintes, lorsque l'on veut tromper un contre, n'a jamais été décrit ni connu que par moi, malgré son immense avantage ; il en est de même des observations et réflexions suivantes : je désire que les tireurs qui liront ces articles, sachent en profiter en les mettant en pratique.

J'indique ici, comme au précédent article, ce que l'on doit faire quand sur une-deux l'adversaire prend un contre sur le premier mouvement au lieu d'une parade simple qu'on attendait. Je prends pour exemple une-deux dans les armes : lorsque l'attaqueur a jugé, par intuition, que son adversaire prendrait sur la feinte de dégagement sur les armes la parade de tierce et qu'au lieu de cette parade, ce dernier prend le contre de quarte ; l'attaqueur, malgré cela, doit toujours fournir son attaque par une-deux comme si son jugement n'était pas mis en défaut ; seulement, il faut que la parade de contraction[2] qu'il supporte, ne l'empêche pas de se porter à l'opposition de quarte, avec autant de rapidité

---

[1] On appelle une contre-riposte un coup porté après avoir paré la riposte de l'adversaire.

[2] Voyez page 110 et suivantes des *Contractions*.

que si son adversaire avait pris une parade juste; afin de se garantir de la riposte du coup droit (car il se rencontre des tireurs qui ripostent encore assez vite après une parade de contraction); s'il est trompé par le pareur qui riposte après cette parade, soit par le dégagement, le coupé, ou par un coup composé, il doit revenir aux parades simples, de tierce et quarte, jusqu'au moment où il rencontre l'épée adverse avec la sienne, et puis riposter, comme je l'ai indiqué déjà plusieurs fois, par le coup droit.

En dehors des principes généraux que je recommande, je vais décrire ici un mouvement, contre la parade de contraction, qui m'a souvent réussi, lorsque je tirais une-deux dans les armes, sentant, par la délicatesse dans le toucher, la parade de contraction de mon adversaire, je redoublais par le coupé, ne lui laissant pas le temps suffisant pour la riposte, mon pied droit n'avait souvent pas eu le temps de se poser à terre (quoique tirant une-deux très-vite) que mon coupé en redoublement était déjà arrivé au corps. J'ai toujours, je dois le dire, fait ce coup sans jugement préconçu dans l'inspiration du moment et en quelque sorte d'instinct. Lorsque j'ai voulu l'exécuter avec préméditation, je n'ai jamais pu bien le réussir. Ce mouvement est contre mon principe, qui est celui de ne jamais agir avant que la tête l'ait commandé; aussi je n'ai jamais enseigné ce coup. Je le donne ici comme une exception, afin que s'il se rencontre quelques tireurs, avec mes dispositions, ils puissent le mettre en usage, ils en retireront avantage et succès.

Des contractions.

On appelle parades de contractions celles qui entraînent, par un mouvement circulaire, l'épée de l'adversaire et qui fait passer par cette liaison la pointe de l'épée de l'attaqueur devant le corps du pareur.

Il y a aussi parade de contraction, quand on entraîne l'épée de l'adversaire d'une ligne haute dans une ligne basse, ou *vice versâ*, par un mouvement demi-circulaire.

La contraction devient bonne quand vous joignez l'épée de l'adversaire par une parade d'opposition et que, sans temps d'arrêt, vous l'entraînez par un mouvement circulaire qui le ramène dans la ligne où vous l'avez rencontrée; il en est de même après une parade d'opposition au coup porté dans le haut qui entraîne l'épée de l'attaqueur dans une ligne basse, ou d'une basse dans une ligne de hauteur par un mouvement demi-circulaire; les parades de contractions, qui ne sont pas précédées de l'opposition que j'indique, sont contraires aux vrais principes; elles ne sont employées généralement que par les tireurs qui, craignant de ne pas rencontrer l'arme de l'attaqueur, en arrêtent leur parade. Une fois cette habitude contractée, ils y reviennent très-souvent même contre leur volonté.

Les contractions, sans être précédées de l'opposition indiquée ci-dessus, sont de mauvaises et fausses parades, faites presque toujours par des tireurs vigoureux qui manquent de science, et qui font dire d'eux qu'ils ne sont que des tireurs difficiles ; la plupart des parades de contractions viennent par la faute du pareur qui se porte d'une ligne haute à une ligne basse, et d'une basse à une haute, sans jugement, ou qui roule son arme en lui faisant parcourir toutes les lignes au hasard qui barre souvent, par ce moyen, le passage des lignes à l'épée de son adversaire et cela sans aucun discernement.

Je dois dire ici, pour fixer l'opinion de l'attaqueur, qu'il peut, avec du jugement et du savoir, éviter souvent les parades de contractions. Il y en a cependant que l'attaqueur ne peut pas éviter. Tel est, par exemple, le cas où il tire sur les armes et où son adversaire pare le demi-cercle, mouvement qui malheureusement est devenu habituel chez beaucoup de tireurs.

Je combats cette méthode comme dangereuse, vicieuse, désagréable, et très-fâcheuse au point de vue de l'art. Ce défaut provient généralement de ce que l'on n'a pas tenu assez compte de nos jours, dans les assauts, des coups touchés sur le bras, sur la cuisse ou la figure ; les parades de contractions amènent souvent ces fâcheux et tristes résultats. Sans la fausse appréciation que ces coups devaient être considérés comme nuls, règle acceptée par la majorité des tireurs actuels, on aurait pris plus de précautions, afin de ne pas parer contrairement au principe, qui veut que le pareur garantisse tout son corps ; tout le monde conviendra qu'un coup d'épée reçu au bras, à la cuisse, ou à la figure, est un coup d'épée assez sérieux pour que l'on s'en préoccupe, et qu'il est fâcheux de s'exposer, en quelque sorte, volontairement à recevoir, en duel, de semblables coups qui ne proviennent généralement que de la fausse appréciation et conception de l'art de l'escrime.

L'invention des masques d'armes, qui date de la fin du dernier siècle, a fait admettre, en assaut, que les coups d'épée portés à la figure ne compteraient pas au nombre des coups touchés, et cela par la difficulté de pouvoir se rendre compte des coups portés au masque. Ces coups amènent constamment des discussions interminables. On est convenu, également, que les coups à la cuisse ne compteraient pas non plus comme coups touchés, et cela contrairement au principe que j'ai indiqué ci-dessus, qu'il faut toujours, autant que possible, garantir tout son être. En tirant dans le bas, dit-on, vous découvrez tout le haut de votre corps, endroit où le coup d'épée est bien plus redoutable qu'à la cuisse. Cela est vrai, je veux que l'on puisse tout parer, mais je n'admets pas que l'on tire à la cuisse vu le danger que l'on court. On a fait, pour les coups portés sur le bras, le même raisonnement que pour ceux touchés au masque, parce qu'il est difficile de pouvoir se rendre exactement compte des coups.

Mais il ne faut pas conclure de là que ces coups ne valent rien en duel, ils seraient très-bons et fort dangereux pour celui qui en recevrait dans la figure et ailleurs.

Il est prudent, en apprenant à faire des armes, de ne pas s'habituer à prendre des parades de contractions qui ont le défaut et le vice de ramener souvent l'épée de l'adversaire dans une des trois parties du corps désignées ci-dessus.

CHAPITRE VII.

PARADES ET RIPOSTES SUR LES COUPS DE DEUX MOUVEMENTS.

A la suite des coups composés d'un mouvement, j'ai indiqué les parades à prendre pour se garantir; maintenant que j'ai décrit les coups composés de deux mouvements, je vais indiquer les parades utiles et nécessaires pour parer ces derniers, et les ripostes que l'on peut exécuter après avoir paré.

Parades que l'on doit prendre sur le battement en quarte et le coup droit dans le haut.

Sur le battement en quarte et le coup droit exécuté par l'adversaire, parez quarte ou le contre de tierce, et ripostez par tous les coups qui se font en attaque, selon votre appréciation; mais souvent par le coup droit.

Parades que l'on doit exécuter sur le battement en quarte et le coup droit dans le bas de la même ligne, et les ripostes que l'on peut exécuter.

Sur le battement en quarte et le coup droit dans le bas exécuté par l'adversaire, parez quarte, et, sans presque interrompre le mouvement, quarte basse[1], et ripostez par le coup droit en conservant une forte opposition. (Voyez la 14ᵉ position.)

Parades que l'on peut prendre sur le battement en quarte et le dégagement sur les armes.

Sur le battement en quarte de l'adversaire et le dégagement sur les armes, vous pouvez parer quarte et tierce, ou quarte et contre de quarte[2]; vous pouvez, pour riposter, employer tous les coups que l'on exécute, en attaque, en se fendant : on peut également riposter sans se fendre quand l'adversaire est assez près de vous, alors les ripostes ne doivent presque jamais être composées.

Parades que l'on peut prendre sur le battement en quarte et le coupé en tierce.

Sur le battement en quarte de l'adversaire et le coupé sur les armes, vous pouvez parer quarte et tierce, quarte et

---

[1] Malgré que l'expression de parade sur une feinte ne soit pas juste, elle doit être conservée pour faciliter la démonstration. Je fais cette observation parce que l'on pourrait m'objecter qu'il est inutile de parer sur une feinte; mais dans l'art de l'escrime, comme dans celui de la guerre, on est souvent tenu à se porter, pour se garantir, vers une menace. En escrime, on doit toujours répondre, en forme de parade, aux feintes bien faites à cause de la rapidité des mouvements.

[2] Lorsque l'on pare quarte et contre de quarte, j'ai déjà indiqué que les deux mouvements devaient être presque liés ensemble, c'est-à-dire qu'il ne faut pas mettre de temps d'arrêt à la parade de quarte.

prime, quarte et contre de quarte ; vous pouvez riposter, comme je l'ai dit ci-dessus, par tous les coups qui se font en attaque.

Parades que l'on doit prendre sur le battement en quarte, tromper le contre de tierce par le dégagement.

Sur le battement en quarte tromper le contre de tierce par le dégagement. Vous parez le contre de tierce et quarte ou contre de tierce et demi-cercle, ripostes toutes.

Parades que l'on peut prendre sur le battement en quarte, tromper le contre de tierce par le coupé.

Sur le battement en quarte tromper le contre de tierce par le coupé, vous parez le contre de tierce et quarte ou le contre de tierce et quarte haute, ripostes toutes pour celles après la quarte haute, voyez page 69.

Parades que l'on peut prendre sur le battement en tierce et le coup droit dans le haut.

Sur le battement en tierce tiré droit par l'adversaire, vous parez tierce ou contre de quarte, ripostes toutes, vous pouvez encore parer sur ce coup la prime et après cette dernière parade riposter par le coup droit, le coupé ou le liement.

Parades que l'on peut prendre sur le battement en tierce et le coup droit tiré dans le bas de la même ligne.

Sur le battement en tierce et tiré droit dans le bas par l'adversaire, vous pouvez parer tierce et demi-cercle, et riposter droit dans le bas ou dans le haut, ou bien encore par le liement sur les armes, après la parade du demi-cercle.

Parades que l'on peut prendre sur le battement en tierce et le dégagement dans les armes.

Sur le battement en tierce et le dégagement de l'adversaire, vous pouvez parer tierce et quarte, ou tierce et contre de tierce, ou bien encore tierce et demi-cercle; comme ripostes après ces parades on peut exécuter tous les coups qui se font en attaque.

Parades que l'on peut prendre sur le battement en tierce et le coupé dans les armes.

Sur le battement en tierce et le coupé dans les armes faits par l'adversaire, vous pouvez parer tierce et quarte, tierce et contre de tierce, tierce et quarte haute. Quant aux ripostes, comme ci-dessus. Seulement, après la quarte haute, il faut riposter par le coup droit, ou par le coupé en passant votre lame par-dessus votre tête. (Coupé qu'un auteur a appelé le couronnement.)

Observation.

Les parades que l'on peut prendre sur les coups qui commencent par une feinte de coup droit sont les mêmes que celles que l'on emploie contre les coups qui commencent par des battements, et que je viens d'indiquer ci-dessus.

Parades que l'on doit prendre sur la feinte de dégagement dans les armes et le coup droit dans le bas.

Vous parez quarte et quarte basse; riposte par le coup droit avec forte opposition après la parade de quarte basse.

Parades que l'on peut prendre sur une-deux dans les armes.

Sur une-deux, tiré dans les armes par l'adversaire, vous devez parer tierce et quarte, tierce et contre de tierce, ou bien encore tierce et demi-cercle. Pour ripostes, tous les coups qui se font en attaque, partant des engagements de tierce, quarte et demi-cercle.

Parades contre la feinte de dégagement sur les armes et le coupé dans les armes.

Sur la feinte de dégagement sur les armes et le coupé dans les armes exécutés par l'adversaire, parez tierce et quarte, tierce et contre-tierce, ou tierce et quarte haute. Pour ripostes, tous les coups, comme ci-dessus. Mais après la quarte haute le coup droit, ou le coupé en passant la lame par-dessus la tête, et tournant la main de tierce et le coupé dégagé, également la main de tierce.

Observation sur la parade de tierce et demi-cercle, quand le jugement du pareur est trompé dans son appréciation.

Ayant jugé que votre adversaire va vous attaquer par le coup d'une-deux dans les armes; d'après cette appréciation votre intention étant de parer tierce et demi-cercle sur le coup présumé d'une-deux ; mais votre adversaire vous ayant induit en erreur en ne tirant seulement que le dégagement sur les armes; vos mouvements, malgré l'erreur de votre jugement, doivent être les mêmes que si votre adversaire avait tiré une-deux, c'est vous dire, par cette indication, de ne pas vous arrêter à la parade de tierce, et que vous devez ramener par un mouvement demi-circulaire, en forme de liement, l'épée de l'adversaire dans la ligne du dedans bas. D'après cette manière de parer, la position des épées devient la même à la finale de la parade, que s'il avait tiré le coup d'une-deux que vous attendiez, et vous obtenez par ce moyen plus de rapidité pour parer le coup d'une-deux tout en vous garantissant du dégagement.

La parade du demi-cercle n'est reçue en principe, que pour parer les coups dirigés dans le bas, et non pour ceux tirés dans le haut du dehors. Par ces motifs, si l'on vous demandait après le dégagement sur les armes, tiré par l'adversaire, ce que vous avez paré, pour être d'accord avec le principe, vous répondriez: J'ai paré tierce, et j'ai ramené l'épée de l'adversaire dans la ligne du dedans par une pression en forme de liement.

Parades que l'on peut prendre sur le battement en tierce, tromper le contre de quarte dans le bas par l'adversaire.

Vous parez le contre de quarte et quarte basse, riposte par le coup droit avec forte opposition après la quarte basse.

Parades que l'on peut prendre sur le battement en tierce, tromper le contre de quarte par le dégagement.

Vous parez le contre de quarte et tierce, ou le double contre de quarte, ripostes toutes.

Parades que l'on peut prendre sur le battement en tierce, tromper le contre de quarte par le coupé.

Vous pouvez parer après le contre de quarte la tierce, ou encore un contre de quarte, ou bien après le premier contre la prime, ripostes toutes celles que l'on peut exécuter quand on a rencontré l'épée de l'adversaire, en les plaçant comme il convient à propos.

Parades contre la feinte de dégagement sur les armes (tierce) et tromper le contre de quarte par le coup droit dans le bas du dedans.

Sur la feinte de dégagement, faite par l'adversaire, parez le contre de quarte; s'il trompe cette parade par le coup droit dans le bas, parez de suite quarte basse, et puis ripostez par le coup droit, avec forte opposition.

Parades contre la feinte de dégagement en tierce, et tromper le contre de quarte par le dégagement sur les armes ou le coupé.

Sur la feinte de dégagement sur les armes faite par l'adversaire, parez le contre de quarte; s'il trompe cette parade en dégageant de nouveau sur les armes, parez tierce, ou une seconde fois le contre de quarte, ce qui alors s'appelle parer le double contre de quarte. Toutes les ripostes peuvent se faire.

Si l'adversaire trompe le contre de quarte par le coupé, prenez les mêmes parades ou, après le premier contre, la prime; mais s'il trompait votre contre de quarte en tirant dans le bas, portez-vous par le même mouvement de la quarte à la quarte basse, comme il est dit plus haut, en baissant le poignet, et ripostez droit, avec forte opposition. Les ripostes peuvent toutes se faire après les parades qui précèdent la quarte basse.

Parades contre une-deux sur les armes.

Sur une-deux sur les armes, tiré par l'adversaire, vous pouvez parer quarte et tierce, ou quarte et contre de quarte. Comme ripostes, tous les coups qui se font en attaque.

Parades contre la feinte de dégagement dans les armes et le coupé sur les armes.

Sur la feinte de dégagement dans les armes et le coupé sur les armes, parez quarte et tierce, quarte et contre de quarte, ou bien encore quarte et prime. Ripostez par tous les coups qui se font en attaque. Après la prime, le coup droit, le coupé, ou le liement, main de quarte et main de tierce à volonté.

Parades contre la feinte de dégagement dans les armes, et tromper le contre de tierce par le dégagement du même côté.

Sur la feinte de dégagement dans les armes et tromper le contre de tierce par le dégagement, parez contre de tierce et quarte, contre de tierce et demi-cercle, ou encore le double contre de tierce. Comme ripostes, tous les coups.

Parades qu'il faut prendre pour parer la feinte de dégagement dans les armes, et tromper le contre de tierce par le coupé.

Sur la feinte de dégagement dans les armes et tromper le contre de tierce par le coupé, parez le contre de tierce et quarte, le double contre de tierce, ou le contre de tierce et quarte haute. Comme ripostes, tous les coups, comme ci-dessus. Pour les ripostes après la quarte haute (voyez page 69).

Parades que l'on peut prendre pour parer la feinte de coupé sur les armes et le dégagement dans les armes, coup désigné sous le nom de coupé dégagé.

Sur la feinte du coupé sur les armes et le dégagement dans les armes, vous pouvez parer tierce et quarte, tierce et contre de tierce, prime et seconde ; après cette dernière parade, ripostez, droit dans le bas, la main tournée de tierce, ou dans le haut du dehors, la main tournée de quarte ; après les autres parades, ripostez de toutes les manières.

Parades contre la feinte de coupé sur les armes et tromper le contre de quarte par le coup droit dans le bas.

Sur la feinte de coupé sur les armes, tromper le contre de quarte dans le bas. Vous parez contre de quarte et quarte basse, riposte par le coup droit avec une forte opposition.

Parades contre la feinte de coupé sur les armes et tromper le contre de quarte par le dégagement du même côté.

Sur la feinte de coupé sur les armes, tromper le contre de quarte par le dégagement sur les armes, vous pouvez parer contre de quarte et tierce, ou le double contre de quarte. Comme ripostes, tous les coups indiqués aux attaques.

Parades contre la feinte de coupé dans les armes et le coup droit dans le bas.

Sur la feinte de coupé dans les armes et le coup droit dans le bas, parez quarte et quarte basse, ou quarte et demi-cercle, ou seconde. Ces deux dernières parades doivent se prendre en rompant un peu la mesure contre un tireur vite, ripostez par le coup droit après la quarte basse et la seconde, et par le coup droit et le liement après le demi-cercle.

Parades contre la feinte de coupé dans les armes et le dégagement sur les armes (coupé dégagé).

Sur la feinte du coupé dans les armes et le dégagement sur les armes, parez quarte et tierce, ou quarte et contre de quarte. Toutes les ripostes peuvent s'employer.

Parades contre la feinte de coupé dans les armes, tromper le contre de tierce par le dégagement du même côté.

Sur la feinte de coupé dans les armes et tromper le contre de tierce par le dégagement, parez contre de tierce et quarte, ou double contre de tierce, ou contre de tierce et demi-cercle. Toutes les ripostes peuvent être employées.

Observation.

N'ayant pas admis les coups qui commencent par des feintes de coupé et qui se terminent également par le coupé, et supposant, cependant, que l'on peut rencontrer des tireurs qui emploient ce jeu, je crois devoir indiquer les parades les plus utiles pour les combattre. On peut parer les coupés, comme je l'ai déjà dit, par toutes les parades ; mais les plus favorables sont la prime et la quarte haute.

Parades contre la feinte de liement dans le bas et le coup droit dans le haut du dehors.

Étant engagé en quarte, l'adversaire fait la feinte de liement dans le bas du dehors, et tire droit dans le haut du même côté, parez seconde et tierce, ou seconde et contre de quarte, ou seconde et prime. Toutes les ripostes peuvent être employées.

Parades contre la feinte de liement sur les armes et le dégagement dans les armes.

Sur la feinte du liement sur les armes, et le dégagement dans les armes, parez tierce et quarte, ou tierce et contre de tierce, ou tierce et demi-cercle [1]. Ripostes toutes.

Parades contre la feinte de liement sur les armes, tromper le contre de quarte par le coup droit dans le bas.

Sur la feinte du liement dans le haut du dehors, tromper le contre de quarte dans le bas. Parez le contre de quarte et quarte basse. Riposte par le coup droit avec forte opposition après la quarte basse.

Parades contre la feinte de liement sur les armes et tromper le contre de quarte par le dégagement du même côté.

Sur la feinte du liement en tierce, tromper le contre de quarte par le dégagement, parez contre de quarte et tierce, ou le double contre de quarte. Toutes les ripostes peuvent se faire.

---

[1] Quelques tireurs pourront être surpris que je fasse quelquefois parer le demi-cercle sur le dégagement dans les armes, même dans le haut; pour que leur étonnement cesse, ils n'ont qu'à se bien pénétrer de ma manière de parer le demi-cercle, avec laquelle le haut est garanti aussi bien que le bas.

CHAPITRE VIII.

COUPS DE TROIS MOUVEMENTS.

Maintenant que j'ai décrit les coups composés de deux mouvements ainsi que les parades et les ripostes qui s'y rapportent, je vais passer aux coups de trois mouvements.

Je recommande de nouveau, de se relever avec vitesse toutes les fois qu'on a attaqué ou qu'on a riposté en se fendant, et, en se relevant, de toujours se porter ou parer du côté où l'adversaire aura rencontré votre épée, en faisant toutefois une exception pour la rencontre en tierce; pour celle-ci, je recommande plus particulièrement de se relever en parant le contre de quarte; cette parade a l'avantage de parer la riposte du coup droit dans le haut, et du coup droit dans le bas.

Comme la parade du contre de quarte n'a pas été créée pour parer les coups portés dans le bas, et afin d'être d'accord avec les principes de l'escrime, si, après que votre adversaire a riposté dans le bas du dehors, et que sur cette riposte vous avez pris le contre de quarte en vous relevant, on demandait quelle parade vous avez prise, vous pourriez l'expliquer comme il suit : « J'ai paré seconde, la main tournée de quarte et j'ai ramené l'épée, en la liant par une pression, dans le haut de la ligne du dedans (quarte). »

Il faut avoir soin de ne jamais se relever en parant le contre de tierce après la parade de quarte de son adversaire ; on ne peut exécuter cette parade sur la riposte de quarte que lorsque l'on tire à demi, ce qui devient une feinte ou en prend le caractère, car, sur le coup tiré à fond, on serait toujours touché par la riposte du coup droit. Cette règle est invariable.

Feinte du coup droit dans le haut de la ligne du dedans, feinte de dégagement dans le haut du dehors, et le dégagement dans les armes.

On trouve les parades et les ripostes contre les coups de trois mouvements au chapitre neuvième.

Étant en garde, les épées croisées en dedans, vous prenez l'engagement de quarte et vous faites feinte du coup droit dans le haut avec rapidité en laissant le bras flexible à la saignée, l'adversaire pare quarte ; sans lui laisser rencontrer votre épée, vous faites passer votre lame par-dessous son poignet, portant la pointe dans le haut du dehors, le bras tendu et avec opposition de quarte ; votre adversaire se porte à la parade de tierce, aussitôt et toujours sans laisser rencontrer votre épée, passez-la très-avant par-dessous son bras et dirigez la pointe dans le haut de la ligne du dedans, en conservant l'opposition et l'élévation.

Ayez soin de conserver, à la seconde feinte, l'opposition en dedans, comme je viens de l'indiquer.

Feinte du coup droit dans le haut du dedans, feinte de dégagement dans le haut du dehors, et le coupé dans les armes.

Ayant pris l'engagement, comme ci-dessus, de quarte, faites la feinte du coup droit dans le haut, votre adversaire pare quarte; de suite, sans laisser rencontrer votre épée, passez-la par-dessous son poignet, et menacez-le du dégagement dans le haut du dehors, la pointe de votre épée à la hauteur de ses yeux, le bras n'étant pas tout à fait allongé, puis, sans presque interrompre le mouvement, afin que la parade de tierce de l'adversaire ne rencontre pas votre épée, levez la pointe en l'air en retirant le poignet vers l'épaule gauche, de suite baissez-la rapidement en allongeant le bras de toute sa longueur, et dirigez le coupé dans le haut de la ligne du dedans, en conservant l'opposition de quarte et l'élévation.

Feinte du coup droit dans le haut du dedans, tromper le contre de tierce par la feinte du dégagement du même côté, et la parade de quarte par le dégagement sur les armes.

Engagé comme ci-dessus (quarte), faites la feinte du coup droit dans le haut,[1] l'adversaire prend la parade du contre

---

[1] Toutes les fois que vous ferez une feinte dans l'intention de tromper un contre pris par l'adversaire, vous aurez soin de faire faire à la pointe de votre épée un léger temps d'arrêt sans vacillement; au contraire, quand votre intention est de tromper des parades simples, il faut presque lier les mouvements ensemble.

de tierce ; au moment où il est près de rencontrer votre épée, faites la feinte de dégagement dans les armes, en prenant l'opposition de tierce, il pare quarte, et sans mettre de temps de repos dans la dernière feinte, réunissant presque les deux derniers mouvements du coup, dégagez sur les armes avec élévation et opposition.

Feinte du coup droit dans le haut du dedans, tromper le contre de tierce par la feinte de dégagement du même côté et la parade de quarte par le coupé sur les armes.

Prenez le même engagement que ci-dessus (quarte), faites feinte du coup droit dans le haut du dedans, l'adversaire prend la parade du contre de tierce, passez votre épée par-dessous son bras, et faites la menace du dégagement du même côté que la susdite feinte et sans vous arrêter dans le mouvement, levez la pointe de votre épée en retirant le poignet vers l'épaule droite, desserrant les derniers doigts et sans perdre de temps abattez l'arme le plus vivement possible et dirigez le coupé dans le haut du dehors, en conservant l'opposition et l'élévation.

Feinte du coup droit dans le haut du dedans, feinte de dégagement sur les armes (tierce) et tromper le contre de quarte par le coup droit dans le bas.

Les épées engagées dans la ligne du dedans, l'engagement étant pris par vous, faites la feinte du coup droit, dans le haut du dedans, évitant la parade de quarte de l'adversaire, faites une seconde feinte de dégagement sur les armes, avec un léger temps d'arrêt, l'adversaire répond par la parade du contre de quarte; ne lui laissant pas le temps de rencontrer votre épée, baissez la pointe et le poignet de manière à former une ligne horizontale tout en dirigeant le coup dans le bas de la ligne du dedans, sans opposition.

Feinte du coup droit dans le haut du dedans, feinte de dégagement sur les armes, tromper le contre de quarte par le dégagement dans le haut du dehors.

Prenez le même engagement que ci-dessus (quarte), faites feinte du coup droit dans le haut ; évitant la parade de quarte de l'adversaire, faites feinte de dégagement sur les armes avec un léger temps d'arrêt : l'adversaire prend le contre de quarte, ne lui laissant pas le temps de rencontrer votre épée, dégagez sur les armes avec opposition et élévation.

Feinte du coup droit dans le haut du dedans, feinte de dégagement sur les armes, tromper le contre de quarte par le coupé dans le haut du dehors.

Prenez le même engagement que ci-dessus (quarte), faites la feinte du coup droit dans le haut du dedans; évitant la parade de quarte de l'adversaire, faites feinte de dégagement sur les armes, la pointe de l'épée à la hauteur de l'œil de votre adversaire, avec un temps d'arrêt à peine sensible, puis levez vivement la pointe de votre épée en retirant le poignet vers l'épaule droite, la pointe un peu penchée en arrière, ensuite baissez-la rapidement en dirigeant le coupé dans le haut du dehors, conservant l'opposition et l'élévation.

9

Continuation des coups composés de trois mouvements, les épées engagées en tierce. — Feinte du coup droit, feinte de dégagement et le dégagement sur les armes [1].

Étant en garde, les épées croisées en dehors, vous prenez l'engagement et vous faites la feinte du coup droit dans le haut du dehors rapidement, sans allonger tout à fait le bras, évitant la parade de tierce de votre adversaire, vous faites la feinte de dégagement dans les armes, l'adversaire pare quarte, vous évitez toujours la rencontre des épées, et vous dégagez sur les armes avec opposition et élévation.

Feinte du coup droit dans le haut du dehors, feinte de dégagement dans les armes et le coupé sur les armes.

Prenez comme ci-dessus l'engagement de tierce, faites la feinte du coup droit dans le haut du dehors avec rapidité, allongeant peu le bras; évitant la parade de tierce de l'adversaire, faites feinte de dégagement dans les armes, la pointe de votre épée à la hauteur des yeux de l'adversaire, le bras n'étant pas tout à fait allongé (cette recommandation est faite

---

[1] Il ne faut pas chercher à tirer dans le bas quand on trompe une parade simple, par la raison que la main du pareur s'abaisse toujours dans la parade de quarte, surtout lorsque l'on pare d'après ma méthode. C'est la difficulté de toucher le coup dans le bas, en trompant une parade simple qui fait que je le supprime ici. Il n'en est pas de même lorsque l'on trompe le contre de quarte, le coup dirigé dans le bas devient, dans ce cas, très-bon

pour éviter la rencontre des épées), aussitôt, levez la pointe de votre épée en retirant le poignet vers l'épaule droite, la pointe plus en arrière que le poignet, et, sans perdre de temps, baissez-la et dirigez le coupé dans le haut de la ligne du dehors, en conservant l'opposition et l'élévation. Je crois utile de dire que, dans tous les coupés, il faut desserrer les derniers doigts quand on retire l'épée vers soi, et que l'on doit les resserrer au moment où l'on reporte la pointe au corps de l'adversaire, ainsi que de faire siffler la lame en la retirant et en la reportant en avant.

Feinte du coup droit sur les armes et tromper le contre de quarte par la feinte de dégagement dans le haut du dehors, et le dégagement dans les armes en trompant la parade de tierce.

Prenez le même engagement que ci-dessus (tierce), faites la feinte du coup droit dans le haut du dehors ; l'adversaire prend la parade du contre de quarte, faites une feinte de dégagement sur les armes en prenant l'opposition en dedans ; évitant la parade de tierce de votre adversaire, dégagez dans les armes, en passant votre pointe d'épée bien avant sous son bras, conservant l'opposition et l'élévation.

Feinte du coup droit sur les armes, tromper le contre de quarte par la feinte de dégagement sur les armes et la parade de tierce par le coupé dans les armes.

Même engagement que ci-dessus (tierce), faites feinte du coup droit dans le haut du dehors ; évitant la parade du contre de quarte de l'adversaire, faites feinte de dégagement sur les armes, la pointe de votre épée à la hauteur de ses yeux, ensuite levez vivement la pointe de l'épée en retirant le poignet vers l'épaule gauche, la pointe plus en arrière que le poignet; aussitôt, baissez-la avec rapidité et dirigez le coupé dans le haut de la ligne du dedans, conservant l'opposition de quarte et l'élévation.

Feinte du coup droit sur les armes, feinte de dégagement dans les armes, et tromper le contre de tierce par le dégagement dans les armes.

Engagé comme ci-dessus (tierce), faites la feinte du coup droit dans le haut du dehors; évitant la parade de tierce de l'adversaire, faites feinte de dégagement dans les armes, en prenant l'opposition de quarte; aussitôt qu'il prend le contre de tierce, évitant toujours la rencontre des épées, dégagez dans les armes, en passant la pointe de votre épée bien avant sous le bras de votre adversaire, en la dirigeant dans le haut de la ligne de quarte, conservant l'opposition et l'élévation.

Feinte du coup droit sur les armes, feinte de dégagement et tromper la parade du contre de tierce par le coupé dans les armes.

Même engagement que ci-dessus (tierce), faites la feinte du coup droit dans le haut du dehors, évitant la parade de tierce de l'adversaire, faites feinte de dégagement dans les armes, la pointe de votre épée à la hauteur des yeux, le bras peu allongé; il prend la parade du contre de tierce, aussitôt levez la pointe de l'épée en retirant le poignet vers l'épaule gauche, la pointe plus en arrière que le poignet, et, sans perdre de temps, baissez-la avec rapidité, en la dirigeant dans le haut de la ligne du dedans, en conservant l'opposition de quarte et l'élévation.

Suite des coups composés de trois mouvements, les épées engagées en quarte commençant par la feinte de dégagement. — Feinte de dégagement sur les armes, feinte de dégagement dans les armes et le dégagement sur les armes (en démonstration ce coup s'appelle une-deux-trois [1]).

Les épées engagées dans la ligne du dedans, l'adversaire ayant pris l'engagement, vous faites une feinte de dégagement sur les armes ; il pare tierce, vous faites une deuxième feinte de dégagement dans les armes; il pare quarte, et, sans jamais laisser rencontrer votre épée, vous dégagez sur les armes avec opposition et élévation. (Ce coup s'appelle une-deux-trois.) (On doit prendre l'opposition à la première feinte et la conserver.)

[1] Lorsque l'on tire une-deux-trois sur les armes, la seconde feinte ne doit être guère plus prononcée que la première, surtout si l'on est placé à petite distance (c'est-à-dire si l'on peut se toucher fortement en se fendant), par la raison qu'après la seconde feinte on ne peut pas passer son épée plus avant que par-dessous le poignet de l'adversaire ; dans une-deux-trois qui se termine dans les armes, c'est différent, vous devez, dans ce cas, allonger un peu à la première feinte et tendre le bras autant que possible à la seconde, de manière à pouvoir passer votre épée très-avant sous le bras de l'adversaire.

Feinte de une-deux dans les armes (c'est-à-dire feinte de dégagement dessus et feinte de dégagement dedans) et le coupé sur les armes.

Sur le même engagement que ci-dessus (quarte) pris par l'adversaire, faites feinte de dégagement sur les armes, il pare tierce, faites une deuxième feinte de dégagement dans les armes, la pointe de votre épée à la hauteur de l'œil de l'adversaire, le bras peu allongé, et, sans perdre de temps, levez vivement la pointe de votre épée en retirant le poignet vers l'épaule droite, la pointe plus en arrière que le poignet; desserrant les derniers doigts, aussitôt, baissez-la en la dirigeant directement vers le haut du corps de l'adversaire. L'opposition doit être prise en dehors comme ci-dessus à la première feinte, et la conserver. L'épée doit siffler dans le dernier mouvement en la retirant et en la reportant en avant.

Observation sur le coup ci-dessus.

Après la dernière feinte, pour terminer par le coupé, on n'a pas besoin, quand on achève le coup, de s'occuper si l'adversaire répond à cette feinte ou non; s'il répond par la parade de quarte, le coup arrive sur les armes; s'il n'y répond pas, le coup arrive dans la même ligne où l'on a fait la dernière feinte (quarte); en terminant, l'épée doit former une ligne entièrement droite avec l'épaule droite. (Voyez la 3ᵉ position, *Extension du bras*, et la 7ᵉ, *Coup droit sur les armes*, pages 21 et 31.)

Feinte de une-deux dans les armes, tromper le contre de tierce par le dégagement dans les armes.

L'engagement pris par votre adversaire comme ci-dessus (quarte), faites feinte de une-deux dans les armes, ces deux mouvements se liant presque ensemble, la seconde feinte bien prononcée, la pointe de votre épée menaçant le haut du corps de votre adversaire par un petit temps d'arrêt, selon la vitesse qu'il met dans sa parade du contre de tierce, et, au moment où il est près de rencontrer votre épée, évitez la sienne en dégageant dans les armes et conservant l'opposition de quarte et l'élévation que vous aviez eu soin de prendre à la première feinte.

Feinte de une-deux dans les armes et tromper le contre de tierce par le coupé dans les armes.

Toujours engagé comme ci-dessus (quarte), faites feinte de tirer une-deux dans les armes, en ayant soin de bien prendre l'opposition en dedans, la pointe de votre épée, dans la seconde feinte, menaçant l'adversaire à la hauteur de l'œil, et, sans mettre de temps d'arrêt afin de ne pas laisser rencontrer votre arme par la parade du contre de tierce, levez la pointe de votre épée en retirant le poignet vers l'épaule gauche, la pointe plus en arrière que le poignet, ayant soin, comme il faut toujours le faire, de commencer les mouvements par la pointe de l'épée, l'adversaire ayant paré le contre de tierce [1], baissez rapidement la pointe de votre arme en resserrant les doigts, et dirigez-la dans le haut de la ligne du dedans, en conservant l'opposition de quarte et l'élévation. L'épée doit siffler en la retirant et en la reportant en avant dans tous les coupés qui sont précédés de feinte.

Feinte de dégagement sur les armes, tromper le contre de quarte par une même feinte, et la parade de tierce par le dégagement dans les armes (coup qu'on appelle en démonstration *doubler-tromper* [2]).

Le même engagement que ci-dessus étant pris par l'adversaire (quarte), faites feinte de dégagement sur les armes, la menace arrêtée; l'adversaire prend la parade du contre de quarte, sans laisser rencontrer votre épée, faites une seconde feinte de dégagement du même côté, et, sans perdre de temps, sur la parade de tierce de l'adversaire, dégagez dans les armes en liant presque les deux derniers mouvements, en ayant soin de prendre l'opposition de quarte à la seconde feinte, de la même manière que si vous tiriez une-deux dans les armes, en conservant pour la finale du coup l'opposition et l'élévation.

---

[1] Lorsque vous faites un coupé, il ne faut jamais arrêter la pointe de l'épée en l'air, il faut que les deux mouvements de retirer et de baisser l'épée se fassent rapidement et simultanément, comme je l'ai déjà dit au coupé (coup simple).

[2] Pour tromper un double contre, il faut faire deux feintes et le dégagement du même côté et si le pareur triplait la parade du contre vous ajouteriez une feinte de plus du même côté pour tromper ces trois contres.

Feinte de dégagement sur les armes, tromper le contre de quarte par la même feinte, et le coupé pour terminer le coup (en démonstration de leçon ce coup s'appelle *feinte de troubler sur les armes et coupé*).

Sur le même engagement que ci-dessus pris par l'adversaire (quarte), faites feinte de dégagement sur les armes, la feinte bien arrêtée; votre adversaire prend la parade du contre de quarte, faites la même feinte de dégagement, la pointe de votre épée à la hauteur de l'œil de l'adversaire, le bras pas tout à fait tendu, et, sans perdre de temps, levez la pointe de l'épée en retirant le poignet vers l'épaule gauche, la pointe plus en arrière que le poignet, et baissez-la rapidemment en la dirigeant dans le haut du dedans, conservant l'opposition de quarte et l'élévation.

Feinte de coupé sur les armes, feinte de dégagement dans les armes et le dégagement sur les armes. (Ce coup s'appelle en démonstration *feinte de coupé dégager et dégagement*.)

L'engagement pris légèrement en quarte par l'adversaire, faites feinte de coupé dégager dans les armes; il pare tierce et quarte; sans lui laisser rencontrer votre épée dans vos feintes, dégagez sur les armes avec opposition de tierce et élévation.

Feinte de coupé dégager dans les armes, tromper la parade de tierce et contre de tierce par le dégagement dans les armes.

L'engagement pris légèrement comme ci-dessus (quarte), faites feinte de coupé dégager dans les armes, la dernière feinte bien prononcée avec un léger temps d'arrêt, en prenant l'opposition de quarte; l'adversaire pare tierce et contre de tierce; au moment où il est près de rencontrer votre épée, évitez la sienne en passant la pointe de la vôtre très-avant sous son bras, et dirigez-la dans le haut de la ligne du dedans, en conservant l'opposition de quarte et l'élévation.

Feinte du liement dans le bas du dehors, feinte du coup droit dans le haut de la même ligne et le dégagement dans les armes.

Les épées engagées dans la ligne du dedans, l'adversaire ayant la pointe de son épée un peu basse et le bras plus allongé que dans la garde ordinaire, faites la feinte du liement dans le bas du dehors, l'adversaire pare seconde, faites une seconde feinte du coup droit dans le haut du dehors, en relevant la pointe de votre épée et le poignet horizontalement, l'adversaire pare tierce sur cette seconde feinte sans laisser rencontrer votre épée, dégagez dans les armes, avec vitesse, opposition et élévation.

Feinte du liement dans le bas du dehors, feinte du coup droit dans le haut, tromper le contre de quarte dans le bas.

Les épées engagées comme ci-dessus en quarte, l'adversaire ayant la pointe de son épée un peu basse, le bras plus allongé que dans la position de la garde, faites feinte de liement dans le bas du dehors, l'adversaire, sur cette feinte, pare seconde, faites une autre feinte du coup droit dans le haut ; il pare le contre de quarte, évitant la rencontre de son épée, baissez la vôtre et le poignet formant une ligne horizontale, tout en la dirigeant dans le bas de la ligne du dedans. sans opposition.

Feinte du liement dans le bas du dehors, feinte du coup droit dans le haut de la même ligne et tromper le contre de quarte par le dégagement.

Les épées engagées en quarte l'adversaire ayant même position qu'au coup précédent, faites les deux feintes comme ci-dessus, mettant un petit temps d'arrêt à la seconde. l'adversaire ayant paré seconde, se porte ensuite à la parade du contre de quarte, sans laisser rencontrer votre épée par la sienne, dégagez sur les armes, avec vitesse, élévation et opposition en dehors.

Suite des coups composés de trois mouvements, commençant par la feinte de dégagement, les épées engagées en tierce. — Feinte de dégagement dans les armes, feinte de dégagement sur les armes et le dégagement dans les armes. (Ce coup s'appelle en escrime *une-deux-trois dans les armes*.)

Les épées engagées en tierce, l'adversaire ayant pris l'engagement, faites la feinte de dégagement dans les armes, avec l'opposition du même côté (quarte), le bras aux trois quarts allongé ; l'adversaire prend la parade de quarte, faites une seconde feinte de dégagement sur les armes, le bras tout à fait allongé, conservant l'opposition en dedans ; l'adversaire pare tierce, dégagez dans les armes en passant bien avant sous son bras, et dirigez la pointe de votre épée dans le haut de la ligne du dedans, avec élévation et rapidité, en conservant toujours l'opposition de quarte ; les feintes doivent être faites avec une vitesse en rapport avec celle que met l'adversaire dans ses parades.

Feinte de dégagement dans les armes, feinte de dégagement sur les armes, et coupé dans les armes (ce coup s'appelle en démonstration *feinte de une-deux coupé.*)

Même engagement que ci-dessus (tierce), faites feinte de dégagement dans les armes, l'adversaire pare quarte, faites une seconde feinte de dégagement sur les armes, la pointe de votre épée à la hauteur de l'œil ; à cette dernière feinte, l'adversaire pare tierce, levez vivement la pointe de votre épée en retirant le poignet vers l'épaule gauche, la pointe plus en arrière que le poignet, et, sans la laisser rencontrer par la parade de l'adversaire, baissez-la rapidement en allongeant le bras, et dirigez le coupé dans le haut de la ligne du dedans, en conservant l'opposition de quarte et l'élévation.

Feinte d'une-deux sur les armes, tromper les parades de quarte et de contre de quarte par le coup droit dans le bas.

Les épées engagées en tierce, l'adversaire ayant pris l'engagement, faites feinte d'une-deux sur les armes, avec opposition en dehors, en mettant un petit temps d'arrêt à la seconde feinte, votre adversaire parant quarte et contre de quarte, sans lui laisser rencontrer votre arme par ses parades, baissez l'épée et le poignet de manière à former une ligne horizontale tout en dirigeant la pointe dans le bas du dedans, sans opposition.

Feinte d'une-deux sur les armes, tromper le contre de quarte par le dégagement sur les armes.

L'adversaire ayant pris l'engagement de tierce, faites feinte d'une-deux sur les armes, avec opposition en dehors, en mettant un petit temps d'arrêt à la seconde feinte; l'adversaire parant quarte et contre de quarte, sans laisser rencontrer votre épée par sa parade, dégagez sur les armes en passant la pointe de votre épée par-dessous son poignet, et dirigez-la dans le haut du dehors, en conservant l'opposition de tierce.

Feinte d'une-deux sur les armes et tromper le contre de quarte par le coupé sur les armes.

L'adversaire ayant pris l'engagement comme ci-dessus, en tierce, faites feinte d'une-deux sur les armes; l'adversaire parant quarte et le contre de quarte, levez vivement la pointe de votre épée en retirant le poignet vers l'épaule droite, la pointe de votre épée plus en arrière que le poignet et sans perdre de temps, baissez-la en ligne droite vis-à-vis le haut du corps de l'adversaire, et fendez-vous, soit qu'il réponde ou qu'il ne réponde pas à votre dernière feinte; s'il répond en quarte, votre coup arrivera régulièrement sur les armes, s'il ne répond pas, votre coup touchera dans les armes [1].

Feinte de dégagement dans les armes, tromper le contre de tierce par une même feinte, et la parade de quarte par le dégagement sur les armes. (Coup que l'on appelle en démonstration *doubler-tromper*.)

Engagé comme ci-dessus en tierce, l'adversaire ayant pris l'engagement, faites feinte de dégagement dans les armes en mettant un petit temps d'arrêt à la finale de la feinte ; votre adversaire prenant la parade du contre de tierce, faites une seconde feinte du même côté, il pare quarte, dégagez de suite sur les armes en liant le plus possible ces deux derniers mouvements, dirigez votre pointe d'épée dans le haut du dehors, et fendez-vous en conservant toujours l'opposition de tierce, que vous devez prendre à la seconde feinte.

Feinte de dégagement dans les armes, tromper le contre de tierce par une même feinte et la parade de quarte par le coupé sur les armes. (Ce qu'on appelle en démonstration *feinte de doubler le dégagement, coupé*.)

Engagé comme ci-dessus en tierce, faites feinte de dégagement dans les armes, en mettant un petit temps d'arrêt dans la menace ; votre adversaire prenant la parade du

---

[1] Toutes les fois que vous coupez ou que vous en faites la feinte, il ne faut jamais que votre poignet, ainsi que votre épée, mette de temps d'arrêt près de l'une ou de l'autre épaule.

contre de tierce, faites une seconde feinte de dégagement dans la même ligne, la pointe de votre épée à la hauteur des yeux de l'adversaire, il pare quarte, levez la pointe de votre épée en retirant vivement le poignet vers l'épaule droite, la pointe plus en arrière que le poignet, et, sans vous arrêter dans le mouvement d'une manière sensible, baissez l'épée en dirigeant la pointe vis-à-vis le haut du corps de l'adversaire, le bras et l'épée en ligne droite, sans vous occuper s'il a répondu ou non à votre dernière feinte, et fendez-vous avec rapidité.

Feinte du coupé dans les armes, feinte de dégagement sur les armes et dégagement dans les armes. (Ce coup s'appelle en démonstration *feinte du coupé dégager et dégagement*.)

Engagé comme ci-dessus en tierce, faites feinte du coupé dans les armes, votre adversaire parant quarte, faites une feinte de dégagement bien prononcée sur les armes, en prenant l'opposition en dedans; il pare tierce, dégagez dans les armes en conservant l'opposition et l'élévation. Faites en sorte que les deux premiers mouvements se lient presque ensemble.

Feinte du coupé dans les armes, feinte de dégagement sur les armes (*coupe dégager*), tromper les parades de quarte et de contre de quarte par le coup droit dans le bas du dedans.

Les épées engagées en tierce, l'adversaire ayant pris légèrement l'engagement, faites feinte de coupé dans les armes et du dégagement sur les armes; réunissant les deux mouvements presque dans un seul, l'adversaire parant quarte et contre de quarte, évitez la rencontre de son épée en baissant la vôtre, ainsi que le poignet, horizontalement, dirigez la pointe dans le bas du corps de l'adversaire, sans opposition.

Feinte du coupé dans les armes, feinte de dégagement sur les armes (*coupé dégager*), tromper la parade de quarte et du contre de quarte par le dégagement sur les armes.

Engagé comme ci-dessus en tierce, faites feinte du coupé dans les armes et le dégagement sur les armes; réunissant les deux mouvements presque dans un seul, votre adversaire parant quarte et contre de quarte, évitez la rencontre de son épée en dirigeant la vôtre par le dégagement dans le haut du dehors avec opposition [1].

---

[1] La feinte du liement en tierce étant plutôt un exercice qu'un objet d'utilité, je m'abstiens de la décrire dans les coups composés de trois mouvements.

CHAPITRE IX.

PARADES CONTRE LES COUPS DE TROIS MOUVEMENTS ET RIPOSTE APRÈS AVOIR PARÉ.

Observation sur les coups de trois mouvements (voyez la fin du chapitre, pages 154 et 155).

A la suite des coups composés de un et de deux mouvements, j'ai indiqué les parades que l'on doit employer pour se garantir, je vais indiquer maintenant les parades nécessaires pour parer les coups composés de trois mouvements et les ripostes que l'on peut faire à la suite de ces parades [1].

Sur la feinte du coup droit en quarte, la feinte de dégagement sur les armes et le dégagement dans les armes.

Vous parez quarte, tierce et quarte, ou quarte tierce et contre de tierce, ou quarte, tierce et demi-cercle. Tous les coups peuvent se faire en riposte d'après l'engagement où l'on se trouve à la finale des parades.

---

[1] J'aurais pu abréger le chapitre des parades, en ne conservant qu'une seule manière de parer le même coup; mais ce système aurait donné trop de facilité à l'attaqueur pour tromper les parades, de plus, le pareur aurait perdu, en se privant de cette variation, plus du double des coups qu'il peut exécuter en riposte.

Sur la feinte du coup droit dans les armes, feinte de dégagement sur les armes et le coupé dans les armes.

Vous parez quarte, tierce et quarte, après avoir paré tierce vous pouvez au lieu de la quarte ordinaire parer la quarte haute. (Voyez la 18ᵉ position.) Ripostes, comme ci-dessus, après la quarte haute pour la riposte, voyez pages 69 et 70.

Sur la feinte du coup droit dans les armes, tromper le contre de tierce par la feinte de dégagement du même côté et la parade de quarte par le dégagement sur les armes.

Vous parez contre de tierce, quarte et tierce, ou contre de tierce, quarte et contre de quarte. Ripostes, toutes.

Sur la feinte du coup droit dans les armes, tromper le contre de tierce par la feinte de dégagement du même côté et la parade de quarte par le coupé sur les armes.

Vous parez le contre de tierce, quarte et tierce, ou le contre de tierce, quarte et contre de quarte, ou contre de tierce, quarte et prime. Ripostes, toutes celles qui se rapportent à la parade finale.

Sur la feinte du coup droit dans les armes, feinte de dégagement sur les armes, tromper le contre de quarte en tirant dans le bas.

Vous parez quarte, contre de quarte et quarte basse. Riposte par le coup droit, après la parade de quarte basse, avec une forte opposition.

Sur la feinte du coup droit dans les armes, feinte de dégagement sur les armes, tromper le contre de quarte dans le haut du dehors par le dégagement.

Vous parez quarte, contre de quarte et tierce, ou quarte et le double contre de quarte[1]. Ripostes, toutes.

Sur la feinte du coup droit dans les armes, feinte de dégagement sur les armes et tromper le contre de quarte par le coupé dans le haut du dehors.

Vous parez quarte, contre de quarte et tierce, ou quarte et le double contre de quarte, ou quarte, contre de quarte et prime. Ripostes, comme ci-dessus, en plus les ripostes après la parade de prime.

Sur la feinte du coup droit sur les armes, feinte de dégagement dans les armes et dégagement sur les armes.

Vous parez tierce, quarte et tierce, ou tierce quarte et contre de quarte. Ripostes, toutes.

Sur la feinte du coup droit sur les armes, feinte de dégagement dans les armes et le coupé sur les armes.

Vous parez tierce, quarte et tierce, ou tierce quarte et contre de quarte, ou tierce quarte et prime. Ripostes, toutes.

---

[1] Double-contre : c'est parer deux fois le contre sans s'arrêter au premier.

Sur la feinte du coup droit sur les armes, tromper le contre de quarte par la feinte du dégagement du même côté, et le dégagement dans les armes.

Vous parez le contre de quarte, tierce et quarte, ou le contre de quarte, tierce et contre de tierce, ou le contre de quarte, tierce et demi-cercle. Ripostes, toutes.

Sur la feinte du coup droit sur les armes, tromper le contre de quarte et tierce par la feinte du dégagement du même côté que la feinte du coup droit et le coupé dans les armes.

Vous parez contre de quarte, tierce et quarte, ou contre de quarte, tierce et contre de tierce ou contre de quarte tierce et quarte haute. Ripostes, toutes, après la parade de quarte haute, voyez pages 69 et 70.

Sur la feinte du coup droit sur les armes, feinte de dégagement dans les armes, tromper le contre de tierce par le dégagement dans les armes.

Vous parez tierce, contre de tierce et quarte, ou tierce et le double contre de tierce, ou tierce, contre de tierce et demi cercle. Ripostes toutes.

Sur la feinte du coup droit sur les armes, feinte de dégagement dans les armes et tromper le contre de tierce par le coupé dans les armes.

Vous parez tierce, contre de tierce et quarte, ou tierce et double contre de tierce, ou tierce contre de tierce et quarte haute. Ripostes, toutes, mais après la quarte haute, voyez **pages 69 et 70.**

Sur la feinte de dégagement sur les armes, feinte de dégagement dans les armes et le dégagement sur les armes.

Vous parez tierce, quarte et tierce, ou tierce, quarte et contre de quarte. Ripostes, toutes.

Sur la feinte d'une-deux dans les armes et le coupé sur les armes.

Vous parez tierce, quarte et tierce, ou tierce, quarte et contre de quarte, ou tierce, quarte et prime. Mêmes ripostes, en plus celles après la parade de prime.

Sur la feinte d'une-deux dans les armes, tromper le contre de tierce par le dégagement dans les armes.

Vous parez tierce, contre de tierce et quarte, ou tierce et double contre de tierce, ou tierce, contre de tierce et demi-cercle. Ripostes, toutes.

Sur la feinte d'une-deux dans les armes et tromper le contre de tierce par le coupé dans les armes.

Vous parez tierce, contre de tierce et quarte, ou tierce et double contre de tierce, ou tierce, contre de tierce et quarte haute. Toutes ripostes, de plus après la quarte haute, voyez pages 69 et 70.

Sur la feinte de dégagement sur les armes, tromper le contre de quarte par une même feinte de dégagement et la parade de tierce par le dégagement dans les armes.

Vous parez le contre de quarte, tierce et quarte, ou contre de quarte, tierce et contre de tierce, ou contre de quarte, tierce et demi-cercle. Ripostes, toutes.

Sur la feinte de dégagement sur les armes, tromper le contre de quarte par la même feinte et la parade de tierce par le coupé dans les armes.

Vous parez le contre de quarte, tierce et quarte, ou contre de quarte, tierce et contre de tierce, ou contre de quarte, tierce et quarte haute. Mêmes ripostes, de plus après la quarte haute, voyez pages 69 et 70.

Sur la feinte du coupé dégager dans les armes et le dégagement sur les armes.

Vous parez tierce, quarte et tierce, ou tierce, quarte et contre de quarte. Ripostes, toutes.

Sur la feinte du coupé dégager dans les armes, tromper la parade de tierce et le contre de tierce par le dégagement dans les armes.

Vous parez tierce, contre de tierce et quarte, ou tierce et double contre de tierce, ou tierce, contre de tierce et demi-cercle. Mêmes ripostes, que ci-dessus, toutes.

Sur la feinte du liement dans le bas du dehors, feinte du coup droit dans le haut de la même ligne et le dégagement dans les armes.

Vous parez seconde, tierce et quarte, ou seconde, tierce et contre de tierce, ou seconde, tierce et demi-cercle. Ripostes, toutes.

Sur la feinte de liement dans le bas du dehors, feinte du coup droit dans le haut de la même ligne et tromper le contre de quarte par le coup droit dans le bas du dedans.

Vous parez seconde, contre de quarte[1] et quarte basse, après cette dernière parade, toujours riposter par le coup droit; mais, lorsque l'on rencontre l'épée de l'attaqueur par les parades qui précèdent, on peut riposter par tous les coups.

Sur la feinte du liement dans le bas du dehors, feinte du coup droit dans le haut de la même ligne et tromper le contre de quarte par le dégagement sur les armes.

Vous parez seconde, contre de quarte et tierce, ou seconde et double contre de quarte. Ripostes, toutes.

---

[1] Après la parade de seconde, la quarte prend le titre de contre, par la raison que l'épée change de ligne; du dehors bas, elle revient dans la ligne du dedans.

Les épées engagées en tierce sur une-deux-trois dans les armes.

Vous parez quarte, tierce et quarte, ou quarte, tierce et contre de tierce, ou quarte, tierce et demi-cercle. Ripostes, toutes.

Sur la feinte d'une-deux sur les armes et le coupé dans les armes.

Vous parez quarte, tierce et quarte, ou quarte, tierce et contre de tierce, ou quarte, tierce et quarte haute. Mêmes ripostes, de plus après la quarte haute, voyez pages 69 et 70.

Sur la feinte d'une-deux sur les armes, tromper les parades de quarte et contre de quarte par le coup droit dans le bas du dedans.

Vous parez quarte, contre de quarte et quarte basse, ou seconde à la dernière parade; pour faciliter celle-ci, il est essentiel de rompre un peu la mesure par une petite retraite pour riposter, après la parade de seconde vous avez le coup droit dans le bas et dans le haut du dehors; après la parade de la quarte basse, toujours riposter par le coup droit, avec beaucoup d'opposition.

Sur la feinte d'une-deux sur les armes et tromper le contre de quarte par le dégagement sur les armes.

Vous parez quarte, contre de quarte et tierce, ou quarte et double contre de quarte. Ripostes, toutes.

Sur la feinte d'une-deux sur les armes, tromper le contre de quarte par le coupé sur les armes.

Vous parez quarte, contre de quarte et tierce, ou quarte double contre de quarte, ou quarte, contre de quarte et prime. Ripostes, toutes.

Sur la feinte du dégagement dans les armes, tromper le contre de tierce par une même feinte et la parade de quarte par le dégagement.

Vous parez contre de tierce, quarte et tierce, ou contre de tierce, quarte et contre de quarte. Mêmes ripostes que ci-dessus, moins celles après la parade de prime.

Sur la feinte de dégagement dans les armes, tromper le contre de tierce par une même feinte et la parade de quarte par le coupé sur les armes.

Vous parez contre de tierce, quarte et tierce, ou contre de tierce, quarte et contre de quarte, ou contre de tierce, quarte et prime. Ripostes, toutes.

Sur la feinte du coupé dégager sur les armes et le dégagement dans les armes.

Vous parez quarte, tierce et quarte, ou quarte, tierce et contre de tierce, ou quarte, tierce et demi-cercle. Ripostes, toutes.

Sur la feinte du coupé dégager sur les armes, tromper la parade de quarte et du contre de quarte par le coup droit dans le bas.

Vous parez quarte, contre de quarte et quarte basse. Riposte par le coup droit, avec forte opposition après la quarte basse.

Sur la feinte du coupé dégager sur les armes, tromper la parade de quarte et du contre de quarte par le dégagement sur les armes.

Vous parez quarte, contre de quarte et tierce, ou quarte et le double contre de quarte. Ripostes, toutes.

Observation.

Les coups composés de trois mouvements ne peuvent guère s'exécuter de pied ferme, surtout, aujourd'hui, que l'adversaire se retire en parant ou après quelques parades qui ne lui ont pas réussi à rencontrer l'épée; il faut donc généralement les exécuter en marchant, et comme il est assez dangereux de faire des coups composés de plusieurs feintes, ayant à craindre que l'adversaire ne tire dans ces feintes; je vais désigner ceux par lesquels on s'expose le moins, et la manière de les mettre en pratique en marchant.

Exemple. — Dans une-deux tromper une parade simple et une parade du contre, on a trompé un simple avant le contre, la marche dans ce coup doit se faire à la seconde feinte, dans tous les coups qui se font en marchant, même ceux de quatre mouvements dont la première feinte a pour but de tromper un contre, la marche doit toujours se faire en même temps que cette première feinte; quand on trompe un simple et un contre, la marche doit se faire à la seconde feinte; lorsque l'on ne trompe que des parades simples, il faut toujours que la marche se fasse à la première feinte, à l'exception de la feinte du coupé dégagé qui doit être faite à la seconde feinte.

CHAPITRE X.

COMPOSÉ DES COUPS (ATTAQUE) EN MARCHANT ET D'OBSERVATIONS DIVERSES.

1° Battement en quarte en marchant.
2° Observation.
3° Manière exceptionnelle (coup imaginé par l'auteur) de se servir du coup droit pour tromper le contre de tierce pris par l'adversaire sur le battement, froissement, pression en quarte ou après avoir paré de quarte ou du contre de quarte.
4° Feinte du coup droit en quarte en marchant, et coup droit achevé.
5° Observation sur les coups en marchant.
6° Battement en quarte rétrograde en marchant.
7° Observation.
8° Pression en quarte rétrograde en marchant.
9° Observation.
10° Manière la plus facile pour combattre la pression rétrograde.

COUPS EN MARCHANT, PARADES RÉTROGRADES ET RIPOSTES.

Ayant décrit tous les coups composés de un, deux et trois mouvements exécutés en se fendant (ce que l'on appelle tirer de pied ferme), ainsi que les parades utiles pour éviter d'être touché par ces mêmes coups, je m'abstiens de décrire les coups composés de quatre mouvements, n'ayant qu'une feinte à ajouter à ceux de trois.

Je vais maintenant indiquer quelques coups que l'on peut avantageusement exécuter en marchant[1]. Je parlerai aussi de quelques parades rétrogrades[2] et de leurs ripostes que l'on emploie quelquefois avec avantage ; néanmoins, je recommande d'être très-sobre des mouvements qui font contracter à la main l'habitude de rétrograder; habitude qui, une fois prise, deviendrait nuisible au pareur. On ne doit s'exercer aux rétrogrades seulement que lorsque l'on est parvenu à avoir la certitude que la main ne se retirera que sous l'effet de la volonté, et je dois le dire, la volonté deviendrait impuissante si l'on s'exerçait souvent dans les parades rétrogrades, ou dans les battements, froissements ou pressions rétrogrades qui produiraient les mêmes inconvénients.

Battement en quarte en marchant par un changement d'engagement, et le coup droit dans le haut, les épées engagées dans la ligne du dehors.

Pour bien exécuter ce coup, il faut que votre épée batte celle de votre adversaire en même temps que vos pieds se posent sur le sol dans la marche; aussitôt après le battement, ramenez vivement la pointe de votre épée vis-à-vis

---

[1] Je préviens le lecteur que je ne fais exécuter les coups en marchant que lorsque l'on est trop éloigné de son adversaire pour pouvoir le toucher par le développement seulement.

[2] J'appelle parades rétrogrades celles qui se font en retirant le poignet vers soi ; il en est de même des battements, froissements et pressions rétrogrades.

le corps de l'adversaire en allongeant le bras de toute sa longueur et en vous fendant avec rapidité, conservant l'opposition de quarte.

Observation.

Après le battement indiqué ci-dessus, on peut exécuter en attaque tous les coups que j'ai décrits. Il en est de même pour l'exécution du battement en tierce et des froissements.

Coup imaginé par l'auteur.

Manière tout exceptionnelle de se servir du coup droit pour tromper le contre de tierce, pris par l'adversaire (droitier), sur le battement, froissement, pression en quarte, et également après avoir paré la quarte ou le contre de quarte sur un adversaire qui se relève régulièrement du pied droit en arrière, qui reste fendu, ou qui se relève du pied gauche en avant en parant le contre de tierce, après son attaque faite de pied ferme ou en marchant.

Ces divers mouvements, exécutés en attaque ou en riposte, produisent et donnent les mêmes résultats contre le gaucher qui pare le contre de quarte, soit sur les attaques ci-dessus, soit sur la riposte du coup droit, le tout s'exécute en ligne de quarte. Cette manière de tromper le contre de tierce aux droitiers et le contre de quarte aux gauchers, que je décris ci-dessous, est d'une grande importance contre certains tireurs. Je l'ai employée quelquefois avec le plus grand succès, quoique très-simple. Ces mouvements n'ont jamais été exécutés, je crois, par d'autres que par moi et quelques-uns de mes élèves.

Coup exceptionnel.

Vous êtes engagé en tierce ou en quarte, battez ou froissez[1] l'épée de l'adversaire fortement en quarte, de pied ferme ou en marchant, si vous n'êtes pas à distance à pouvoir toucher par le développement seulement. Avec le même mouvement du battement ou du froissement, portez la pointe de l'épée, sans vacillement, vis-à-vis le corps de l'adversaire, partageant la distance entre la hanche et le sein droit; votre poignet à la même hauteur que la pointe de l'épée. Sur le battement ou froissement en quarte, l'adversaire pare le contre de tierce, ou le gaucher le contre de quarte; dirigez, de suite en vous fendant, la pointe de votre épée à son corps dans la direction indiquée ci-dessus. Le mouvement de battre ou froisser l'épée et celui de diriger le coup doivent se faire, en quelque sorte, simultanément.

En terminant le coup vous prenez l'opposition et l'élévation, si le bras de l'adversaire le permet[2].

---

[1] Je recommande de ne faire le froissement que de la ligne où l'on est engagé.

[2] Lorsque l'on fait le battement ou froissement avec l'intention de tromper le contre de tierce par le coup droit, et que l'adversaire ne prend pas cette parade (contre de tierce), vos deux mouvements, faits simultanément, ont le grand avantage de produire le même résultat, que le liement dans le bas du dehors; si après le coup fait en forme de liement, on vous demandait ce que vous avez fait, vous répondriez, pour être d'accord avec le principe absolu de l'escrime, que vous avez battu ou froissé l'épée en quarte et que vous avez lié, par le même mouvement, l'épée dans le bas de la ligne du dehors.

Feinte du coup droit en quarte en marchant et achever le coup droit dans le haut du dedans.

Lorsque vous faites une feinte du coup droit en marchant, il faut que la menace du coup droit se fasse en même temps que les pieds se posent sur le sol dans la marche, et, interrompant le moins possible le mouvement, achevez droit dans le haut en vous fendant avec rapidité, conservant l'opposition et l'élévation.

Après la feinte du coup droit en marchant, on peut exécuter tous les coups dont j'ai parlé aux attaques de pied ferme, en ayant toujours le soin de ne jamais laisser rencontrer son épée par celle de l'adversaire dans les feintes; exception cependant pour la feinte du coup droit qui se fait en dehors, sur l'engagement pris par l'adversaire, mouvement qui force ce dernier à se garantir en tierce par une opposition, et qui l'empêche souvent de riposter.

Observation sur les coups en marchant.

On peut en marchant exécuter tous les coups d'armes, aussi bien que de pied ferme; le tout est de bien faire les feintes : c'est ce que je vais démontrer, seulement pour quelques coups déjà décrits aux attaques de pied ferme.

Si vous marchez avec l'intention de faire un coup composé de deux mouvements, il faut que votre feinte se fasse en même temps que les pieds se posent sur le sol, dans la marche, comme je l'ai déjà dit ci-dessus; mais dans les coups composés de trois mouvements, il y en a où il ne faut marcher qu'à la seconde feinte : je vais désigner ces coups. Pour ceux dont je ne parlerai pas, on devra toujours faire la marche à la première feinte. Dans *une-deux trompez le contre*, par exemple, la seconde feinte doit être faite en même temps que les pieds se posent sur le sol. Il en est de même pour la feinte de coupé-dégager et le dégagement, ou pour la feinte de coupé-dégager et le coupé, soit dessus, soit dedans.

Je vais maintenant indiquer quelques coups où l'on emploie des mouvements rétrogrades.

Battement en quarte rétrograde en marchant et le coupé sur les armes.

Étant engagé en tierce, battez, en marchant, l'épée de l'adversaire en quarte, en retirant votre poignet vers l'épaule gauche, levant la pointe de l'épée en l'air, et sans perdre de temps, baissez-la en la dirigeant dans le haut du dehors, en vous fendant avec aplomb et vitesse.

Battement en quarte rétrograde en marchant et le coupé-dégager dans les armes.

Engagé comme ci-dessus en tierce, battez l'épée de l'adversaire en quarte en marchant et en retirant votre poignet environ à 40 centimètres vis-à-vis la hanche gauche, éloignant le moins possible du corps de l'adversaire la pointe de votre épée dans le battement, la main toujours tournée de quarte, la pointe d'icelle à la hauteur du bas de la poitrine de l'adversaire. Ce dernier pare quarte sur votre battement ; ne rencontrant pas l'épée, il se porte en tierce, et votre coupé-dégagé dans les armes, fait de manière à lier les deux derniers mouvements, trompe la parade de quarte et tierce, comme je viens de le dire. Ayez soin, tout en dirigeant la pointe de votre épée au corps de l'adversaire, de conserver l'opposition de quarte, que vous aviez prise par votre battement ; prenez aussi l'élévation à la finale du coup.

Observation.

On peut exécuter les deux coups rétrogrades ci-dessus en battant l'épée de l'adversaire en tierce et en retirant le poignet vers l'épaule droite. Je ne recommande pas ces battements rétrogrades en tierce, comme étant de peu de valeur ; j'emploie cependant assez volontiers la parade rétrograde de tierce pour riposter par le coupé sans interrompre le mouvement, surtout comme coup à effet.

Je vais également parler d'un coup qui n'est pas tout à fait à dédaigner ; on peut exécuter ce coup par une simple pression rétrograde en quarte sans changer la ligne de l'engagement ; on peut également l'exécuter après la feinte de dégagement ou la feinte d'une-deux dans les armes. Quand ce coup est composé de deux mouvements, la feinte doit être faite dans les armes ; quand il est composé de trois mouvements, la dernière feinte doit également se faire dans les armes. On pourrait aussi exécuter ce coup, la dernière feinte se faisant en tierce ; mais je m'abstiens de le décrire, ne le trouvant pas très-bon.

Je vais commencer par la pression rétrograde en quarte de la ligne de l'engagement de quarte.

Pression en quarte rétrograde en marchant et le coup droit dans le haut.

Vous êtes engagé dans la ligne du dedans, votre adversaire ayant pris l'engagement, ou étant en garde avec un engagement mixte; relevez la pointe de votre épée en l'air en marchant, tournez la main de tierce, en retirant le poignet vers l'épaule gauche de manière à prendre le faible de l'épée de l'adversaire avec le fort de la vôtre; aussitôt ce mouvement fait, baissez la pointe de votre épée en tournant la main de quarte, et dirigez-la dans le haut de la ligne du dedans, en conservant l'opposition et l'élévation. — Ce coup maîtrise la parade de quarte.

Vous pouvez également tirer dans le bas après la pression: dans ce cas on évite la parade de quarte.

Feinte de dégagement dans les armes, pression en quarte rétrograde en marchant, et coup droit.[1]

Les épées engagées en tierce, l'adversaire ayant pris l'engagement, faites une feinte de dégagement dans les armes en marchant; sur la parade de quarte de l'adversaire, levez la pointe de l'épée en l'air, en retirant vivement le poignet vers l'épaule gauche, la main tournée de tierce, de manière à prendre le faible de l'épée de l'adversaire avec le fort de la vôtre; aussitôt baissez la pointe et dirigez-la dans le haut de la ligne de quarte, conservant l'opposition et l'élévation. Ce coup maîtrise la parade de quarte.

Pression en quarte rétrograde en marchant et le coupé.

En faisant la pression rétrograde, en marchant retirez un peu plus le poignet qu'au coup ci-dessus, la pointe de votre épée plus en arrière, et, sans interrompre le mouvement, passez-la par-dessus la pointe de l'épée de l'adversaire et dirigez-la dans le haut du dehors. Ce coup devient alors un coupé, et, au lieu de maîtriser la parade de quarte, vous la trompez. On peut aussi faire le coupé-dégagé, *l'adversaire* se portant en tierce après la parade de quarte et également s'il ne répond pas à la quarte sur la pression.

Observation.

Maintenant que j'ai parlé des coups où l'on emploie la pression rétrograde, je vais indiquer le moyen le plus facile pour les combattre, en faisant observer que, pour parer les attaques qui se font en marchant, on se sert des mêmes parades que celles employées pour parer les coups tirés de pied ferme, c'est-à-dire en se fendant seulement.

Manière la plus facile pour combattre la pression rétrograde.

Quand l'adversaire retire le poignet vers lui en levant la pointe de son épée et s'emparant de la vôtre, baissez de suite la pointe de votre arme, et un peu le poignet, et dirigez le coup dans le bas du corps de l'adversaire : ce qui s'appelle attaque sur la préparation.

CHAPITRE XI.

DES PARADES RÉTROGRADES.

Je recommande l'emploi de ces parades plutôt en parant des contres que des simples, par la raison que les parades simples en rétrograde écartent trop le poignet, et sont très-faciles à tromper, et je considère les parades rétrogrades comme dangereuses, surtout parce que l'on ne peut revenir assez tôt à l'autre ligne si l'on est trompé par un tireur qui a de la vitesse; elles ont aussi l'inconvénient d'être arrêtées d'avance dans l'esprit du pareur, et l'exposent, suivant une expression usitée dans les salles d'armes, *à s'abandonner sur son jugement*, ce qui est toujours une faute et un danger: c'est pour ces motifs que je préfère les contres et même un simple ordinaire et un contre rétrograde, parade que l'on peut souvent faire, vu que la plupart des tireurs emploient souvent les coups composés de deux mouvements.

Parade du contre de quarte rétrograde et riposte par le coupé sur les armes.

Les épées engagées dans la ligne du dedans, l'adversaire vous attaque par un dégagement sur les armes; vous parez le contre de quarte en retirant le poignet près de l'épaule gauche, la main tournée de tierce, tout en levant la pointe de votre épée en l'air, et en la portant un peu plus en arrière que le poignet, en arrêtant le mouvement par un temps d'arrêt sec, sans vacillation d'épée, puis baissez aussitôt la pointe et dirigez-la dans le haut du dehors. Cette riposte ne permet pas d'opposition.

Parade du contre de quarte rétrograde et riposte par le coupé-dégagé.

Comme ci-dessus, l'adversaire dégage sur les armes; parez le contre de quarte rétrograde en retirant le poignet à la hauteur et vis-à-vis le sein gauche, en faisant parcourir à la pointe de votre épée un petit cercle qui produit le coupé-dégagé, la main restant tournée de quarte, maintenant la pointe de l'épée à la hauteur du poignet; l'adversaire pare quarte et tierce sans rencontrer votre épée; aussitôt et sans avoir interrompu le mouvement, dirigez le coup d'épée dans le haut ou dans le bas du dedans. Si vous le dirigez dans le haut, vous prenez l'opposition et l'élévation; dans le bas il n'y a pas d'opposition possible. — Si l'adversaire, après votre parade du centre de quarte rétrograde, ne portait pas son épée en quarte pour se garantir de la riposte du coup droit et que son arme restât dans la ligne du dehors, où elle a été renvoyée par votre parade, le coupé-dégagé, en riposte, devient aussi bon et aussi juste que si l'adversaire avait répondu en quarte et en tierce pour se garantir du coup droit et du coupé.

Parade du contre de tierce rétrograde et riposte par le coupé dans les armes.

Les épées engagées dans la ligne du dehors, votre adversaire vous attaque par un dégagement dans les armes ; parez le contre de tierce en retirant le poignet vers l'épaule droite et un peu plus en dehors, la pointe de l'épée plus en arrière et en l'air, la main toujours tournée de quarte ; interrompant le moins possible le mouvement de retraite, et celui de reporter l'épée en avant, baissez la pointe rapidement, et dirigez-la dans le haut du dedans sans opposition. Je répète ici que les mouvements de parades et de ripostes doivent toujours commencer leurs mouvements par la pointe de l'épée.

Parade du contre de tierce rétrograde et riposte par le coupé-dégagé sur les armes.

Même engagement, même manière de parer que ci-dessus. Pour la riposte, faites la feinte du coupé dans les armes au lieu du coup achevé, et ajoutez-y le dégagement sur les armes, en conservant l'opposition en dehors.

27ᵉ Position. — le Mur après le dégagement sur les armes et la parade de tierce.

28ᵐᵉ Position. — Le Mur après le dégagement dans les armes et la parade a·gauche.

CHAPITRE XII.

LE SALUT ET LE MUR.

Je vais maintenant passer au *salut*. Ensuite, j'indiquerai la manière de tirer ce qu'on appelle le *mur*, exercice que l'on fait ou qu'on devrait toujours faire comme préparation avant l'assaut. Cet exercice a l'avantage de donner de la grâce, d'assouplir les membres, de permettre de bien se poser en garde, de se fendre avec aplomb et fermeté et de se relever avec aisance : aussi je le recommande à tous ceux qui voudront devenir beaux et forts tireurs.

Le salut.

Pour saluer, mettez-vous tous deux en première position; de là portez le poignet et l'épée à votre gauche, baissant la pointe et l'arrêtant à la hauteur et en face de la figure des personnes que l'on veut saluer, la main tournée de quarte, le bras presque étendu, mais flexible (c'est ce qu'on appelle saluer en quarte); rapportez ensuite le poignet en face de l'épaule droite, à la hauteur de la garde; lorsque votre épée, la pointe relevée, arrive devant l'épaule, tournez la main de tierce et vous saluez dans cette position de la main, en baissant la pointe de l'épée, les personnes à votre droite, portant le poignet bien en dehors, tout en fixant du côté où vous saluez, le bras tendu sans roideur; puis, rapportez le poignet vis-à-vis de votre figure, le bras ployé, la pointe de l'épée en l'air, la main mixte; dans cette position saluez comme ci-dessus l'adversaire, en baissant la pointe de l'épée tout en allongeant le bras; ensuite tournez la main de tierce, baissez la pointe et faites passer la lame devant votre corps; portez la pointe tout à fait en arrière, placez les doigts de la main gauche, touchant la saignée du bras droit, enlevez aussitôt les deux bras arrondis au-dessus de la tête et puis portez la pointe de l'épée en face de la figure de l'adversaire et votre bras gauche en arrière formant un demi-cercle, les doigts arrondis graduellement, maintenus à la hauteur du sommet de la tête, et mettez-vous en garde d'après les principes indiqués à la page 19, vous faites alors un ou deux appels du pied droit et vous passez en arrière [1]. .

Le mur.

Les deux adversaires se placent en première position, puis se mettent en garde suivant la manière indiquée page 19; cela fait, les deux tireurs reprennent la première position, en *passant en arrière* ou restant en garde; l'un des deux fait

---

[1] Passer en arrière, c'est rapporter le talon du pied droit touchant la cheville du pied gauche; passer en avant, c'est porter la cheville du pied gauche contre le talon droit en prenant toujours la première position. Pour les personnes qui tiennent leur arme de la main gauche, c'est l'inverse.

une invitation de tirer le premier à son adversaire, l'autre accepte ou fait par un signe de tête la même invitation ; celui qui accepte porte la pointe de son épée en face de son adversaire comme annonce d'acceptation, et il se fend de la position où il est, en passant la pointe de son épée à la gauche de son adversaire en prenant l'opposition de quarte, et se relève ensuite en première position : ce dernier peut rester en garde s'il le juge convenable ainsi que celui qui va devenir le pareur ; c'est ce qu'on appelle mesurer sa distance ; tous deux font le salut comme il a été dit et se mettent en garde, les épées engagées dans la ligne du dedans ; celui des deux tireurs qui devient le pareur prend l'engagement, celui qui s'est fendu pour mesurer la distance se fend de nouveau en dégageant sur les armes ; l'attaqué pare tierce par le froissement et rapporte son épée dans la position de la quarte basse (ou à peu près). (Voyez la 14e position.) L'attaqueur cède à la parade en desserrant les doigts, plaçant la lame de son épée contre le haut de son oreille gauche, le bras restant tendu, la main haute avec opposition de tierce regardant l'adversaire par-dessous son épée, le talon du pommeau en face de l'œil gauche de son adversaire, 27e position ; ensuite il se remet en garde ; l'adversaire prend l'engagement de tierce, l'attaqueur dégage dans les armes, l'adversaire par quarte pare le froissement et rapporte son épée à droite, la main toujours tournée de quarte. (Voyez la 28e position : *le Mur*.) L'attaqueur cède à la parade comme ci-dessus, en plaçant la lame de son épée contre le haut de l'oreille droite avec opposition en dedans ; ensuite, tous deux se remettent en garde et recommencent cet exercice sept, huit, dix fois, selon la volonté de l'attaqueur ; lorsque celui-ci veut cesser, au lieu de se fendre il *passe en avant* en dégageant de la main seulement, et laisse tourner après la parade son épée de la même manière que s'il s'était fendu[1]; il se remet ensuite en garde du pied gauche ; les deux tireurs font ensemble un appel du pied droit, *passent en arrière* et font tous deux le salut ; le salut fait, ils se remettent en garde, celui qui a paré devient attaqueur, et l'autre, pareur, et *vice versâ*; quand celui qui a attaqué veut finir, il fait une *passe en avant* (indiquée ci-dessus), et se remet en garde ; en arrière les deux tireurs font ensemble un appel du pied droit, reprennent la première position par une *passe en arrière*, se mettent en arrière en garde, font deux appels du pied droit, reprennent la première position en *passant en avant*, font de nouveau le salut, se mettent en garde en avant d'après la manière indiquée pour se mettre en garde, avec aplomb et sévérité, *passent en arrière*, en première position, et le mur est terminé.

---

[1] Je recommande de se fendre toujours avec aplomb, fermeté et souplesse ; il faut, quand le pied droit pose à terre, que rien ne tremble dans votre personne ou dans votre épée, en un mot, il faut arriver à une immobilité parfaite, ce que l'on n'obtient que par le travail.

CHAPITRE XIII.

DE L'ASSAUT ET DU DUEL.

Après avoir indiqué la manière de tirer le mur et de faire le salut, je vais passer aux règles et aux principes de l'assaut.

L'assaut est la représentation du duel.

Faire assaut ou se battre en duel, c'est, étant en garde en face de son adversaire, chercher à le toucher, tout en se garantissant des coups qu'il veut vous porter.

Conseils et observations.

En vous mettant en garde, prenez toujours vos précautions dans la crainte d'être attaqué avant d'être préparé : si vous avez affaire à un tireur qui surprend soit par l'entraînement de sa vigueur, soit par habitude de précipitation, ou par calcul, ce qui est rare, mais peut arriver, mettez-vous en garde hors de portée.

Dans toutes vos attaques, comme dans tout ce que vous exécuterez, mettez de la décision, de la spontanéité : quand vous attaquerez un tireur inconnu, commencez toujours par des coups simples, et tirez-les avec vitesse et avec décision, et si vous réussissez à le toucher, continuez-les jusqu'au moment où votre adversaire sera parvenu à les parer; alors, ayant vu ou senti la parade qu'il a prise, vous pourrez la tromper dans les coups suivants. Il faut, en tireur habile, quand on attaque, ou que l'on riposte par des coups composés, *se créer le jour* du côté où l'on veut toucher, et non pas, comme le font la plupart des tireurs, le chercher des yeux tout en faisant des feintes. J'insiste sur cette recommandation, convaincu de l'excellence de ce principe.

Il est indispensable maintenant de préciser ce que j'entends par ces mots : *se créer le jour*.

Lorsque deux tireurs sont placés en garde vis-à-vis l'un de l'autre, les épées croisées, quelle que soit la position des parties, il y a toujours une ligne ouverte dans laquelle les deux adversaires peuvent diriger un coup ou une feinte, par la raison que le poignet, le bras, la lame et la garde de l'épée ne suffisent pas pour couvrir tout le corps d'un homme, pas même le haut. Tout tireur sérieux sait que, s'il couvre la ligne du dedans, en prenant l'engagement de quarte, son dehors reste découvert, et *vice versâ*. La prudence commande souvent de ne pas tirer dans la ligne où l'on voit le jour; il faut alors se créer le jour dans l'autre. Commençons par le cas où l'intention de l'attaqueur est de tromper par son attaque une parade simple; dans ce cas, il doit forcer le pareur, par une feinte rapidement et finement exécutée, à fermer la ligne ouverte qu'il menace par la feinte pour tirer dans l'autre ligne; pour obtenir un résultat favorable dans le coup en faisant cette feinte, il ne faut mettre ni hésitation, ni interruption dans les mouvements, ni même se préoccuper de savoir si l'adversaire fermera la ligne menacée par la feinte ou non, et ne faire usage de la vue dans ces mouvements que pour diriger la pointe de l'épée et ajuster à la finale du coup, évitant d'imiter la plupart des tireurs qui attendent le moment de voir le découvert pour y diriger l'attaque.

Il n'en est pas entièrement de même quand on juge que l'adversaire parera un contre sur la susdite feinte et que l'on veut tromper le contre; on doit alors, à cause de la différence qui existe dans la pensée de l'attaqueur, mettre dans la menace, tout en l'exécutant avec rapidité, un petit temps d'arrêt plus ou moins court, selon la vitesse du pareur, comme je l'ai indiqué précédemment dans tous les coups qui ont pour but de tromper un contre.

On me fera peut-être cette objection : qu'il pourrait se rencontrer certain tireur qui ne répondrait pas toujours à une feinte, même menaçante. Dans cette situation exceptionnelle, il faudrait tirer une ou deux fois de suite dans la ligne ouverte, avec vitesse et décision, mouvements qui forceront l'adversaire à prendre une parade pour se garantir d'être touché par un coup simple, et l'on pourra après exécuter ceux recommandés ci-dessus, avec certitude que le tireur répondra à la première menace.

En résumé, ce que j'appelle en escrime se *créer le jour*, on vient de le voir, c'est de forcer l'adversaire à ouvrir la ligne qu'il tient fermée en l'engageant fortement par une feinte à porter son épée du côté menacé ou de prendre une parade circulaire (contre) pour se garantir.

On me dira que cette définition n'est pas neuve : je répondrai que ce qui est neuf, ce sont les nuances de l'exécution.

Je ne saurais trop recommander que, dans tous les mouvements où il faut ajouter le développement pour toucher, de poser le coup et non de le lancer ou de le jeter. J'entends par poser le coup, allonger le bras sans saccade et sans retrait de l'épée, tout en faisant suivre successivement et sans interruption le corps et les jambes.

Si votre adversaire sort des règles adoptées en ne joignant pas l'épée lorsque l'on se met en garde, prenez vos précautions dans la crainte d'être attaqué subitement ; lorsque vous aurez acquis la certitude qu'il ne vous attaque pas dans cette position, attaquez-le sans hésitation par le coup droit, de toute votre vitesse ; vous le forcez par là à une parade quelconque, ce qui vous permettra de varier vos coups, et quand vous aurez réussi à le toucher, il sera le premier à venir joindre l'épée en se mettant en garde.

Si, dans votre adversaire, vous rencontrez un tireur qui *chagrine l'épée* [1], ne la lui donnez pas, portez la vôtre dans la ligne du dedans, le poignet et l'épée bas, la main inclinée de tierce, et marchez sur lui à petits pas et hardiment. S'il vous attaque sur votre marche, parez vivement le contre de quarte et quelquefois tierce; n'étant pas attaqué quand vous aurez gagné la distance par votre marche, attaquez-le vivement, comme je viens de le dire ci-dessus, par des coups simples et particulièrement par des coups droits; par là vous le forcerez à venir à la parade, ce qui vous permettra de faire ensuite des coups composés. Cette position de l'épée et cette manière de faire contrarieront beaucoup le tireur qui emploie les petits moyens artistiques de *chagriner l'épée* par de continuels engagements, battements, froissements et croisements d'épée en seconde, sans autre but que de vous fatiguer le poignet et de vous tourmenter : ces petits moyens, signes de ruse, ne sont, dans ma conviction, que de la faiblesse, et un manque de goût, de dignité et de grandeur.

Si vous rencontrez dans votre adversaire un tireur qui prend une garde basse, c'est-à-dire le poignet et l'épée bas, vous menaçant dans la ligne du bas, faites-lui des batte-

---

[1] *Chagriner l'épée* est une expression dont je me sers pour désigner le tireur qui fait constamment des changements d'engagement, des battements, des froissements *et cætera*, sans autre but que de tourmenter son adversaire.

ments, des froissements en seconde ou en demi-cercle, et tirez de suite : s'il vous présente l'épée le bras tendu, prenez l'engagement de quarte et tirez le liement dans le bas du dehors : quand vous marcherez sur votre adversaire, dans l'intention de rapprocher la distance pour gagner votre portée[1], ayez toujours soin de vous tenir sur la défensive et d'avoir arrêté dans votre pensée sur la parade que vous prendrez si vous êtes attaqué dans votre marche : il faut avoir décidé également la riposte que vous porterez, si vous désirez riposter par tout autre mouvement que par le coup droit.

Les tireurs, en se mettant en garde pour faire assaut, doivent arrêter instantanément dans leur pensée les parades qu'ils prendront s'ils sont attaqués, et la riposte qu'ils feront ; mais s'ils sont trompés dans leurs parades par l'attaqueur, ils doivent alors revenir à une parade simple du côté inverse où ils avaient cru rencontrer l'épée de l'adversaire, et, aussitôt qu'ils l'auront rencontrée, riposter par le coup droit,

---

[1] Connaître la portée n'est pas absolument savoir si l'on est à distance pour toucher son adversaire par le développement en tirant de la position de la garde ; mais aussi connaître cette distance quand l'adversaire rompt sur vos mouvements et de plus savoir en profiter à propos et avec spontanéité, dans l'action du combat, c'est-à-dire quand la phrase est engagée, que l'adversaire vous donne ou ne donne pas la réplique. Il faut aussi que vos attaques soient faites avec promptitude, en ayant soin de ne jamais tirer dans le vide, à moins que ce ne soit comme feinte seulement.

Je ne puis trop recommander une étude constante pour acquérir cette connaissance de la distance qui contribue puissamment à faire les grands tireurs.

règle générale et absolue, si l'on veut devenir pareur régulier et riposteur.

Je recommanderai aussi aux pareurs de commencer presque toujours par une parade simple avant de prendre un contre : c'est le moyen de ne pas faire de *contraction*,[1] ce qui produit un mauvais effet, donne un son désagréable à entendre, et très-souvent est nuisible en ce que la parade de *contraction* a le défaut de ramener l'épée dans une des parties basses du corps ou sur le bras.

Questions sur le duel.

Dans un combat singulier à l'épée, l'avantage est-il pour celui qui prend une position offensive, ou pour celui qui se tient sur la défensive comme moyen de succès et de prudence? Doit-on présenter l'épée en ligne directe en se mettant en garde, ou l'avantage est-il pour celui qui ne la présente pas? De plus, à quelle distance doit-on se placer de son ennemi, pour agir avantageusement et prudemment?

Réponse.

Les avantages de l'offensive ou de la défensive tiennent aux facultés des combattants, aux circonstances et aux habi-

---

[1] Voyez parade de *contraction*, page 110, 111 et 112.

tudes contractées dans les assauts ; il serait imprudent de chercher, dans un combat singulier, à se servir de moyens autres que ceux que l'on a pratiqués dans de longues luttes, souvent réitérées, dans lesquelles on a mis en usage toutes les ressources de son intelligence. Vouloir employer d'autres mouvements, d'autres calculs que ceux que l'habitude et l'expérience vous ont donnés, vous ferait commettre une très-grande imprudence; vos coups manqueraient, soyez-en certain, de décision, de spontanéité et de vitesse, vos calculs seraient déjoués par la lenteur de leurs conceptions. Dans une lutte où l'existence est en jeu, on doit toujours suivre l'inspiration du moment, pour ne pas se laisser deviner et prévenir par son ennemi.

En tireur sérieux et savant, on doit, par quelques mouvements préparatoires, chercher à connaître par une certaine appréciation que donnent l'habitude des assauts et la science, la force de son adversaire, et si on ne la juge pas de beaucoup supérieure à la sienne, il faut attaquer avec décision et vitesse, par des battements, froissements d'épée, et tirer droit, par des liements dans le bas du dehors si la position de l'arme de l'adversaire le permet, comme je l'ai dit plus haut, et par des dégagements sur les armes avec confiance, ayant soin de faire toujours précéder le mouvement de la pointe de l'épée et de tendre le bras avant de se fendre.

Si contre votre attente vos attaques sont parées, il faut vous relever et reprendre la position de la garde, en opposant votre épée à celle de l'adversaire, comme parade. A la riposte, du côté où il a paré, vous pouvez également, si la parade a eu lieu en tierce, prendre le contre de quarte, et sitôt que votre épée a rencontré la sienne, contre-riposter par le coup droit, et si vous n'avez pas touché la contre-riposte, et continuer la lutte avec énergie et sans relâche, jusqu'au moment où l'un des combattants est touché. Je suis convaincu qu'un tireur de seconde force serait plus redoutable pour son ennemi agissant d'après ce principe, qu'un tireur de première qui mettrait dans son jeu de l'hésitation, et qui croirait agir prudemment en changeant de méthode et d'habitude.

Dans les assauts nous mettons en action tout notre savoir, notre vitesse, nos ruses et notre génie de tireur, pour donner et ne pas recevoir; vouloir faire mieux, parce que l'on a l'épée à la main pour défendre sa vie, c'est vouloir l'impossible et s'exposer au plus grand danger; il ne faut jamais, pour un premier coup, surtout en duel, se préoccuper l'esprit à la recherche de coups en dehors de ses habitudes.

Réponse à la seconde question.

Dans mon opinion, il y a avantage pour un bon tireur à donner l'épée en se mettant en garde : c'est le moyen d'éviter les coups doubles, c'est-à-dire de se toucher tous deux en même temps; mais si l'adversaire n'imitait pas votre prudence en donnant la sienne, et qu'il chagrinât votre épée par des changements d'engagements, par des battements, froissements et croisements en seconde sans tirer au corps, retirez votre arme de la ligne droite et ne la lui donnez plus; prenez toujours de grandes précautions, en vous mettant en garde hors de portée, afin de vous garantir de toute surprise, comme je l'ai déjà recommandé; et quand vous voudrez gagner votre distance, rapprochez-vous de l'adversaire à petits pas, avec l'intention de parer si vous êtes attaqué dans votre marche; mais aussitôt que vous aurez gagné la distance voulue pour toucher l'ennemi, attaquez-le sans hésitation par les coups indiqués ci-dessus; mais si la position des épées ne permettait pas l'employé des coups désignés plus haut, faites-lui des menaces de coup droit, avec rapidité et précaution : ces mouvements vous permettront de voir s'il a l'intention de parer ou de tendre (c'est-à-dire de tirer en même temps que vous). La continuation du combat reste alors livrée à votre jugement, à votre appréciation. Les principes de la lutte que je viens de décrire terminés, je vais émettre une idée que l'on trouvera juste, je le pense : c'est qu'il faut combattre selon la gravité de l'offense et la position des combattants.

Exemple.

L'agresseur qui accepte le duel qu'on lui propose peut et doit, dans son intérêt et celui de l'humanité, se tenir plus particulièrement sur la défensive, et combattre autant que possible à grande distance, de manière à ne pouvoir donner ou recevoir qu'un léger coup d'épée; quelque faible qu'il soit, donné ou reçu, il suffit à la satisfaction du point d'honneur, on peut en rester là sans scrupule; il se peut également, quand le combat traîne en longueur, que les adversaires soient séparés par les témoins qui déclarent l'honneur satisfait, par le courage dont les combattants ont fait preuve. Il n'en est pas de même à l'égard de l'offensé, si l'offense est grave : ce dernier, qui se doit à l'opinion publique et à sa propre dignité, est tenu, pour que la satisfaction puisse être à la hauteur d'une grave insulte, de rapprocher les distances afin d'être à même d'obtenir une sérieuse satisfaction, et d'attaquer vigoureusement si son ennemi reste dans son rôle, en se tenant sur la défensive.

Suite des observations sur le duel.

Diverses questions m'ont été adressées dernièrement sur les moyens à employer dans un duel, pour combattre diverses méthodes auxquelles on a quelquefois recours en cette occasion. Ainsi, il est des gens qui se placent en garde, l'épée à la main, la tête penchée en avant; d'autres prennent une garde droite sur les jambes et le bras tendu ; d'autres attaquent le bras raccourci[1] et ripostent de même ou vous chargent, c'est-à-dire se précipitent en avant en employant les mêmes mouvements de bras raccourci ; d'autres enfin cherchent à vous toucher à la main, dans l'avant-bras, ou à la jambe tout en rompant constamment. Pour ces derniers une démonstration devient difficile, car, dans ce cas, on doit plus à l'intelligence qui doit saisir le moment propice pour donner, qu'aux ressources vraies de la science.

---

[1] Tirer à bras raccourci, veut dire retirer la main armée avant de la porter en avant.

Je crois bien faire, avant tout enseignement, de dire au lecteur toute ma pensée sur cette dernière manière de combattre.

Le duel est un jugement de convention, accepté volontairement par les parties, et, dans les différends qui en sont cause et qu'il tranche, l'amour-propre, l'amour-propre seul, joue le plus souvent le plus grand rôle. Je suis persuadé que sur dix duels, neuf n'auraient pas lieu si après les motifs, ou pour mieux rendre ma pensée, si avant les motifs qui l'ont amené, on ne sentait pas qu'il existe autour de soi un public et des amis attentifs, auxquels on doit démontrer que par son courage on est capable de faire respecter en tout et partout la dignité de l'homme. Il est évident que celui qui se bat à l'épée pour soutenir sa dignité devant le public, devant ses amis, que celui qui se bat non parce que son honneur ou celui de sa famille a été blessé, mais pour soutenir devant tous sa personnalité, pour maintenir matériellement son égalité, celui-là, et celui-là c'est tous ou presque tous, celui-là doit tenir à l'opinion qu'il fera naître de sa bravoure; car chacun sait que la démonstration physique du courage porte à l'estime et à la considération du monde. Or, ma conviction est que ce n'est pas en rompant constamment et en cherchant à picoter *picaller* à la main, l'avant-bras, ou la jambe, qu'on obtiendra la considération que j'ai toujours cherchée comme but et résultat de mon enseignement, persuadé que l'art de l'escrime bien entendu, en élevant leur caractère, forme réellement les hommes, ce dont un jour on aura grand besoin.

En terminant ces quelques lignes, je dirai au Gouvernement, aux municipalités, d'accorder à l'art de l'escrime une faible partie des faveurs qu'ils accordent aux arts qui amollissent et affadissent les âmes, au public un peu plus de bienveillance et aux professeurs, maîtres d'armes, plus de tenue et plus d'études dans l'enseignement.

L'homme, pour moi, ressemble beaucoup dans son éducation à la lame d'un fleuret, dont toute la valeur est dans la trempe : si la trempe est trop sèche, la lame se brise ; si elle est trop molle, elle ploie au premier choc, et reste ployée ; il faut alors des efforts pour la redresser, et, malgré les soins que l'on prend, on sent et on juge par là de sa faiblesse ; — la bonne lame dépend du fabricant.

Les caractères des gouvernants.

Je sais que, pour certaines personnes, le succès justifie tout : peu leur importent les moyens employés pour l'obtenir. Comme homme, comme maître d'armes, je ne puis approuver cette manière de voir et d'agir, et jamais je ne conseillerai à un de mes amis de recourir à un artifice dont on ne peut, à mon avis, se servir sans perdre de sa dignité. — Bien des jeunes gens seraient moins susceptibles dans les discussions, s'ils avaient la ferme volonté, dans le combat, de présenter franchement la poitrine, car tous les hommes tiennent à la vie, quel que soit leur courage ; et si on voyait le danger réel sans chercher à l'éviter mesquinement, on verrait beaucoup moins de ces petits duels, produit de l'amour-propre.

Cela dit, je vais indiquer les moyens que je juge les plus avantageux pour combattre l'épée à la main ces diverses méthodes.

1° Contre le tireur qui porte la tête en avant, dirigez la plupart de vos coups dans la figure, en ayant soin de faire toujours précéder vos mouvements de la pointe de l'épée, allongeant le bras avant votre développement; les coups les plus favorables, contre cette position, sont les coups droits, les battements rétrogrades en quarte et coupé sur les armes et le coupé-dégagé dans les armes. Si, de cette position prise par votre adversaire, vous êtes attaqué, rompez un peu la mesure, tout en suivant son épée du regard, et lorsqu'un coup porté par lui vous arrivera près du corps, prenez la parade de seconde avec fermeté et ripostez sitôt que vous aurez rencontré son épée, par le coup droit dans le haut du dehors.

2° Pour combattre ceux qui se placent presque droit et le bras tendu, employez le liement après avoir pris l'engagement de quarte, et si cela ne suffit pas, vous avez encore pour vous les battements, froissements, etc.

3° Sur l'attaqueur qui vous charge à bras raccourci, rompez avec calme et prudence en suivant son épée de l'œil, jusqu'au moment où vous pourrez la saisir par la parade de seconde, et puis ripostez par le coup droit soit dans le haut, soit dans le bas, toujours avec opposition; si les circonstances ne vous permettent pas de saisir son épée par vos parades, faites-lui des menaces de coup droit dans la figure en allongeant le bras, tout en retirant le bas du corps, mouvement qui doit arrêter son ardeur, et souvent par la faute même de votre adversaire l'atteindre dans la partie menacée : on peut aussi sur ces tireurs prendre le coup du temps lorsqu'il retire la main ; mais trouvant le coup dangereux pour les deux parties, je ne le conseille pas ; je ne conseille pas davantage et pour le même motif la remise sur ceux qui retirent la main en riposte.

4° Contre le tireur qui rompt en cherchant à vous toucher dans la main, l'avant-bras ou à la jambe, la démonstration exacte est impossible ; toutefois, je vais indiquer quelques mouvements, quelques coups et positions, que je juge les plus favorables, afin d'éviter d'être touché, tout en faisant partager le danger à celui qui s'est imaginé pouvoir, en rompant toujours, ne pas courir de sérieux dangers. Voici les conseils que je donne : prenez contre ces tireurs prudents une garde, la main plus rapprochée de vous que dans la garde que vous prenez habituellement, le coude au corps, et marchez sur lui à petits pas avec prudence, et si vous parvenez, par un engagement en quarte, à vous emparer de son épée, faites alors avec promptitude une pression continue en forme de liement, ramenant son épée dans la ligne du dedans, où vous l'aviez prise par votre engagement ; en même temps, faites une marche rapide en avant, et si vous avez gagné votre porté (distance) par cette marche, tirez le coup droit avec vigueur, énergie et opposition, et si le coup n'a pas eu de résultat, continuez le combat sans relâche ; mais si votre adversaire, à force de reculer, se mettait dans une position peu favorable à son genre de combat, ne lui rendez jamais le terrain ; et si les témoins le réclamaient, répondez-leur que vous ne voulez pas jouer le rôle de dupe, ce qui vous arriverait infailliblement, si vous aviez cette naïve générosité ou sottise, car il y a vingt chances contre une que vous recevriez un coup d'épée à la main, ou dans le bras, en marchant en avant, par celui qui rompt toujours, de manière à se mettre hors de votre portée; si vous ne vous sentez pas capable de suivre la manière que je vous indique, ce qui vous reste de mieux à faire, c'est d'imiter votre adversaire : le succès restera alors au plus patient ou au plus heureux.

Question sur le rôle que peut jouer la main gauche en duel étant droitier.

Peut-on, dans un duel à l'arme blanche, se servir, sans se déshonorer, de la main non armée et frapper également son ennemi quand il est désarmé, soit par accident, soit par la volonté de celui qui désarme, ou bien encore s'il est tombé par terre?

Réponse à ces diverses questions.

Le duel n'est pas une rencontre fortuite, c'est un combat conventionnel qui est réglé d'après nos habitudes, nos mœurs et notre existence sociale. D'après ce principe régulateur, l'homme qui se bat en duel a le droit de se servir de la main non armée pour parer et écarter le coup qui lui est porté; mais si, dans l'ardeur du combat, il venait à saisir l'arme de son adversaire, et qu'il profitât de cette circonstance pour le frapper, il commettrait une action déloyale et infâme. On autorise l'action de la main non armée que parce que cette action peut provenir involontairement du sentiment de la conservation. Le même sentiment n'existe plus dès l'instant où l'on a saisi l'arme de son ennemi. La sensation que produit à la main le fer dont vous vous êtes emparé vous rappelle de suite à vous-même; si vous l'aviez oublié, ni la colère, ni la peur ne pourraient vous excuser, car vous avez eu le temps de la réflexion. Ne courant plus de danger instantané, vous devez, quand vous vous êtes emparé de l'arme de votre ennemi, lui donner le temps et le moyen de se remettre en nouvelle défense.

On ne peut pas forcer un combattant, encore moins celui qui ne sait pas faire des armes, à prendre l'engagement de ne pas se servir de la main non armée : ce serait accorder au plus fort un nouvel avantage et surtout une ressource au plus faible; l'agresseur même qui subit contre sa volonté le choix qu'a fait l'offensé de l'arme blanche, peut dire : je ne sais pas faire des armes; en me mettant une épée à la main, je vous préviens que j'emploierai tous les moyens que je jugerai utiles à ma sécurité; je pointerai, je taillerai et même je frapperai avec la garde, si la position me le commande pour ma garantie. Seulement je prends l'engagement de ne pas frapper mon ennemi désarmé [1], si je venais à m'emparer de son arme, ou s'il venait à tomber par terre.

Les hommes ne sont pas tous maîtres d'eux-mêmes dans

---

[1] J'observerai que, dans certains cas, l'on peut toucher son adversaire après un désarmement sans commettre une mauvaise action; c'est lorsque votre ennemi est désarmé à la suite d'une parade et que vous ripostez par le coup droit (riposte qu'on appelle du tact et du tact au tact), cette riposte

un duel: la colère, la peur, le désir de la vengeance peuvent quelquefois entraîner un honnête homme à commettre, en se battant, une action déloyale dont il serait le premier à se blâmer et se repentir. Afin d'éviter, autant que possible, ces fâcheux et déplorables effets, j'engage les témoins du duel à l'arme blanche, de s'armer d'une canne et de suivre avec précaution les mouvements des combattants, de manière à pouvoir empêcher par une parade un coup porté déloyalement. Je pense que ces réflexions et observations seront approuvées par tous les hommes partisans de la justice et de la loyauté.

Si l'un des témoins venait, par un sentiment d'humanité, à éloigner un coup loyalement porté qui aurait pu lui paraître trop dangereux vu la faible gravité de l'affaire, il devra s'excuser envers celui dont il vient de détourner l'épée, en indiquant le motif qui l'a fait agir ainsi. Il est expressément interdit comme devoir, à la suite d'une semblable action, de laisser continuer le combat; car, si dans le cas contraire, celui dont le coup a été arrêté venait à être blessé ou tué, la responsabilité retomberait tout entière sur le témoin qui aurait commencé par une bonne action pour terminer, faute de prévoyance, de réflexion, ou par condescendance en laissant continuer le combat, à faire recevoir une blessure ou la mort à un homme qui devait être victorieux; blessure ou mort,

---

étant généralement trop rapide pour s'apercevoir du désarmement, comme également, après un battement, un froissement tiré droit en attaque, surtout si les deux mouvements sont simultanés.

que sa conscience et ses concitoyens lui reprocheraient toujours avec juste raison.

Remarque sur le choix des armes accordé à l'agresseur dans certaines contrées. Réglementation sur le duel qui n'a pu être établi que par la force des préjugés passée dans les mœurs contre le droit.

Malgré le développement de la civilisation, il existe encore des pays en Europe et aux colonies particulièrement où l'on donne le choix des armes, dans le duel, à l'agresseur; cette règle, passée dans les habitudes et les mœurs de quelques peuples habitant même le continent, ne peut provenir que des temps les plus reculés, époque où l'on accordait et sacrifiait tout à la force, à l'adresse et au bonheur, où l'insolent provocateur, l'être souvent le plus infâme, devenait victorieux, était toujours glorifié et où le vaincu perdait honneur et considération; heureux encore quand il n'était pas traité en criminel pour avoir été le plus faible dans le combat.

Le système antisocial, qui accorde au provocateur le choix des armes, porte avec lui le vice de l'immoralité, de l'injustice et celui, plus grand encore, d'aggraver toute discussion; car l'homme qui voudra obtenir cet avantage (et tous le doivent, cela est dans l'ordre des intérêts et de notre nature) saisira avec empressement l'occasion qui se présentera pour frapper son contradicteur, afin d'obtenir par le choix des armes un avantage incontestable, et une discussion qui bien souvent se serait terminée sans cette vicieuse application, par quelques mots, par une simple explication, devient des plus violentes, des plus graves. Je serais heureux si ma voix pouvait un jour contribuer, pour une faible part, à détruire un ancien usage qui déshonore, aux yeux de la raison, de la justice, celui qui la réclame et l'exige quand il est l'agresseur, espérant que le pays qui a été l'un des berceaux de la civilisation et des arts (l'Italie) et les braves enfants de la Pologne, ainsi que tous les peuples restés dans ces idées, abandonneront bientôt dans l'intérêt de l'humanité, de la justice et de la raison; ces habitudes adoptées comme règles sur le duel, cette règle a dû être établie par les forts contre les faibles à une époque de barbarie où la force régnait en souveraine contre le droit.

Observation et opinion de l'auteur sur le duel.

Depuis une trentaine d'années, surtout sous le règne de Louis-Philippe, l'opinion publique s'est prononcée contre le duel, autant par mode que pour faire parade de sentiments humanitaires. J'ai connu des écrivains qui après s'être glorifiés d'avoir, dans le courant de leur vie, défendu par des combats singuliers, soit à l'épée, soit au pistolet, leur dignité outragée, ont écrit des volumes contre le duel. J'ai vu également des hommes, prompts à l'offense, mais moins portés à la réparation, faire chorus avec eux, et des penseurs philosophes, n'examinant que le côté moral, imiter ces derniers sans même faire de distinctions entre le duel et le duelliste.

En ma qualité de maître d'armes, je vais donner aussi mon opinion sur ce grave sujet.

Généralement, on a confondu le duel avec le duelliste, c'est-à-dire avec l'homme susceptible, vaniteux, qui croirait manquer de caractère en reconnaissant ses torts. Une portion du public est partie de là pour faire de ces hommes des duellistes de profession (profession qui n'existe plus depuis des siècles) ; ces hommes susceptibles, entraînés à se battre souvent par un amour-propre déplacé qu'ils prenaient pour de la dignité et du caractère, se battaient habituellement pour satisfaire ce qu'ils appelaient le point d'honneur qui devrait changer de nom toutes les fois qu'il y a provocation sans motif avouable.

Quand le hasard favorise l'homme faible à toucher en duel son adversaire, l'orgueil s'enflamme et la vanité de l'individu prône partout son succès pour se donner de l'importance, satisfaction qu'on accorde toujours et souvent à tort au victorieux. Les personnes qui avaient connaissance de semblables combats en parlaient beaucoup trop en termes élogieux ou en critique, et le public finissait par en faire la fable de l'œuf, du bon La Fontaine, avec tout le charme ou l'épouvante des contes qu'on se plaît souvent à raconter au coin du feu. Une fois le héros ou l'épouvantable duelliste fabriqué par notre imagination, nous ne pouvions plus avoir de sécurité avant d'obtenir des lois répressives contre ces hommes qui portaient, selon nous, le trouble et l'épouvante dans les familles. Les femmes, secondées des poltrons, criaient constamment contre le duel, sans réfléchir que le lendemain c'était leur mari, leur frère, même leur père qui, ne voulant pas se dégrader aux yeux de leurs semblables, étaient forcés de se battre pour venger une offense qu'on leur avait adressée. La femme est faite ainsi : elle blâme tout haut l'homme de cœur qui se bat, même pour elle, et prendrait en dégoût celui qui ne saurait pas ou n'aurait pas le courage de la défendre.

Il s'est trouvé sans doute des hommes assez braves, qui ont passé pour de grands duellistes, surtout à la rentrée des Bourbons en France; mais je dois dire, pour rendre hommage à la vérité, que cela se passait à une époque d'irritation politique, où l'on se faisait une gloire de détruire ses concitoyens, comme on l'aurait fait sur un champ de bataille contre les ennemis de son pays.

Il valait encore mieux, au point de vue de l'humanité, que l'irritation des partis se traduisît de la sorte, que d'attendre son ennemi ou celui qu'on suppose tel, au coin d'une rue, le poignard à la main, ce qui se pratique chez les peuples, quand on n'a pas le courage de regarder en face son ennemi, ou la liberté de se battre loyalement. Ces luttes politiques, qui se traduisent en duel, sont vite éteintes! et des hommes qui se seraient considérés toute leur vie comme des ennemis irréconciliables, à la suite d'un combat, on les voit souvent se tendre la main et se rendre réciproquement leur estime.

Il a surgi en France, je le sais, à une certaine époque, quelques fanfarons en bravoure qui croyaient pouvoir imiter leurs devanciers, espérant faire parler d'eux; mais les mêmes motifs n'existant plus, le public ne voyant dans ces hommes que des êtres méprisables, qui n'avaient pour mobile qu'une sotte vanité, en a fait prompte et rapide justice, et ils ont disparu au premier souffle de la raison, comme la rosée disparaît aux premiers rayons du soleil.

Maintenant, mesdames, ouvrez les yeux, ainsi que vous, messieurs, qui passez une grande partie de votre existence, dans vos études, dans vos cabinets, dans vos comptoirs, ou au fond de vos magasins ; vous verrez bien qu'il n'y a pas tant de motifs que vous le supposez à crier contre ceux qui se battent en duel, et vous vous convaincrez bientôt, par un léger examen, que le duel est un mal nécessaire dans notre société, et qu'il évite de plus grands malheurs qu'il n'en cause ; vous reconnaîtrez également que ce mal social diminue et qu'il est susceptible de diminuer encore, par notre éducation, par l'adoucissement que produit le progrès de cette éducation dans nos mœurs.

L'égalité passée dans nos habitudes a un peu rapproché les distances sociales et a contribué également pour sa part à affaiblir les luttes, surtout celles des partis politiques, qui sont toujours les plus nuisibles au bonheur de l'espèce humaine.

Malgré les améliorations déduites ci-dessus, je me suis aperçu que l'inconséquence de certains hommes est si persévérante quand une idée s'est incrustée dans leur tête, qu'ils y reviennent toujours, bonne ou mauvaise, et la poursuivent avec persistance, sans réflexion, sans examen. C'est ce qu'a fait, au moment de la diminution des duels, un homme éminent par sa position, son savoir et son esprit, n'examinant et ne voulant voir que le côté moral, a fait rétablir par son influence une ancienne jurisprudence qui considère et traite l'homme d'honneur qui se bat loyalement, afin de faire respecter sa dignité ou celle de sa famille, ainsi que ses témoins, comme un criminel[1].

---

[1] Dans le civil, bien entendu, car dans l'état militaire on serait considéré comme un lâche, indigne de porter l'uniforme, et même puni pour avoir

Cette jurisprudence, prise à la lettre par nos tribunaux, et acceptée par l'opinion publique, détruirait tout sentiment d'amitié, de dévouement à ses semblables.

Tous les hommes qui se sont battus en duel savent que l'on fait un grand sacrifice au point d'honneur (point d'honneur qu'on ne peut pas, qu'on ne doit pas considérer comme chimérique) en venant exposer pour lui, ses jours dans un combat singulier. De même celui qui accepte le pénible rôle de témoin, ne le fait que dans le but de rendre service à l'amitié par son dévouement, et il sait qu'un refus dans une pareille circonstance, amènerait la division et peut-être la haine : la société est déjà assez portée à l'individualisme, sans la propager par nos lois.

Sans le duel, j'en ai la conviction, le respect que l'on se doit disparaîtrait d'une partie de la société ; les hommes deviendraient médisants entre eux, comme la plupart des femmes le sont entre elles ; jugez où irait alors la société avec de pareils éléments!

Sans lui encore, le respect et les convenances que nous devons et que nous avons généralement pour la partie la plus faible et la plus digne d'intérêt, diminueraient considérablement dans le cœur, et les actions de bien des indivi-

---

refusé de satisfaire, en se battant, au point d'honneur, et un officier qui refuserait un duel, sous le prétexte que la loi le défend (et pour lequel, nous civil, nous sommes punis), serait forcé de quitter son régiment et même l'armée.

Je conseille aux hommes qui seront forcés de subir un duel de choisir l'épée de préférence au pistolet, comme étant le plus loyal et où le vrai courage se montre à découvert sans forfanterie, comme également étant le moins dangereux.

dus, et elles seraient souvent exposées à des insultes, que la crainte d'être forcé de les réparer les armes à la main, les en garantit.

On me répondra peut-être que, dans le cas d'une insulte faite à une femme, comme à un homme, les tribunaux sont là pour faire punir l'insolent. Je répondrai qu'il y a de ces insultes pour lesquelles les tribunaux seraient impuissants; et puis, je vous le demande, quel air aurait un homme qui irait se plaindre au magistrat pour une insulte impudique, difficile souvent à prouver ! Ne ressemblerait-t-il pas à ce jeune enfant qui vient en pleurant se plaindre à sa mère d'avoir été battu ou insulté par un enfant de son âge ? Un pareil rôle ne peut pas convenir, vous serez de mon avis, à un homme de cœur.

Si l'on parvenait jamais par des lois répressives contre le duel à amollir, à faire descendre les caractères jusque-là, je n'hésite pas à le dire, ce serait un grand malheur public; nous pourrions devenir sous peu les conquis et les esclaves du premier peuple barbare ou ambitieux qui voudrait nous envahir [1].

---

[1] Lorsque j'écrivais ces lignes, je ne pensais pas que les cruels et tristes événements pour notre pays auraient donné sitôt raison à mes observations. Je reste avec la conviction que, si le Gouvernement avait encouragé et protégé un peu l'art de l'escrime, nous n'aurions pas eu la honte et le malheur de subir de semblables défaites. L'art de l'escrime, en outre qu'il développe les forces physiques propres à supporter les grandes fatigues, donne du courage, de l'à-propos, du coup d'œil, fortifie les caractères et le point d'honneur, sans lesquels il n'y a pas d'homme complet. Je suis convaincu que cent hommes, habitués à ce bel et bon exercice, vaudraient pour la guerre plus de deux cents hommes pris au hasard. L'expérience des hommes et celle de la guerre m'ont fortifié dans l'idée que j'émets ici.

La société ne peut pas se faire illusion; elle doit savoir que l'homme trop faible ou trop lâche pour exposer ses jours pour une question de dignité personnelle ne sera jamais porté à les exposer dans l'intérêt public.

Les intérêts des nations ne sont pas semblables à ceux des individus, qui passent du jour au lendemain. Un grand pays doit toujours chercher à former les hommes de manière à leur donner l'adresse et le courage nécessaires pour défendre la patrie au besoin, et ce n'est pas par des lois répressives contre le duel qu'on parviendra à atteindre ce noble but. Je considère le duel comme un mal nécessaire, même utile pour une société qui demande et veut des hommes de cœur prêts et capables par leur courage, leur force et leur adresse à combattre pour elle quand les circonstances l'exigent. Le duel est un progrès de la civilisation conquis sur la barbarie. C'est le combat des braves, réglé par l'honneur et la loyauté. L'homme qui se bat en duel est déjà assez puni en venant exposer sa vie dans une question d'honneur, et j'avance ce fait avec certitude, c'est que personne ne se bat de gaieté de cœur.

Des publicistes distingués ont parlé du projet d'établir des tribunaux d'honneur, afin de régler les duels légitimes, et empêcher autant que possible ceux qui ne présenteraient pas de raisons suffisantes pour permettre d'en venir à cette extrémité. Si ces tribunaux existaient, les juges feraient comprendre aux jeunes hommes, tout en respectant leur dignité, qu'on ne doit pas, malgré l'ardeur de la jeunesse, chercher à s'entre-détruire pour un mot déplacé, dit souvent dans un moment d'emportement, toujours irréfléchi, ou pour tout autre sujet de peu d'importance, tel qu'une amourette de bas étage, qui ne peut que nuire à la considération de ceux qui ont la faiblesse de l'ébruiter et d'en faire un motif de duel.

Ce tribunal ferait fort bien d'accorder aux combattants des hommes spéciaux qui serviraient de témoins, pour assurer l'honnêteté et l'impartialité dans le combat.

CHAPITRE XIV.

1° Définitions du redoublement, du dérobement, de la remise, du coup, le temps et coup d'arrêt.
2° Manière de prendre le temps avec garantie.

Comme je n'ai pas encore expliqué ce que l'on entend par *redoublement, dérobement, remise, temps et coup d'arrêt*, je vais en donner la définition.

Redoublement.

Le redoublement est une seconde attaque que l'on répète contre le pareur qui ne riposte pas ou qui ne riposte pas assez vite.

Dérobement (dérober l'épée).

Dérober, c'est éviter l'épée de son adversaire quand il cherche à s'emparer de la vôtre par un battement, par un froissement, par des changements d'engagement ; on dit aussi *dérober la parade*.

On peut dérober l'engagement, le battement et le froissement par le dégagement et le coupé ; ce dernier est très-brillant, mais peu ou point usité chez les tireurs ; j'ai employé assez souvent ce coup avec succès, surtout contre le battement de quarte, en dérobant par le coupé sur les armes. On peut également dérober par des coups composés de plusieurs mouvements : alors on dérobe un battement, ou un changement d'engagement, ou une ou plusieurs parades.

Remise.

La remise est une seconde attaque, faite avec le coup droit sans se relever, que l'on exécute de la position de la fente, soit à la suite du premier coup qui a été mal ajusté, soit que l'adversaire quitte l'opposition de la ligne où il a paré; elle se fait également au milieu d'une phrase.

On appelle *prendre le temps* lorsque l'on tire droit sur l'attaque de l'adversaire : il y a le temps avec garantie et le temps sans garantie. Tous deux pour réussir dépendent du jugement du tireur; c'est ce que j'appelle tenter un peu le hasard; cependant il se rencontre des tireurs sur lesquels on peut les essayer avec la presque certitude de réussir; par exemple : 1° ceux qui retirent la main quand ils attaquent au lieu d'allonger le bras; 2° ceux qui attaquent constamment par des coups composés de plus de deux mouvements; 3° ceux qui attaquent continuellement par des *une-deux*. Sur ces derniers, on peut prendre le temps avec garantie.

Manière de prendre le temps sur une-deux, dans les armes, en se garantissant.

Au premier mouvement de votre adversaire, baissez la pointe de votre épée ainsi que le poignet, et dirigez-la dans le bas du dehors, avec opposition ; ce mouvement barre la ligne où l'attaqueur voulait diriger son épée, et le *temps* devient votre garantie, tout en touchant l'adversaire, puisqu'il vous sert de parade ; il en est de même contre une-deux, tiré sur les armes, et contre presque tous les tireurs qui attaquent avec des coups de plus de deux mouvements en tirant droit sur leur premier. Malgré cela, j'engage à être très-sobre des *temps* : l'expérience m'a démontré que c'était plutôt jouer sa vie que la défendre : aussi j'appelle le *temps*, quand il n'est pas exécuté avec de grandes probabilités de réussite, la ressource du faible contre le fort qui laisse au hasard le soin de décider du succès. Les dérobements sont aussi des *temps*. Je ne dirai rien des coups d'arrêt ; ils ont trop de similitude avec le *temps*, et j'aime mieux les confondre ensemble et ne plus en parler. Ainsi, au lieu de dire : « j'ai arrêté mon adversaire dans sa marche », on dira : « j'ai pris *le temps sur sa marche.* »

CHAPITRE XV.

LEÇON D'ARMES DIVISÉE EN TROIS PARTIES.

1ʳᵉ Partie.
2ᵉ Partie.
3ᵉ Partie.
4ᵉ Coups du temps direct.
5ᵉ Temps par le dérobement d'épée.
6ᵉ Coups du temps avec garantie par l'opposition.
7ᵉ Absence d'épée (pour parer).
8ᵉ Absence d'épée pour attaquer.
9ᵉ Feinte de dégagement dans les armes en se fendant à demi pour parer la riposte de l'adversaire par le contre de tierce.
10ᵉ Observation sur l'ordre des coups de la leçon.

Ayant intitulé cet ouvrage *Leçons d'Armes*, je vais justifier ce titre en décrivant la leçon telle que je la donne.

Je la diviserai en trois parties.

PREMIÈRE PARTIE.

Je fais placer mon élève en première position, et, me mettant en face de lui, je dis, en donnant l'exemple :

— Arrondissez les bras, ployez sur les jambes, mettez-vous en garde.

Je croise et fais croiser les épées dans la ligne du dedans en cédant l'engagement à mon élève, et je reprends :

— Tirez droit, en garde[1]; battement, tirez droit, en garde; tirez droit, en garde.

— Dégagez sur les armes, en garde; tirez droit, en garde.

— Dégagez dans les armes, en garde; tirez droit, en garde.

— Battement en tierce, tirez droit, en garde; tirez droit[2], en garde.

— Battement en quarte, tirez droit, en garde; tirez droit, en garde.

— Battement en tierce, dégagez, en garde; tirez droit, en garde.

— Battement en tierce, trompez le contre de quarte par le dégagement, en garde; tirez droit, en garde.

— Battement en quarte, dégagez[3], en garde; tirez droit, en garde.

— Battement en quarte, trompez le contre de tierce par le dégagement, en garde; tirez droit, en garde[4].

---

[1] Je m'abstiens souvent, afin d'éviter la fatigue, de répéter à l'élève de se remettre en garde après chaque coup tiré, ayant eu soin de le prévenir que c'était ma règle absolue dans mes leçons, de se relever du pied droit après tout coup tiré en se fendant, et de reprendre la position exacte de la garde.

[2] Si, après chaque coup tiré, je fais exécuter un coup droit, c'est que j'ai reconnu que c'est le coup le plus difficile et le plus favorable de l'escrime pour arriver à obtenir la vitesse d'ensemble (harmonie dans tous les mouvements), nécessaire pour devenir un grand tireur. C'est ce motif qui m'a engagé à le faire exécuter par mes élèves après chaque coup tiré sur le plastron.

[3] Le maître aura soin, quand il fait exécuter des coups composés de plusieurs mouvements, de bien répondre aux feintes de son élève.

[4] Je n'ai pas, dans les coups de ma leçon indiqués ci-dessus, fait faire le

— Battement en tierce, une-deux, en garde; tirez droit, en garde.

— Battement en quarte, une-deux, en garde; tirez droit, en garde.

— Battement en tierce, trompez le contre de quarte et tierce par le dégagement, en garde; tirez droit, en garde.

— Battement en tierce, trompez le double contre de quarte par la feinte de dégagement et le dégagement sur les armes, en garde; tirez droit, en garde.

— Battement en quarte, trompez le contre de tierce et quarte par le dégagement, en garde; tirez droit, en garde.

— Battement en quarte, trompez le double contre de tierce par la feinte de dégagement et le dégagement dans les armes, en garde; tirez droit, en garde.

— Battement en tierce, coupez-dégagez sur les armes, en garde; tirez droit, en garde.

— Battement en quarte, coupez-dégagez dans les armes, en garde; tirez droit, en garde.

— Battement en tierce, feinte de dégagement, trompez le contre de tierce par le dégagement, en garde; tirez droit, en garde.

— Battement en tierce, feinte de dégagement et coupez sur les armes, en garde; tirez droit, en garde.

— Battement en quarte, feinte de dégagement, trompez le contre de quarte par le dégagement, en garde; tirez droit, en garde.

---

coupé après le battement, par la raison qu'il faut en être très-sobre, ce coupé exposant trop au coup du *temps*.

— Battement en quarte, feinte de dégagement et coupez dans les armes, en garde; tirez droit, en garde.

— Battement en tierce, feinte de dégagement, coupez-dégagez dans les armes, en garde; tirez droit, en garde.

— Changez l'engagement tierce, battement en quarte, feinte de dégagement, coupez-dégagez sur les armes, en garde; tirez droit, en garde.

— Sur mon dégagement sur les armes, parez le contre de quarte et ripostez par le coup droit, en garde; tirez droit, en garde.

— Parez le contre de quarte, tirez droit dans le bas, en garde; tirez droit, en garde.

— Parez le contre de quarte, ripostez par le dégagement, en garde; tirez droit, en garde.

— Changez l'engagement [1], parez le contre de quarte, ripostez par le coupé, en garde; tirez droit, en garde.

— Changez l'engagement, parez le contre de quarte, liez, en garde; tirez droit, en garde.

Parez le contre de quarte, ripostez par une-deux, en garde; tirez droit, en garde.

— Parez le contre de quarte, faites feinte du coup droit, trompez le contre de tierce par le dégagement, en garde; tirez droit, en garde.

— Parez le contre de quarte, ripostez par la feinte de déga-

---

[1] Je recommande toujours à mon élève de faire ses changements d'engagement avec vitesse et d'avoir soin de faire précéder dans le mouvement la pointe de l'épée. Je fais aussi exécuter quelquefois des doubles engagements (c'est-à-dire deux changements d'engagements de suite) pour donner de la dextérité dans les doigts.

gement et trompez le contre de quarte par le dégagement, en garde; tirez droit, en garde.

— Changez l'engagement, parez le contre de quarte, ripostez par le coupé-dégagé, en garde; tirez droit, en garde.

— Parez le contre de quarte, faites feinte de dégagement et coupez dans les armes, en garde; tirez droit, en garde.

— Parez le contre de quarte, ripostez par la feinte du liement et tirez droit dans le haut du dehors, en garde; tirez droit, en garde.

— Parez le contre de quarte, ripostez par une-deux-trois sur les armes, en garde; tirez droit, en garde [1].

— Parez le contre de tierce, ripostez par le coup droit, en garde; tirez droit, en garde.

— Parez le contre de tierce, ripostez droit dans le bas, en garde; tirez droit, en garde.

— Parez le contre de tierce, ripostez par le dégagement, en garde; tirez droit, en garde.

— Changez l'engagement, parez le contre de tierce, ripostez par le coupé, en garde; tirez droit, en garde.

— Changez l'engagement, parez le contre de tierce, ripostez par le liement sur les armes, en garde; tirez droit, en garde.

— Parez le contre de tierce, feinte de tirer dans le bas et

---

[1] La parade du contre de quarte mentionnée ci-dessus s'exécute toujours sur le dégagement du maître tirer sur les armes. Quand les ripostes sont composées, l'élève trompe la tierce ou les parades de son professeur; il en est de même après le contre de tierce et le dégagement dans les armes.

tirez dans le haut du dehors, en garde; tirez droit, en garde.

— Parez le contre de tierce, ripostez par une-deux, en garde; tirez droit, en garde.

— Parez le contre de tierce, faites feinte du coup droit, trompez le contre de quarte par le dégagement, en garde; tirez droit, en garde.

— Parez le contre de tierce, faites feinte de dégagement, trompez le contre de tierce par le dégagement, en garde; tirez droit, en garde.

— Changez l'engagement, parez le contre de tierce, faites feinte de dégagement, coupez, en garde; tirez droit, en garde.

— Parez le contre de tierce, faites feinte de dégagement, coupez-dégagez, en garde; tirez droit, en garde.

— Changez l'engagement, parez le contre de tierce, faites feinte du liement et dégagez dans les armes, en garde; tirez droit, en garde.

— Changez l'engagement, parez le contre de tierce, faites feinte du liement et trompez le contre de quarte par le dégagement, en garde; tirez droit, en garde.

— Dégagez dans les armes, en garde; tirez droit, en garde.

— Dégagez sur les armes, en garde; tirez droit, en garde.

— Parez le contre de tierce, ripostez par une-deux-trois dans les armes, en garde; tirez droit, en garde.

— Changez l'engagement.

— Parez le demi-cercle, ripostez par le coup droit, en garde; tirez droit, en garde.

— Changez l'engagement.

— Parez le demi-cercle, liez [1], en garde; tirez droit, en garde.

— Parez le demi-cercle et contre de demi-cercle, tirez droit, en garde; tirez droit, en garde.

— Parez le demi-cercle et contre de demi-cercle, liez, en garde; tirez droit, en garde.

— Parez le demi-cercle et seconde, ripostez par le coup droit dans le bas, la main de tierce, en garde la main de quarte; tirez droit, en garde.

— Parez le demi-cercle et seconde, ripostez par le coup droit dans le haut, la main tournée de quarte, en garde; tirez droit, en garde.

— Dégagez dans les armes, en garde; tirez droit, en garde.

— Une-deux dans les armes, en garde; tirez droit, en garde.

— Changez l'engagement. — Une-deux sur les armes, en garde; tirez droit, en garde.

— Changez l'engagement. — Doublez le dégagement sur les armes, en garde; tirez droit, en garde.

— Doublez le dégagement dans les armes, en garde; tirez droit, en garde.

— Une-deux, trompez le contre de tierce, en garde; tirez droit, en garde.

— Changez l'engagement.

---

[1] Je dis « liez » comme abréviation, au lieu de dire : « Ripostez par le liement. »

— Une-deux, trompez le contre de quarte, en garde; tirez droit, en garde.

— Changez l'engagement.

— Doublez, trompez la parade de tierce par le dégagement dans les armes, en garde; tirez droit, en garde.

— Changez l'engagement.

— Doublez, trompez la parade de quarte, par le dégagement sur les armes, en garde; tirez droit, en garde.

— Dégagez dans les armes [1], parez quarte en vous relevant, tirez droit [2].

— Parez le contre de quarte en vous relevant, tirez droit [3].

— Parez le demi-cercle en vous relevant, tirez droit [4].

— Parez quarte en vous relevant, tirez droit [5].

— Parez le contre de quarte en vous relevant, tirez droit [6].

— Parez le demi-cercle en vous relevant, et ripostez par le liement [7].

---

[1] Ici le maître pare quarte sur le dégagement et riposte par le coup droit sans se fendre, en dirigeant la pointe de son épée en face du corps de son élève avec précaution et sûreté.

[2] Le maître pare ici le contre de tierce, marquant bien la riposte du coup droit. Je fais souvent parer à mes élèves le contre de quarte en se relevant sur la riposte du coup droit de l'adversaire en tierce, par la raison que le contre de quarte pris en se relevant pare la riposte du coup droit tiré dans le haut ou dans le bas du dehors.

[3] Le maître pare ici le demi-cercle et riposte par le coup droit.

[4] Le maître pare quarte et riposte par le coup droit.

[5] Le maître pare le contre de tierce et riposte par le coup droit.

[6] Le maître pare la prime ou le demi-cercle, et riposte par le coup droit.

[7] Le maître se laisse toucher à la finale de la phrase par la riposte du liement.

— En garde.

— Deux appels du pied droit [1].

— Passez en arrière à la première position et reposez-vous.

Observation.

Le maître peut quelquefois riposter par le dégagement, par une-deux, et cætera ; l'élève doit alors parer des simples de tierce ou de quarte, ou de quarte et tierce jusqu'au moment où il a rencontré l'épée du maître : alors il riposte toujours par le coup droit.

---

[1] Je fais faire l'appel du pied pour assurer une bonne position de jambes, et comme préparation à l'exercice et cérémonie du mur et du salut.

[1] L'appel est l'action de frapper le sol du pied droit, quand on est droitier, et du pied gauche quand on est gaucher.

SECONDE PARTIE.

— Première position, arrondissez les bras, ployez sur vos jambes, en garde.

— Une-deux dans les armes, en garde; tirez droit, en garde.

— Changez l'engagement.

— Une-deux sur les armes, en garde; tirez droit, en garde.

— Changez l'engagement.

— Battement, dégagez sur les armes, en garde [1]; tirez droit, en garde.

— Battement, dégagez dans les armes, en garde; tirez droit, en garde.

— Doublez le dégagement sur les armes, en garde; tirez droit, en garde [2].

— Doublez le dégagement dans les armes, en garde; tirez droit, en garde.

---

[1] Quand le maître ne désigne pas le côté où l'élève doit faire le battement, le battement doit toujours être fait du côté où les épées sont engagées.

[2] Avant « le doublez le dégagement sur les armes, » j'aurais bien placé le coup qui commence par la feinte de dégagement sur les armes et trompez le contre de quarte dans le bas; mais je n'ai pas cru devoir l'insérer dans l'ordre de ma leçon, parce qu'il ne faut le faire exécuter que de loin en loin. On trouve ce coup décrit à la page 101, aux coups composés de deux mouvements.

— Une-deux, trompez le contre de tierce [1], en garde ; tirez droit, en garde.

— Changez l'engagement.

— Une-deux, trompez le contre de quarte, en garde ; tirez droit, en garde.

— Changez l'engagement.

— Doublez, trompez dans les armes [2], en garde ; tirez droit, en garde.

— Changez l'engagement.

— Doublez, trompez sur les armes, en garde ; tirez droit, en garde.

— Engagement de quarte.

— Une-deux-trois sur les armes, en garde ; tirez droit, en garde.

— Engagement de tierce.

— Une-deux-trois dans les armes, en garde ; tirez droit, en garde.

— Prenez l'engagement de tierce.

---

[1] Le maître aura soin de recommander à l'élève de bien prononcer ses feintes et de mettre un petit temps d'arrêt quand il devra tromper un contre, que ce soit à la première ou à la seconde feinte. Le maître devra également faire sentir ce temps d'arrêt dans la prononciation ; par exemple, dans *une-deux trompez le contré :* une-deux doit être prononcé vivement, et après avoir mis un petit temps de repos, *trompez le contre de quarte* ou *de tierce.*

[2]. Expression dont on se sert en démonstration, comme abréviation. Sans cela on mettrait trop de temps pour expliquer d'une manière exacte ce coup qui devrait prendre pour titre : « Feinte de dégagement sur les armes, trompez le contre de quarte en faisant une seconde feinte de dégagement du même côté, et tromper la parade de tierce par le dégagement dans les armes. » Il en est de même de bien des coups.

— Parez quarte, ripostez droit sans vous fendre et redoublez par le coupé [1] sur les armes en vous fendant, en garde; tirez droit, en garde.

— Engagement de quarte.

— Parez tierce, ripostez droit sans vous fendre et redoublez par le coupé dans les armes en vous fendant, en garde; tirez droit, en garde.

— Parez tierce, ripostez droit dans le bas sans vous fendre et redoublez par le coup droit dans le haut en vous fendant, en garde; tirez droit, en garde.

— Engagement de quarte.

— Parez tierce et quarte, ripostez droit et redoublez par

---

[1] Je préviens les tireurs que si je fais souvent redoubler en donnant leçon, après que l'élève a touché la riposte du coup droit sans se fendre, bien entendu, c'est pour lui apprendre par un exercice souvent répété à faire les coupés, et pour lui donner en outre de la souplesse dans l'avant-bras, de la dextérité, de la rapidité dans ses mouvements, de la justesse dans la main. Je préviens également le maître que, lorsqu'il fera prendre à son élève des parades simples, il devra indiquer la première d'avance et les autres seulement en exécutant son attaque, afin de donner à son élève le soin de la chercher, en revenant toujours de la tierce à la quarte, et de la quarte à la tierce. Mais lorsque le maître fera parer des contres, il devra annoncer d'avance les parades que l'élève devra prendre, soit qu'il débute par un simple et un contre, soit par deux simples et un contre. Cette méthode donne aux élèves du toucher, de la retenue, les oblige à conserver la position de la garde sans ébranlement ni vacillement du corps ni des jambes, leur apprend à ne pas se fendre avant d'avoir paré, quand ils sont attaqués; qualité indispensable pour faire des tireurs sérieux.

Le maître aura soin, quand il attaque son élève pour le faire parer, d'avoir achevé le commandement avant de commencer son attaque, afin que l'élève étant fixé sur la parade qu'il doit prendre, ainsi que sur la riposte qui doit la suivre, puisse mettre toute sa vitesse dans l'exécution.

le coupé en vous fendant, en garde; tirez droit, en garde.

— Parez quarte et tierce, ripostez droit et redoublez par le coupé dans les armes, en garde; tirez droit, en garde.

— Engagement de tierce.

— Parez quarte et tierce, ripostez par le coup droit dans le bas et redoublez par le coup droit dans le haut, en garde; tirez droit, en garde [1].

— Parez quarte et contre de quarte [2], ripostez par le coup droit, et redoublez par le coupé sur les armes, en garde; tirez droit, en garde.

— Changez l'engagement.

— Parez tierce et contre de tierce, ripostez par le coup droit et redoublez par le coupé dans les armes, en garde; tirez droit, en garde.

— Parez tierce et contre de tierce, ripostez par le coup droit dans le bas, et redoublez par le coup droit dans le haut, en garde; tirez droit, en garde.

— Changez l'engagement.

---

[1] Je m'abstiens souvent de dire de se fendre en redoublant, ceci étant presque une règle générale dans ma leçon.

[2] Lorsque le maître fait parer à son élève quarte et contre de quarte, il doit avoir soin de lui recommander de lier autant que possible les deux mouvements, afin et de manière que si l'adversaire venait à tirer le dégagement dans les armes, au lieu d'une-deux qu'il suppose et attend, lui pareur, il puisse, par la liaison de ces deux parades, ramener l'épée de l'attaqueur, sans perte de temps ni danger dans la ligne où il croyait la rencontrer, évitant par la régularité et la vitesse dans les mouvements de ramener l'arme adverse sur son corps, sur sa cuisse ou sur son bras, ce qui arrive trop souvent dans les parades de contractions quand elles ne sont pas prises d'après ces principes.

— Parez le contre de quarte et tierce, ripostez par le coup droit et redoublez par le coupé dans les armes, en garde; tirez droit, en garde.

— Parez le contre de quarte et tierce, ripostez par le coup droit dans le bas, et redoublez par le coup droit dans le haut, en vous fendant, en garde; tirez droit, en garde.

— Parez le contre de tierce et quarte, ripostez par le coup droit et redoublez par le coupé sur les armes, en garde; tirez droit, en garde [1].

— Parez quarte, tierce et quarte [2], ripostez par le coup droit et redoublez par le coupé sur les armes, en garde; tirez droit, en garde.

— Changez l'engagement.

— Parez tierce, quarte et tierce, ripostez par le coup droit et redoublez par le coupé dans les armes, en garde; tirez droit, en garde.

— Parez tierce, contre de tierce et quarte, ripostez par le coup droit, et redoublez par le coupé sur les armes, en garde; tirez droit, en garde.

— Parez quarte, contre de quarte et tierce, ripostez par le coup droit, et redoublez par le coupé dans les armes, en garde; tirez droit, en garde.

---

[1] Le professeur doit quelquefois tromper les parades de son élève sans le prévenir; le tireur qui est trompé dans ses parades doit toujours revenir aux parades simples de quarte, tierce, quarte, jusqu'au moment où il rencontre l'épée de l'adversaire: alors il doit riposter le plus vivement possible par le coup droit, règle générale toutes les fois que l'on a rencontré l'épée adverse après avoir été trompé dans une ou plusieurs de ses premières parades.

[2] Le maître qui fera prendre à son élève des parades simples, devra tou-

— Parez le contre de quarte, tierce et quarte, ripostez par le coup droit, et redoublez par le coupé sur les armes, en garde; tirez droit, en garde.

— Parez le contre de tierce, quarte et tierce, ripostez par le coup droit, et redoublez par le coupé dans les armes, en garde; tirez droit, en garde.

— Dégagez sur les armes, en garde; tirez droit [1]; parez quarte en vous relevant, tirez droit [2]; parez le contre de quarte en vous relevant, tirez droit [3]; parez demi-cercle en vous relevant, tirez droit [4]; parez quarte en vous relevant, tirez droit [5]; parez le contre de quarte en vous relevant, tirez droit [6]; parez demi-cercle en vous relevant et liez en riposte, en garde. Deux appels du pied, reposez-vous.

---

jours lui indiquer d'avance la première parade, et tromper les suivantes sans rien dire, comme je l'ai indiqué ci-dessus.

[1] Le maître doit parer ici le contre de quarte sur le coup droit, et riposter à demi par le coup droit en dirigeant bien la pointe de son épée en face du haut du corps de son élève.

[2] Le maître pare ici le contre de tierce et riposte droit, toujours à demi avec une vitesse relative à celle de son élève.

[3] Le maître pare le demi-cercle et riposte par le coup droit.

[4] Le maître pare quarte et riposte droit.

[5] Le maître pare le contre de tierce et riposte par le coup droit dans le haut.

[6] Le maître pare ici prime ou demi-cercle, riposte par le coup droit et se laisse toucher par le liement.

TROISIÈME PARTIE.

— Première position, arrondissez les bras, ployez sur vos jambes, en garde.—Changez l'engagement (en tierce).

— Battez l'épée en quarte, marchez, tirez droit, dans le haut, en garde; tirez droit, en garde.

— Battez l'épée en tierce, marchez, tirez droit, en garde; tirez droit, en garde.

— Battez l'épée en quarte, marchez, tirez droit dans le bas, en garde; tirez droit, en garde.

— Battez l'épée en tierce, marchez, dégagez, en garde; tirez droit, en garde.

— Engagement de tierce.

— Battez l'épée en quarte, marchez, dégagez, en garde; tirez droit, en garde.

— Engagement de quarte.

— Battez l'épée en tierce, marchez, trompez le contre de quarte par le dégagement, en garde; tirez droit, en garde.

— Engagement de tierce.

— Battez l'épée en quarte, marchez, trompez le contre de tierce par le dégagement, en garde; tirez droit, en garde [1].

---

[1] Lorsque l'élève, en exécutant des marches, aura parcouru la distance

Observation.

Je ne me sers jamais, en donnant leçon, du mot trompez la parade de prime, ni celle de demi-cercle, par la raison que la parade de prime et du demi-cercle se trompe de la même manière que le contre de tierce, avec cette différence seulement que le coup porté arrive après avoir trompé la parade de prime et du demi-cercle dans le bas du dehors, tandis qu'après la parade du contre de tierce le coup arrive dans la ligne du dedans (quarte).

Le professeur doit, quand ses élèves commencent à s'exercer aux assauts, leur faire connaître les différences qui existent dans le coup quand on a trompé une parade désignée ci-dessus, en indiquant que l'opposition doit se prendre en dehors pour garantir le bras, au lieu de l'opposition en dedans du haut, après avoir trompé la parade du contre de tierce.

— Battez l'épée en tierce, marchez, coupez dans les armes, en garde; tirez droit, en garde.
— Engagement de tierce.
— Battez l'épée en quarte, marchez, coupez sur les armes, en garde; tirez droit, en garde.

---

dont vous pouvez disposer dans la salle, ou bien la distance que vous désirez lui faire parcourir, vous le ferez rompre, en le faisant parer le contre de quarte, le contre de tierce double contre de quarte, ou quelque autre parade, mais toujours régulièrement et sans négligence.

— Battez l'épée en quarte, marchez, une-deux dans les armes, en garde; tirez droit, en garde.

— Battez l'épée en tierce, marchez, feinte de tirer dans le bas et tirez dans le haut, en garde; tirez droit, en garde.

— Battez l'épée en quarte, marchez, trompez le contre de tierce et quarte, en garde; tirez droit, en garde.

— Battez l'épée en tierce, marchez, trompez le contre de quarte et tierce, en garde; tirez droit, en garde.

— Changez l'engagement.

— Battez l'épée en quarte, marchez, trompez le double contre de tierce, en garde; tirez droit, en garde.

— Battez l'épée en tierce, marchez, trompez le double contre de quarte, en garde; tirez droit, en garde.

— Battez l'épée en quarte, marchez, coupez-dégagez dans les armes, en garde; tirez droit, en garde.

— Battez l'épée en tierce, marchez, coupez-dégagez sur les armes, en garde; tirez droit, en garde.

— Battez l'épée en quarte, marchez, feinte de dégagement, coupez dans les armes, en garde; tirez droit, en garde.

— Battez l'épée en tierce, marchez, feinte de dégagement, coupez sur les armes, en garde; tirez droit, en garde.

— Changez l'engagement.

— Battez l'épée en tierce, marchez, feinte de dégagement, coupez-dégagez dans les armes, en garde; tirez droit, en garde.

— Engagement de tierce.

— Battez l'épée en quarte, marchez, feinte de dégagement, coupez-dégagez sur les armes, en garde; tirez droit, en garde.

— Feinte du coup droit, marchez, achevez droit (ces deux

mouvements se font simultanément), en garde; tirez droit, en garde.

— Feinte du coup droit, marchez, dégagez dans les armes, en garde; tirez droit, en garde.

— Feinte du coup droit, marchez, feinte de tirer dans le bas et tirez dans le haut, en garde; tirez droit, en garde.

— Prenez l'engagement de quarte.

— Feinte du coup droit, marchez, achevez droit dans le haut, en garde; tirez droit, en garde.

— Feinte du coup droit, marchez, tirez droit dans le bas, en garde; tirez droit, en garde.

— Feinte du coup droit, marchez, dégagez sur les armes, en garde; tirez droit, en garde.

— Prenez l'engagement de quarte.

— Feinte du coup droit, marchez, une-deux dans les armes, en garde; tirez droit, en garde.

— Prenez l'engagement de tierce.

— Feinte du coup droit, marchez, trompez le contre de quarte par le dégagement, en garde; tirez droit, en garde.

— Feinte du coup droit, marchez, trompez le contre de quarte et tierce, en garde; tirez droit, en garde.

— Prenez l'engagement de quarte.

— Feinte du coup droit, marchez, trompez le contre de tierce par le dégagement, en garde; tirez droit, en garde.

— Feinte du coup droit, marchez, trompez le contre de tierce et quarte, en garde; tirez droit, en garde.

— Prenez l'engagement de quarte.

— Feinte de dégagement sur les armes, marchez, dégagez dans les armes [1], en garde; tirez droit, en garde.

— Prenez l'engagement de tierce.

— Une-deux sur les armes en marchant, en garde; tirez droit, en garde [2].

— Parez le contre de quarte en vous relevant, tirez droit, en garde; tirez droit, en garde.

— Feinte de dégagement, marchez, coupez dans les armes, en garde; tirez droit, en garde.

— Engagement de tierce.

— Feinte de dégagement, marchez, coupez sur les armes, en garde; tirez droit, en garde.

— Engagement de quarte.

— Feinte de dégagement sur les armes, marchez, coupez-dégagez, en garde; tirez droit, en garde.

— Engagement de tierce.

— Feinte de dégagement dans les armes, marchez, coupez-dégagez, en garde; tirez droit, en garde.

— Une-deux-trois sur les armes en marchant, en garde; tirez droit, en garde. (La marche doit se faire à la première feinte.)

— Engagement de tierce.

— Une-deux-trois dans les armes en marchant, en garde; tirez droit, en garde.

---

[1] Le maître peut également, pour faire exécuter ce coup, dire comme abréviation : « Une-deux en marchant. »

[2] Ici le maître pare tierce et riposte par le coup droit.

— Feinte d'une-deux dans les armes, trompez le contre de tierce par le dégagement, en garde; tirez droit, en garde. (La marche se fait ici à la seconde feinte.)

— Engagement de tierce.

— Feinte d'une-deux sur les armes, trompez le contre de quarte par le dégagement, en garde ; tirez droit, en garde.

— Engagement de quarte.

— Doublez-trompez dans les armes en marchant, en garde; tirez droit, en garde. (La marche se fait à la première feinte.)

— Engagement de tierce.

— Doublez-trompez sur les armes en marchant, en garde; tirez droit, en garde.

— Engagement de quarte.

— Froissez l'épée en marchant, tirez droit, en garde; tirez droit, en garde.

— Engagement de tierce.

— Froissez l'épée en marchant, tirez droit, en garde; tirez droit, en garde.

— Battez l'épée en quarte rétrograde en marchant et coupez sur les armes, en garde; tirez droit, en garde.

— Battez l'épée en quarte rétrograde en marchant et coupez-dégagez, en garde ; tirez droit, en garde.

— Pressez l'épée en retirant la pointe en l'air dans la ligne de quarte en marchant; tirez droit, en garde; tirez droit, en garde.

— Pressez l'épée en quarte rétrograde en marchant et coupez, en garde; tirez droit, en garde,

— Changez l'engagement.

— Pressez l'épée en quarte rétrograde en marchant, et coupez-dégagez, en garde ; tirez droit, en garde.

— Prenez l'engagement de tierce. Changez l'engagement en rétrograde et en marchant, la pointe de votre épée en l'air, et tirez droit, en garde ; tirez droit, en garde.

— Engagement de tierce.

— Changez l'engagement en rétrograde et en marchant, et coupez sur les armes sans interrompre le mouvement, en garde ; tirez droit, en garde.

— Changez l'engagement en rétrograde et en marchant, et coupez-dégagez dans les armes, en garde ; tirez droit, parez quarte en vous relevant, tirez droit ; parez le contre de quarte en vous relevant, tirez droit ; parez le demi-cercle en vous relevant, tirez droit ; parez quarte en vous relevant, tirez droit ; parez le contre de quarte en vous relevant, tirez droit ; parez le demi-cercle en vous relevant, liez en riposte, en garde. Reposez-vous [1].

---

[1] Je n'indique pas au maître les parades qu'il doit prendre à la dernière phrase de la leçon, les ayant indiquées déjà à la fin de la première et de la seconde partie.

SUITE DE LA TROISIÈME PARTIE DE LA LEÇON.

Coups du temps direct et d'opposition. — Temps *par le dérobement d'épée*.

— En garde. Prenez l'engagement de tierce.
— Rompez en changeant d'engagement pour vous mettre hors de portée.
— Je marche sur vous la main basse ou en retirant le bras, tirez droit vivement et à fond, en garde.
— Rompez en prenant légèrement l'engagement de tierce.
— Je marche en voulant battre votre épée en quarte, évitez ce battement en dégageant sur les armes, en garde.
— Je marche en voulant battre votre épée en tierce, évitez ce battement en dégageant dans les armes, en garde.
— Prenez l'engagement en tierce.
— Je marche en voulant battre votre épée en quarte, évitez ce battement et la parade de tierce en tirant une-deux dans les armes, en garde.
— Je marche en voulant battre votre épée en tierce, évitez ce battement et la parade de quarte, en tirant une-deux sur les armes, en garde.
— Je marche en voulant battre votre épée en quarte, évitez ce battement par le coupé sur les armes, en garde.
— Prenez l'engagement en quarte.

— Je marche en voulant battre votre épée en tierce, évitez ce battement par le coupé dans les armes, en garde.

— Prenez l'engagement en tierce.

— Je marche sur vous en voulant battre votre épée en quarte, évitez ce battement et la parade de tierce par le coupé-dégagé dans les armes, en garde.

— Je marche sur vous en voulant battre votre épée en tierce, évitez ce battement et la parade de quarte par le coupé-dégagé sur les armes, en garde.

Coup du temps avec opposition.

— Je tire sur vous soit de pied ferme soit en marchant une-deux dans les armes; à mon premier mouvement baissez la pointe de votre épée et votre poignet et prenez *le temps* dans le bas en seconde, la main tournée de quarte, avec opposition, en garde.

— Je vous attaque en doublant le dégagement sur les armes; à mon premier mouvement dégagez dans les armes la main haute et en ligne droite, en garde [1].

— Je vous attaque par une-deux; parez, en rompant, un simple et un contre [2], ripostez par le coup droit (ou de toute

---

[1] J'indiquerais bien quelques coups de *temps* sur le *doublé dans les armes*; mais les trouvant trop dangereux pour engager à les employer, je m'abstiens de les démontrer.

[2] Je recommande d'employer de temps en temps dans l'enseignement la

manière ; quand vous ne voulez pas faire exécuter la riposte par le coup droit, vous devrez toujours la désigner d'avance).

— Rompez sur mon attaque en parant un contre et un simple et ripostez par le coup droit, en garde.

— Rompez sur mon attaque en parant le double-contre et ripostez par le coup droit, en garde.

---

manière indiquée ci-dessus. Ce moyen facilite et donne aux élèves la connaissance de l'engagement en ne désignant pas, par leur nom, les parades qu'ils doivent prendre. Cela paraît très-simple, et cependant je crois être le seul qui ait conçu et mis en pratique dans ses leçons ce système. Vous aurez soin aussi de faire tirer l'élève sur vous en lui désignant le coup qu'il doit exécuter, alors vous parez son attaque et le faites relever, puis vous lui dites : « Trompez *la* ou *les* parades que je viens de prendre, » (en ayant soin vous-même de prendre *la* ou *les* mêmes parades). Cette manière d'enseigner donne du savoir en apprenant à tromper les parades avec justesse et à ne pas s'embrouiller dans le fer de l'adversaire.

ABSENCE D'ÉPÉE.

Absence d'épée en quarte [1] (pour parer [2]).

Les épées engagées dans la ligne du dedans (quarte), quittez l'engagement en portant la pointe de votre épée et le poignet un peu en bas, et à votre droite de trente à quarante centimètres environ, la main tournée de quarte, en faisant un léger appel du pied droit et en le portant un peu en avant en forme d'attaque; ce mouvement engage l'adversaire à tirer le coup droit (coup du temps); aussitôt et sur son départ, parez le contre de tierce et ripostez par le coup droit dans le haut ou dans le bas, en ayant soin d'arrêter dans votre pensée la riposte que vous voulez faire. On peut riposter également par des coups composés quand on connaît la parade que prendra l'adversaire; sur votre mouvement qui le menace de la riposte du coup droit, on peut aussi parer quarte et exécuter en riposte tous les coups décrits après la parade de quarte.

---

[1] Faire une absence d'épée, c'est, lorsque l'on est en garde, les épées engagées, quitter celle de son adversaire en la laissant dans la même ligne d'engagement.

[2] Je place les absences d'épée comme feinte pour parer, avant celle pour attaquer, par la raison qu'il faut être très-sobre d'absence en attaque.

Absence d'épée en tierce pour parer.

Les épées engagées dans la ligne du dehors, quittez l'engagement en portant la pointe de l'épée et le poignet à votre gauche de manière à découvrir le haut de votre corps, en faisant un léger appel du pied droit; ce mouvement engage l'adversaire à tirer droit (coup du temps); aussitôt et sur son départ, parez le contre de quarte et ripostez de la manière que vous aurez jugée la plus convenable. On peut aussi, sur le départ de l'adversaire, parer quelquefois tierce et riposter par le coup droit dans le haut ou dans le bas.

Absence pour attaquer (en quarte).

L'engagement pris en quarte par l'adversaire, après avoir tiré sur lui quelques dégagements sur les armes avec vitesse, faites une petite absence rapide; l'adversaire, sentant l'épée qui lui échappe et craignant le dégagement, se portera à la parade de tierce; de suite tirez droit dans le haut des armes, avec vitesse et opposition de quarte.

Absence pour attaquer (en tierce).

L'engagement pris en tierce par l'adversaire, et après avoir tiré quelques dégagements dans les armes avec rapidité, faites une légère absence; l'adversaire sentant l'épée qui lui échappe et craignant le dégagement se portera à la parade de quarte ; de suite tirez droit dans le haut du dehors avec élévation et opposition en tierce.

Observation.

Les deux coups désignés ci-dessus, absence pour attaquer, peuvent se tenter une ou deux fois dans un assaut, mais pas plus, et jamais en duel, car ils présentent de grands dangers. C'est le motif qui m'engage à placer les absences pour parer, avant celles pour attaquer.

Feinte de dégagement dans les armes en se fendant à demi ou plus, selon les vitesses relatives, pour parer la riposte du coup droit de l'adversaire après la parade de quarte, par le contre de tierce, et riposter.

Les épées engagées dans la ligne du dehors (tierce), l'adversaire ayant pris l'engagement, faites feinte de dégagement dans les armes, en vous fendant à demi ou aux trois quarts, selon la vitesse du riposteur, l'épée bien en ligne et soutenue ; l'adversaire pare quarte et riposte par le coup droit. Relevez-vous vivement en parant le contre de tierce et contre-ripostez par le coup droit dans le haut ou dans le bas du dehors ; on peut également se relever en parant le contre de tierce rétrograde et riposter par le coupé dans les armes, sans opposition. Cette contre-riposte est très-brillante, faite avec rapidité et justesse.

— Tirez droit, en vous relevant[1], parez quarte; tirez droit, en vous relevant, parez le contre de quarte; tirez droit, parez le demi-cercle en vous relevant; tirez droit, parez quarte en vous relevant; tirez droit, contre de quarte en vous relevant; tirez droit, demi-cercle en vous relevant, liement en riposte, en garde.

Un appel, passez en arrière; en arrière en garde, deux appels, passez en avant, saluez en quarte, en tierce et devant vous votre adversaire, arrondissez les bras, ployez sur les jambes, en garde; deux appels, passez en arrière (1re position).

— Repos, ou leçon terminée.

Observation.

L'ordre des coups décrits dans mes leçons qui commencent par les simples, pour arriver graduellement aux coups composés, doit être généralement suivi; cependant il ne faut pas toujours suivre exactement la même marche dans la leçon, surtout avec les forts tireurs. On doit de temps en temps commencer la leçon par les coups indiqués, soit au commencement, au milieu ou à la fin de la première, deuxième ou troisième partie indifféremment.

---

[1] On peut se dispenser, afin d'obtenir plus de rapidité dans les mouvements, de dire à son élève de se relever en parant, l'élève devant toujours se relever après chaque coup tiré à fond.

Je préviens les maîtres que pour obtenir un résultat favorable en suivant l'enseignement que je viens de développer ici, ils doivent posséder un esprit vif, une exécution facile et un jugement juste et prompt, afin de ne pas laisser leurs élèves dans la position fatigante de la garde, sans les faire agir, ce qui arriverait infailliblement, si le professeur était lent à trouver dans son imagination-mémoire les coups qu'il veut faire exécuter. Cette dernière manière de donner leçon tient l'élève dans une continuelle attention et le force à une application suivie et soutenue.

CHAPITRE XVI.

1° Coups divers, exceptionnels.
2° Coup et parade conçu par l'auteur pour se garantir du dérobement par le dégagement de l'adversaire.

DE DIVERS COUPS ET DE DIVERSES PARADES ET RIPOSTES DANS LES CORPS-A-CORPS.

Je place le contenu de ce seizième chapitre en dehors de ma leçon habituelle, devant être pratiqué moins souvent.

Je dois parler de quelques coups que j'enseigne, en dehors de ma leçon habituelle, aux élèves déjà forts, quoiqu'il soit très-difficile de les décrire d'une manière intelligible.

On doit employer ces coups lorsque les tireurs se trouvent à une distance très-rapprochée (ce que l'on appelle en escrime corps-à-corps); je veux en les démontrant empêcher de tirer à bras raccourci, c'est-à-dire de *faire la bourrade*, manière brutale et disgracieuse de porter un coup d'épée, qui prouve un tireur sans goût et sans vrai talent.

Vous êtes arrivé dans l'action du combat [1] à une distance

---

[1] Je m'abstiens de donner un nom à ce coup; il en sera de même pour quelques-uns des suivants.

tellement rapprochée que les deux gardes de vos épées se touchent et que vous vous trouvez tous deux dans la position de la quarte haute, pouvant également exécuter le même coup ; celui qui prend l'offensive doit baisser le poignet avec vitesse en portant la garde de son épée contre le haut de sa cuisse gauche, la pointe de son épée en l'air ; aussitôt ce mouvement fait, il laisse tomber sa pointe sur le haut et dans le dehors du corps de son adversaire, en enlevant promptement le poignet le plus haut possible, mais le laissant toujours à sa gauche. Ce coup doit être exécuté avec la plus grande rapidité.

Parade contre le coup ci-dessus.

Vous pouvez parer tierce, le poignet un peu bas, la pointe de votre épée plus à votre droite que dans la tierce ordinaire. — Pour riposter, vous tournez la main de tierce et vous dirigez la pointe de votre épée dans le haut du dehors.

Vous pouvez aussi faire la feinte du coup droit et dégager dans les armes la main restant tournée de tierce, ce qui devient alors un coup composé de deux mouvements et que l'on peut désigner par : feinte du coup droit et le dégagement.

Du coupé en corps-à-corps.

Vous êtes arrivé corps à corps avec l'engagement de la quarte haute, votre adversaire pressant sur votre épée (ce qui arrive constamment), vous cédez à sa pression en retirant le poignet vers l'épaule droite, la main bien tournée de quarte portant la pointe de l'épée presque en arrière de votre corps, puis vous le ramenez vivement dans le haut de la ligne du dehors de votre adversaire en tournant la main de tierce avec élévation et opposition.

Quand la lame appuie sur le corps, elle doit ployer en sens inverse dans tous les coups qui se tirent en main de tierce.

Parade contre ce coup.

Vous devez employer la parade de prime et riposer par le coup droit, comme je l'ai déjà démontré ailleurs.

Autre corps-à-corps et sa parade.

Il se rencontre des tireurs qui, une fois arrivés de près, portent, pour attaquer, le pied gauche en avant du pied droit, puis exécutent dans cette position un coupé sur les armes la main tournée de tierce, ou tirent dedans par le même mouvement, et, s'ils ne réussissent pas à toucher du premier coup, continuent en redoublant de la même manière [1].

---

[1] J'ai déjà dit que ces coups portés de près ne pouvaient être enseignés qu'à des élèves déjà formés, pour ne pas leur donner l'habitude et le désir de chercher trop souvent à se rapprocher de leur adversaire; il faut éviter autant que possible les corps-à-corps; mais comme il est, pour ainsi dire,

Pour parer et annuler ce coup, il faut au moment où votre adversaire se retourne et pose le pied gauche à terre pour vous porter son espèce de coupé, il faut, dis-je, vous retourner à votre tour en imitant son mouvement, votre bras gauche pendant, un peu porté en dedans du corps, et diriger, sans vous occuper de son attaque, la pointe de votre épée, la main tournée de tierce dans le haut du dehors, ou dans les armes après avoir fait la feinte de tirer dessus; si vous n'avez pas touché de ce premier coup, redoublez la main toujours tournée de tierce, soit en dedans, soit en dehors. — Vous pouvez redoubler en toute confiance dans cette position, votre adversaire est touché forcément, n'ayant dans sa posititon qu'une défense négative.

Coup et parade exceptionnel conçu par l'auteur pour se garantir du dérobement par le dégagement de l'adversaire, sur le battement en tierce. Mouvement des plus rapides et à deux fins. Enseignement théorique.

Marchez en battant l'épée de l'adversaire en tierce, fortement (ou tout au moins cherchant à la battre) avec le pressentiment qu'il dérobera votre battement par le dégagement et sans interruption dans les mouvements (le dérobement

impossible dans un assaut contre un tireur qui attaque à fond ou qui s'empare de votre épée en marchant, de les toujours éviter, il faut, par conséquent, comme dans toute autre position, trouver moyen de se défendre avec avantage, c'est le motif qui me force à les admettre.

ayant lieu), parez le demi-cercle et ripostez par le coup droit; mais si vous rencontrez l'épée de l'adversaire en tierce par votre battement, ramenez-la dans le bas de la ligne de quarte en forme de liement, exécutant les mouvements de la même manière que si votre battement avait été dérobé par le dégagement. Ne craignez pas de porter la main tournée en tierce fortement à droite dans le battement, vous arriverez toujours assez tôt pour parer le dérobement.

CHAPITRE XVII.

DES QUALITÉS PHYSIQUES, MORALES ET INTELLECTUELLES QUE DOIT POSSÉDER LE MAITRE D'ARMES, POUR S'ÉLEVER A LA HAUTEUR DE SON PROFESSORAT.

Des qualités physiques.

Le maître d'armes devrait être d'une taille au-dessus de la taille moyenne, d'une santé vigoureuse, bien fait de sa personne, gracieux dans ses mouvements, fort et souple, solide sur ses jambes, vif et rapide, doué de délicatesse et de dextérité dans les doigts.

Des qualités morales.

Il doit avoir une conduite irréprochable, une humeur égale, de la bonté, de l'indulgence sans faiblesse; il doit surtout être juste et impartial, c'est le moyen pour lui d'obtenir l'estime publique et la confiance de ses élèves.

Le Professorat est un sacerdoce, et le maître d'armes ne doit jamais l'oublier; car personne, plus que lui, n'est en rapport avec la jeunesse virile, à l'âge où les passions sont si souvent déréglées et dangereuses. Le conseil, l'influence, la fréquentation d'un homme que l'on estime peuvent nous détourner d'une faute que nous serions disposé à commettre : et peut-être cela suffira-t-il pour garantir un jeune homme du vice, quelquefois pour l'en retirer.

Pour s'assurer cette estime, cette confiance et cette influence, le maître d'armes devrait pouvoir dire comme le sénateur romain : « Je voudrais que ma maison fût de verre, et, de plus, mon cœur, pour que tout le monde pût voir ce qu'il s'y passe. »

Des qualités intellectuelles.

Trois qualités difficiles à réunir lui sont nécessaires : l'énergie, la douceur et la patience. Ce n'est guère que parmi des hommes naturellement énergiques que se rencontreront de bons maîtres d'armes ; mais pour que ceux-là acquièrent une grande douceur et une infatigable patience, il leur faut savoir se dominer, et généralement ils n'y arrivent que par l'étude, la réflexion, la pratique, jointes à une ferme volonté. Rien n'est plus difficile en effet que de se modérer et de ne jamais laisser échapper un mouvement d'humeur, lorsque avec certains élèves on met de l'ardeur dans la démonstration, et qu'on cherche, en employant toutes ses facultés, à leur faire faire des progrès. Cependant ces qualités sont indispensables à un bon professeur, et il doit travailler sans relâche à les acquérir.

A ces qualités, il doit ajouter un jugement sain, un esprit vif et juste, une aptitude particulière à saisir avec rapidité l'à-propos. L'à-propos est le génie des armes. Il lui serait utile de posséder quelque connaissance de l'anatomie de l'homme. Dans sa conversation avec ses élèves, il ne doit jamais avancer un fait sans en être certain, ni soutenir une opinion hasardée. Il se trouve, en effet, en contact continuel avec de jeunes hommes instruits, et s'il n'est pas assez prudent pour ne pas entrer dans une discussion de laquelle il pourrait ne pas se tirer favorablement, plusieurs d'entre eux lui feront volontiers sentir leur supériorité sur ce point, et se donneront ainsi la satisfaction d'une petite revanche sur son épée.

Qu'il évite l'ostentation; qu'il ne soit ni flatteur ni caustique: la flatterie peut plaire à celui à qui on l'adresse, mais empêche de jamais conquérir son estime. Quant à un esprit caustique, il est sûr de déplaire et de se créer des ennemis qui n'oublient ni ne pardonnent le mot qui les a blessés.

Le maître d'armes devrait être non-seulement un modèle de tenue, de dignité, de maintien, de politesse et de courtoisie, mais encore un modèle d'honneur.

CHAPITRE XVIII.

MOUVEMENTS D'ENSEMBLE.

Mouvements d'ensemble, exécutés par plusieurs élèves à la fois, mouvements particulièrement propres aux maîtres d'armes militaires : je dis particulièrement, parce que le soldat est habitué à l'obéissance, et se soumet facilement à la volonté du maître qui est son supérieur. Le maître obtient sans difficultés ce qu'il veut faire faire, ce qui est bien différent dans le civil, les volontés n'étant pas ployées sous la discipline. Quelques maîtres d'armes, pour qui j'écris cette manière d'enseigner à plusieurs en même temps, me sauront peut-être gré de leur donner un moyen de faire un plus grand nombre d'élèves à la fois, et de faire faire des progrès plus rapides à la masse en se donnant moins de mal.

Pour faire ces mouvements de plusieurs à la fois, et pour que les élèves les exécutent avec ensemble, il faut qu'ils aient déjà reçu quelques leçons particulières.

Vous placez d'abord, huit, dix, douze élèves sur un rang, à la distance du soldat placé de front, l'épée à la main, en première position, puis vous vous servez des commandements suivants :

PREMIÈRE POSITION.

Bras — arrondissez — jambes — pliez — garde — deux appels — frappez — en avant — marchez, marchez, marchez — deux appels, frappez — en arrière, rompez, rompez, rompez — deux appels, frappez — bras, tendez — fendez, garde — bras, tendez — fendez — en avant, passez, bras arrondissez, — jambes, pliez — garde — bras, tendez — fendez — en arrière, passez — en arrière, en garde — bras, tendez — fendez — en avant, passez — fendez[1] garde — engagement de tierce, prenez, en quarte, parez[2] — bras, tendez — fendez — en garde — engagement de quarte, prenez — tierce, parez — bras, tendez — fendez, garde, — engagement de tierce, prenez, — demi-cercle, parez — bras, tendez, — fendez, garde — prime, parez — bras, tendez, — fendez — garde — même engagement tierce — prime, parez — coupez — fendez — garde, — même engagement, seconde — parez, fendez — garde, engagement de quarte, prenez tierce et quarte — parez — bras, tendez — fendez — garde, engagement de tierce, prenez quarte et tierce — parez — bras, tendez — fendez — garde, engagement de quarte, prenez tierce et demi-cercle — parez — bras, tendez — fendez — garde, un appel — frappez — en arrière, passez en arrière, garde — deux appels — frappez — en avant, passez, en quarte, saluez, — tierce, saluez — devant vous, saluez —

---

[1] Il faut, lorsque vous faites fendre vos élèves partant de la première position, que la jambe gauche soit tendue en passant. En avant ou en arrière, toujours reprendre la première position.

[2] En faisant parer, vous ferez prendre aux élèves les positions, telles qu'elles doivent être quand ils parent l'attaque de leur adversaire.

bras, arrondissez — jambes, pliez — garde, deux appels — frappez — en arrière, passez.—Repos ou leçon terminée.

Je ne donne cette leçon que comme une appréciation des mouvements qu'on peut faire exécuter, laissant aux maîtres le soin d'y ajouter les coups qu'ils jugeront convenable, ainsi que les parades par les contres.

L'instructeur pourra faire tirer le mur et les contres à deux lignes, en les plaçant en face l'une de l'autre ; le mur s'exécutera au commandement en désignant la ligne qui doit attaquer et celle qui doit parer ; les contres se tireront à volonté.

Observation.

Le maître aura soin de ne jamais tenir les élèves trop longtemps dans une position fatigante.

CHAPITRE XIX.

DES CONTRES.

Je vais décrire un exercice que l'on appelle tirer les contres : cet exercice, très-bon et qui se fait entre maîtres et élèves, est fort négligé de notre temps, par la raison qu'il a moins d'attrait que l'assaut, et qu'il est plus fatigant. Cependant, je le recommande aux élèves pour les aider à acquérir de l'aplomb, de la vitesse, en attaque et en parade. Je recommande aussi de ne jamais riposter sans se fendre, même par le coup droit, et de ne jamais se laisser toucher volontairement en ne cherchant pas à parer les ripostes, car cela habitue l'attaqueur à rester fendu, habitude que l'on prend trop facilement. Je ne puis trop recommander à l'attaqueur de se relever après toutes ses attaques tirées à fond dans cet exercice, et au pareur de laisser relever son adversaire, avant de l'attaquer.

Manière de tirer les contres. — Attaque par le coup droit.

Vous êtes engagés dans la ligne du dedans ; l'un des deux tireurs prend l'engagement, puis tire droit dans le haut ; l'autre pare sur le coup droit le contre de tierce, sans riposter ; l'attaqueur se relève du côté où l'on a paré en cédant l'engagement ; le pareur, à son tour, devient attaqueur et tire droit ; celui qui vient de se relever pare sur le coup droit le contre de quarte, et *vice versâ*.

On continue de la sorte aussi longtemps qu'on le désire.

Quand le pareur veut changer la ligne d'attaque et de parade, il pare un simple au lieu d'un contre, et tire le coup droit dans la ligne où il a paré ; son adversaire pare un contre sur le coup droit, et ainsi de suite ; lorsque l'on veut attaquer après un repos, on se prévient mutuellement sur ce que l'on a à faire ; il en est de même pour les coups composés de plusieurs mouvements.

Attaque par le dégagement sur les armes et parade par le contre de quarte.

Le pareur ayant pris l'engagement de quarte, l'attaqueur dégage sur les armes ; l'attaqué pare sur le dégagement le contre de quarte, et remet son épée en ligne du côté où a eu lieu la parade ; celui qui vient d'attaquer se relève en garde en prenant, sans quitter l'épée de l'adversaire, l'engagement de quarte ; le premier attaqué dégage à son tour, et celui qui vient de se relever pare le contre de quarte, et ainsi de suite autant de fois qu'ils le désirent.

Quand l'un des tireurs veut changer la ligne de l'attaque et de la parade, il pare tierce au lieu de contre de quarte, et celui qui vient d'attaquer se relève en prenant l'engagement de tierce, et pare le contre de tierce sur le dégagement de son adversaire tiré dans les armes. Celui qui vient de dégager se relève en prenant l'engagement de tierce, et sur le dégagement de son adversaire pare à son tour le contre de tierce, et ainsi de suite.

Lorsque l'un des tireurs désire changer la ligne d'attaque et de parade, il prend sur le dégagement tiré dans les armes la parade du demi-cercle ; son adversaire se remet en garde en prenant l'engagement du demi-cercle [1] (sans que les épées se quittent), et celui qui vient de parer le demi-cercle dégage dans le bas de la ligne du dehors en passant son épée par-dessus le poignet de son adversaire ; l'attaqué pare le contre du demi-cercle, et ainsi de suite ; quand l'un des tireurs veut changer la ligne, il prend la parade de seconde, au lieu du contre de demi-cercle ; celui qui vient d'attaquer se remet en garde en prenant l'engagement de seconde ; son adversaire dégage dans le bas de la ligne du dedans en passant son épée par-dessus le poignet ; l'attaqué pare le contre de seconde, et, aussitôt son adversaire relevé, il dégage à son tour dans le bas du dedans, et ainsi de suite. Quand on veut changer les coups et les parades, on pare sur le dégagement du dedans, la prime, et, aussitôt que l'adversaire se relève, le pareur allonge le bras en tournant la main de quarte, et, sans interrompre le mouvement, il dégage dans le bas de la ligne du dehors en passant son épée par-dessus le poignet de son adversaire ; l'attaqueur se relève en prenant l'engagement du demi-cercle, et sur le dégagement de son adversaire, il pare le contre de prime, puis allonge le bras comme ci-dessus, et dégage dans le bas du dehors ; son

---

[1] Dans mes leçons je n'ai pas indiqué les engagements de prime, seconde, demi-cercle, ayant reconnu que ces engagements deviennent défavorables à celui qui les prend ; et si je les fais prendre ici, c'est que tirer les contres n'est qu'un exercice de convention.

adversaire pare le contre de prime à son tour, et ainsi de suite; lorsque l'on veut changer encore ou finir, celui qui est attaqué pare la prime et la quarte, et l'on s'en tient là, ou l'on continue par les doubles contres en se prévenant. Alors, celui qui vient de parer double le dégagement sur les armes, et l'attaqué pare le double contre de quarte[1]. On peut de même tirer les contres par une-deux en attaque, et par un simple et un contre en parade. Je ne décris pas la manière de les exécuter : ce serait, selon moi, des phrases superflues; la plus faible intelligence des tireurs suffira pour comprendre la manière à employer pour les exécuter.

---

[1] Pour changer la ligne quand on tire ce que l'on appelle les doubles contres, on pare un simple après le premier contre, au lieu du double-contre.

CHAPITRE XX.

NOTES GÉNÉRALES, TRÈS-UTILES A CONNAITRE ET A ÉTUDIER ; ON Y TROUVERA ÉGALEMENT L'ENSEIGNEMENT THÉORIQUE DE QUELQUES COUPS, CONTRE ET POUR LES GAUCHERS.

Note n° 1.

Dans le cours de mes leçons, j'ai recommandé de toujours reprendre sa garde en se relevant de la jambe droite en arrière, après s'être fendu, parce que, pour se garantir, c'est la méthode la meilleure, la plus régulière et la plus artistique. On peut cependant, par exception, se relever quelquefois de la jambe gauche en avant dans un assaut pour se remettre en garde, afin de pouvoir, après avoir paré la riposte, atteindre par la contre-riposte ou par une seconde attaque un adversaire qui pare en rompant dans le but de faire tomber dans le vide le coup d'épée qu'on lui porte ; j'avertis que cette dernière manière ne doit être employée que très-rarement, seulement par calcul, et encore par un tireur fort, car l'attaqueur qui manquerait d'intelligence et d'à-propos s'exposerait, en se relevant en avant, à recevoir des coups terribles, coups dont la plupart des tireurs ne tiennent pas assez compte. L'attaqueur s'expose à peu près au même danger, quand il reste fendu.

Note n° 2.

Quand le professeur donnant leçon fait prendre à son élève des parades simples de tierce ou de quarte, et que cet élève prend un élan de son épée pour parer, au lieu de se porter de suite à la rencontre de celle qui le menace, le maître, pour bien faire comprendre à son élève qu'il fait un écart en parant, placera sa main près de l'épée de son élève (qui a pris l'engagement) du côté opposé à celui où il doit parer, en le prévenant qu'il ne doit pas toucher sa main. Ce moyen est démonstratif.

Note n° 3.

Le professeur aura soin de n'enseigner l'opposition de quarte à ses élèves qu'après deux ou trois mois de leçon, afin de les habituer dès le commencement à prendre l'opposition de tierce (ligne tout à fait droite de l'épaule avec la pointe de l'épée) indispensable pour se garantir toutes les fois que l'on tire sur les armes et que la plupart des élèves négligeraient sans cette précaution du maître.

Il est inutile également de faire raisonner son élève sur les coups d'armes pendant le premier mois de leçon : cela nuirait à la vitesse de son exécution et par suite à la promptitude de sa pensée. L'expérience m'a démontré cette vérité. Ce temps passé, le maître lui fera comprendre qu'il ne doit jamais porter un coup d'épée sans que la tête l'ait commandé — la riposte par le coup droit (au tact) est seule une exception, elle doit se faire souvent mécaniquement. — De même on doit toujours parer de jugement et avoir arrêté dans sa pensée la riposte que l'on veut faire. Néanmoins, il ne faut pas s'abandonner au jugement, et lorsque l'on est trompé, il faut, mécaniquement et pour ainsi dire par routine, venir de suite aux seules parades simples de tierce et quarte que je recommande de prendre dans ce cas-là, ou celle de seconde si l'on est trompé dans la parade du demi-cercle.

Note n° 4.

Je recommande aux tireurs de ne pas chercher systématiquement à prendre l'engagement quand ils sont en garde vis-à-vis de leur adversaire. Il ne faut pas s'attacher à le contrarier dans ses engagements, ou on ne doit le faire que rarement. On peut lui céder l'engagement s'il persiste à vouloir le prendre, car si l'un des tireurs ne cède pas à la volonté de l'autre, l'assaut se passe en des changements d'engagement et des résistances d'épée qui fatiguent la main et la tête sans utilité : les tireurs ne peuvent pas se couvrir tous deux du même côté. Du reste, c'est une erreur de croire qu'il y ait toujours avantage réel à prendre l'engagement.

Toutes les fois que l'on prend l'engagement de quarte, il faut tourner un peu la main de tierce ; et quand on cède l'engagement dans cette ligne à l'adversaire, il faut avoir soin de tourner, en cédant, la main de quarte.

Note n° 5. — Moyen de s'assurer si le mouvement de la main qui conduit l'épée précède le mouvement de la jambe.

Le tireur qui voudra reconnaître si le départ de sa main précède celui de sa jambe quand il se fend, devra tirer sur un objet sonore, et il sera averti par l'ouïe, si son coup de bouton s'est fait entendre avant le bruit de son pied touchant à terre.

Cette recommandation a son importance.

Note n° 6.

Je crois qu'il n'est pas inutile de rappeler aux tireurs qu'ils doivent toujours bien fournir leurs coups, quand ils veulent toucher soit dans les attaques, soit dans les ripostes.

Note n° 7. — Du toucher.

Je recommande d'une manière toute particulière de s'exercer souvent à des changements d'engagement et à des dérobements faits avec vitesse.

La délicatesse dans le toucher est une qualité fort importante en escrime, et ces exercices aident à l'acquérir.

Le tireur d'armes doit exercer les doigts de la main droite comme le violoniste exerce les doigts de la main gauche, pour en obtenir souplesse et dextérité. Le doigté a une affinité telle avec le toucher qu'on peut les confondre ensemble, et il s'acquiert en partie, naturellement, en suivant les principes recommandés dans mes leçons, où j'indique de desserrer les derniers doigts en attaques et ripostes et de les resserrer pour la parade.

Note n° 8. — Valeur et emploi de la vue en escrime, toucher et jugement.

La vivacité, la pénétration de l'œil, est une des grandes qualités physiques dans l'art de l'escrime ; certains tireurs s'en servent exclusivement, faute de science et par habitude, au détriment des avantages combinés que donnent le jugement et le toucher ; d'autres, plus savants et mieux inspirés, savent allier ces trois qualités, pour les faire servir et les employer selon le besoin et les circonstances. Je vais tâcher, par des exemples, de faire comprendre et connaître les mouvements, les moments, dans lesquels l'usage de l'œil devient indispensablement exclusif, et également ceux où l'on doit admettre, avec la vue, le concours du toucher, du jugement, et ceux encore où la vue et le jugement doivent être entièrement remplacés par le toucher.

Exemple.

Lorsque les épées ne se joignent pas, quand on est en garde, on doit suivre des yeux celle de l'adversaire pour se rendre compte de la ligne où l'on doit diriger son attaque ou sa première feinte, de même que pour parer si l'on est attaqué de la position désignée ci-dessus par un coup simple ; si le coup de votre adversaire est composé et régulièrement exécuté, votre premier mouvement de parade fait, soit que vous l'ayez terminé par une parade simple ou par un contre, là doit cesser la recherche de l'épée adverse du regard. Le toucher alors prend son empire et domine l'œil presque exclusivement.

La vue reprend son utilité contre le tireur qui porte le pied en avant dans son attaque, avant d'avoir fait précéder le mouvement de celui de la main armée (mouvement commandé et rigoureusement exigé par les vrais principes de l'art). Il en est de même contre tout tireur qui porte ses coups à bras raccourci ; mais lorsque les épées sont jointes et que les attaques sont faites régulièrement et franchement, soit de pied ferme ou en marchant, l'œil cède son rôle au toucher et au jugement. Dans toutes phrases d'armes, exécutées de près ou de loin, le toucher doit agir pour parer exclusivement ; de plus, il a l'avantage de faire sentir les engagements et les parades que prend l'adversaire sur vos mouvements offensifs, comme il vous permet de sentir la rencontre de son épée dans vos mouvements défensifs. Le toucher, secondé de la science et du jugement, vous indique parfaitement les coups que vous pouvez employer pour tromper les parades que prend l'adversaire.

Je ne puis trop recommander aux tireurs de s'appliquer, par des exercices souvent réitérés, à acquérir la sensibilité du toucher ; avec lui ils parviendront à se rendre toujours compte des engagements, à riposter plus vite et plus légèrement, à connaître avec une certitude absolue les parades que prend l'adversaire, la ligne où il peut diriger ses attaques et ses feintes, toutes les fois qu'elles partent des engagements.

L'œil redevient encore tout puissant dans l'appréciation des distances. On comprend que tout tireur, quels que soient sa science, son jugement, son génie, sa délicatesse dans le toucher, perdrait beaucoup de sa force s'il ne suivait pas des yeux tous les mouvements faits en dehors de la régularité que commandent les vrais et bons principes de l'escrime.

Note n° 9.

Je proscris le coup de prime en attaque en se fendant, ainsi que le coup de quinte, tous deux trop dangereux pour celui qui les emploie.

Note n° 10.

Je n'admets pas que dans un coup d'armes on doive porter le corps en avant ; cette position est dangereuse, inutile pour atteindre son adversaire, et défavorable pour se relever de la jambe droite en arrière après avoir attaqué.

Note n° 11.

Le maître doit se servir des mêmes fleurets pour donner

leçon et pour faire assaut ; il en est de même des élèves. — En effet, tout changement de forme, de pesanteur ou de longueur nuit à la justesse et à la connaissance de la mesure (ou portée).

Note n° 12.

Le bois du fleuret doit avoir, pour ne pas nuire à la délicatesse du toucher, à peu de chose près la même épaisseur près du pommeau et près de la garde.

Note n° 13. — Observation sur l'usage des fleurets lourds pour tirer au plastron.

Grand nombre de tireurs croient qu'il est avantageux de s'exercer au plastron (tirer sur le professeur) avec des fleurets lourds, afin de trouver plus de facilité, dans l'usage des fleurets plus légers, dont on se servirait pour l'assaut. Je ne suis pas de cet avis, et voici mes raisons : la vitesse, la légèreté et la souplesse sont les qualités essentielles d'un bon tireur ; tous ceux qui veulent arriver à une certaine force en escrime doivent tendre sans cesse à les développer dans tous leurs mouvements, et il est hors de doute que le maniement habituel d'un objet lourd, engourdit les muscles, donne de la roideur aux membres, et nuit, par conséquent, à la souplesse et à la vitesse d'exécution.

Il y a encore un autre inconvénient à se servir d'un fleuret léger, après avoir employé un fleuret lourd : ce changement empêche de bien ajuster les coups, la pointe de l'épée vacille et ne se fixe pas; l'inconvénient serait moindre, si l'on passait d'un fleuret léger à un fleuret lourd; mais il vaux mieux encore, afin de ne nuire ni à la vitesse d'exécution, ni à la justesse des coups, se servir des mêmes fleurets pour la leçon et pour l'assaut.

Note n° 14. — Observation sur les différences de taille.

L'homme grand devra rarement employer les attaques en marchant, surtout contre un tireur de taille inférieure à la sienne. Celui-ci, au contraire, tirant contre un adversaire d'une taille supérieure, devra souvent attaquer en marchant, car il se trouvera presque toujours hors de portée, c'est-à-dire trop éloigné pour toucher son adversaire, en se fendant seulement. Il devra également, quand il voudra se rapprocher de son adversaire pour attaquer de pied ferme, marcher à petits pas, et avoir soin, de même que lorsqu'il se tient sur la défensive, d'arrêter d'avance, dans sa pensée, la parade qu'il devra prendre et la riposte qu'il devra faire, s'il vient à être attaqué dans sa marche où dans sa position.

Note n° 15. — Précautions à prendre pour connaître les distances sur le terrain.

Le tireur habitué aux salles d'armes devra, dans la prévision d'une affaire d'honneur (duel), avoir soin de faire quelquefois des armes en plein air, afin d'habituer sa vue au grand jour.

J'ai remarqué que, faute de cette précaution, les tireurs se croient toujours plus près de leur adversaire qu'ils ne le sont réellement, ce qui est cause que la plupart des coups de l'attaqueur tombent dans le vide ou touchent seulement le bras. Cela provient de ce que les distances au grand jour, comparativement aux salles d'armes, paraissent se rapprocher de vingt à trente centimètres, et cette différence, lorsqu'elle est ignorée de l'une des deux parties, peut faire, d'un fort tireur de salles d'armes, un tireur très-ordinaire sur le terrain.

Note n° 16. — Observations sur les gauchers et coups spéciaux.

Les personnes qui se servent de la main gauche pour tenir leur épée, auront toujours, à égalité de talent, un grand avantage sur les droitiers. Cela s'explique par le petit nombre relatif des gauchers, et, — quoique les coups soient les mêmes pour les uns comme pour les autres, — je dois dire que le droitier qui tirerait sans cesse contre des gauchers, de façon à acquérir contre eux sa plus grande force, perdrait, par cela même, ses avantages contre un tireur se servant, comme lui, de la main droite.

Voici quelques exemples à l'appui de cette assertion.

Lorsqu'après avoir paré quarte on veut riposter par le coup droit dans le haut sur un gaucher, ou lorsque le gaucher veut exécuter cette même riposte sur le droitier, l'un et l'autre doivent lever la main en ripostant, tandis que, de droitier à droitier, il faut riposter, si l'on ne veut pas perdre de vitesse, en ligne directe, c'est-à-dire sans élever ni baisser la main. On comprend que, quelles que soient l'intelligence et la force de volonté d'un tireur, sa riposte perdra de sa décision et de sa rapidité, s'il est forcé de l'exécuter en dehors de ses habitudes.

Autre exemple : la parade la plus usitée par les gauchers, est la parade de quarte, ou celle de contre de quarte. Or, la force de cette parade se porte sur le dehors du poignet du droitier, dans une ligne où il ne peut rencontrer, de la part d'un adversaire se servant, comme lui, de la main droite, des parades aussi vigoureuses, et il en résulte pour lui une fatigue beaucoup plus grande, et une gêne continuelle pendant l'assaut.

Dans les corps-à-corps, c'est-à-dire lorsque les deux adversaires arrivent à pouvoir se toucher sans développement, on ne peut ni attaquer un gaucher, ni riposter sur lui, par le coupé, en retirant la main vers l'épaule droite, même après la parade de quarte; on doit toujours la retirer vers l'épaule gauche, de la même manière que pour le coupé dans les armes sur le droitier, avec grande élévation. Ce mouvement, étant contraire aux habitudes du droitier, doit nécessairement ralentir l'exécution.

Mais, pour remplacer le coupé dans les armes, dont on ne doit pas se servir contre le gaucher, on peut employer, soit en attaque, soit en redoublement, le *coupé en dessous*. Je me sers de cette expression, quoique je ne la trouve pas tout à fait juste, n'en connaissant pas de meilleure pour désigner ce coup, dont il n'a pas été fait mention dans ma leçon, et que je vais essayer de décrire ici.

Coupé en dessous et en dessus par redoublement ou en attaque lorsque l'on est assez près pour se passer du développement contre le droitier, ou droitier contre le gaucher. (*Théorie du coup.*)

Votre épée engagée dans la ligne de quarte, qui est par conséquent la tierce ou le dehors de l'adversaire, levez la pointe de votre épée en la portant en arrière de votre corps, et par le même mouvement retirez le poignet vers la joue gauche, tournez ensuite, sans interrompre le mouvement, la main tout à fait de tierce et liant ensemble ces divers mouvements, faites passer avec la plus grande rapidité possible la lame devant et rasant votre corps, et dirigez le coup d'épée en allongeant le bras au-dessus de la hanche de l'adversaire en maintenant toujours la main tournée de tierce.

De cette position, que vous ayez touché ou non, vous pouvez redoubler par le coupé sur les armes, en employant les mouvements inverses comme suit. Baissez la pointe de votre épée en rapportant le poignet vers la joue gauche et sans interrompre le mouvement, faites passer avec rapidité, en tournant la main de quarte, votre lame près et en dedans du corps, portant la pointe en face de la figure de l'adversaire, et, tout en allongeant le bras, achevez de diriger le coup d'épée dans le haut de la ligne du dehors en maintenant l'opposition à gauche.

Observation.

Ces coups ne doivent être employés que lorsque l'on est

assez rapproché l'un de l'autre pour ne pas avoir besoin de se fendre pour se toucher. Je recommande aux tireurs, quelle que soit leur force en armes, de s'exercer souvent à faire des coupés, même ceux indiqués, ci-dessus, sur un plastron attaché à la muraille, pour donner à la main de la dextérité, de la vitesse et de la justesse.

Note n° 17. — Demande.

Quelle est, à peu près, la limite du temps qu'il faut consacrer aux leçons d'armes avant de se livrer aux assauts, pour ne pas nuire aux progrès des élèves, et combien en faut-il pour faire un tireur ?

Réponse.

Le professeur ne peut pas, ne doit pas fixer le même laps de temps à consacrer aux leçons pour tous les élèves avant de commencer les assauts : cela dépend des facultés physiques de chacun, de l'intelligence et du caractère ; l'homme vif, pétulant et énergique doit plastronner plus longtemps, avant de faire assaut, que l'homme d'une nature froide, calme et réfléchie. Le maître doit se régler pour permettre à ses élèves de faire assaut, sur les considérations énoncées ci-dessus, en les appréciant à leur juste valeur. Cela dépend généralement aussi de la méthode employée, de l'intelligence, de la vivacité d'esprit, de la rectitude du jugement et de l'exécution facile du maître.

Le professeur qui possède ces qualités d'enseignement peut laisser commencer les assauts à la généralité de ses élèves, après deux ou trois mois de leçons suivies, ayant soin de rectifier et corriger journellement, par le plastron et ses conseils, les écarts que la lutte fait souvent contracter ; et si ses leçons et ses conseils ne suffisent pas, il doit suspendre les assauts pendant 8 à 15 jours pour les reprendre ensuite; par ce moyen on est certain de parvenir à faire des tireurs réguliers. Le professeur ne doit pas conduire tous ses élèves de la même manière, il faut qu'il les exerce plus particulièrement dans les mouvements qui leur sont les plus familiers et dans leurs aptitudes; en suivant ces principes, un professeur, qui réunirait aux qualités d'enseignement indiquées ci-dessus une bonne méthode, pourrait rendre la majorité de ses élèves, en deux années de leçons suivies, de la force de la plupart des maîtres d'armes. Ma longue pratique dans l'art de l'escrime, les résultats que j'ai obtenus, m'ont convaincu du fait que j'avance; j'ai même mis moins de temps que cela avec certains élèves pour atteindre ce but, et en trois années, j'ai fait des tireurs de première force. Je donne ici ces détails afin d'encourager les jeunes hommes à se livrer au bel et noble exercice de l'escrime, et les prévenir qu'en faisant un bon choix du professeur, on met moins de temps pour devenir tireur que généralement on ne le suppose.

Je ne puis trop recommander aux maîtres d'armes de se livrer à l'étude constante de l'enseignement, seul moyen de parvenir à former rapidement de bons tireurs, leur intérêt le commande; en obtenant ce résultat, ils feront naître le goût d'un exercice agréable et utile à la jeunesse et à l'homme mûr; leur clientèle s'en augmentera et ils auront la satisfaction de pouvoir dire qu'ils ont rempli le devoir d'un bon et loyal professeur.

Note n° 18. — Autres questions.

Est-il de l'intérêt des élèves d'être exercés dès le début à la vitesse, ou doit-on les conduire avec lenteur quand on les fait plastronner?

Réponse.

Le maître, en donnant leçon, doit toujours se régler, pour obtenir de bons résultats, sur le caractère et le physique de chaque élève; l'homme actif et entreprenant doit être exercé dès les commencements, avec plus de calme, que l'homme d'une nature lente et flegmatique; mais dans l'un comme dans l'autre cas, le professeur ne pourra jamais, relativement, mettre trop d'activité dans sa leçon [1] en exigeant toujours une grande régularité dans les mouvements, pour obtenir cette régularité, en mettant de l'activité, il faut que le

---

[1] Toutefois, je ferai observer que, tout en exerçant l'élève à la vitesse, s'il venait à négliger la justesse et la régularité dans ses mouvements, le maître devrait de temps en temps le conduire plus lentement, et lui faire décomposer les coups, en restant sur chaque mouvement, afin de lui faire mieux comprendre le mécanisme et régler sa main; mais seulement de temps en temps, comme je viens de le dire plus haut, et encore envers certains élèves.

maître voie rapidement les fautes que commet son élève et sache les corriger sans ralentir son exécution. Un professeur qui conduirait ses élèves en leur donnant leçon (plastronner) avec lenteur, mettrait dix ans pour faire un tireur, tandis qu'un maître intelligent, activant et forçant toujours son élève à acquérir de la vitesse en suivant les vrais principes que l'art exige, obtiendrait un résultat pour le moins aussi satisfaisant, en deux ou trois années. La raison en est facile à comprendre: c'est qu'en escrime la vue, l'imagination, le jugement, qui donnent et font concevoir le moment propice pour saisir l'à-propos, doivent être mis constamment en action avec spontanéité dans tous les coups et parades, et ce n'est qu'en forçant le plus possible la vitesse qu'on obtient l'harmonie dans les mouvements du corps qui doivent s'unir au jeu de l'esprit et de la pensée, qualité indispensable pour faire un grand tireur d'armes. Ce sont ces qualités, que je juge nécessaires, qui m'engagent à recommander particulièrement aux maîtres d'armes d'employer toute leur activité de corps et d'esprit en donnant leçon, s'efforçant à allier ces qualités avec la justesse.

C'est, j'en suis convaincu, la meilleure méthode pour former en peu de temps de bons et forts tireurs d'armes.

Note n° 19. — Question adressée à l'auteur par un amateur.

Les battements, froissements et menaces qui se font en ligne directe ou en changeant de ligne, mouvements faits sans intention de tirer (attaque) ou d'engager l'adversaire à parer et riposter, doivent-ils prendre le nom de feintes?

Réponse.

Tous mouvements faits dans le but d'inquiéter seulement ou d'examiner préalablement les coups que l'on pourra exécuter par la suite, ne sont que des moyens de précaution que l'on prend dans l'incertitude où vous place l'adversaire sur les coups à lui porter. Ces menaces, qui ne terminent rien, ne peuvent pas prendre le nom de feintes ; on ne doit les considérer que comme mouvements préparatoires et inquiétants ; mais on peut se servir, pour désigner les mouvements qu'on a faits, du nom propre qui leur appartient et l'intention qu'on a en les faisant.

Les battements, froissements et pressions suivis du coup droit, doivent être considérés, dans la langue de l'escrime, comme neutres, de même que les mouvements désignés ci-dessus suivis du coup droit ne peuvent pas être acceptés comme feintes, car l'action de pressions, de battements et de froissements ne produit qu'un dérangement qui facilite l'entrée au coup droit. Quoique ces coups comportent réellement deux mouvements, on ne doit pas les considérer comme coups composés ; mais lorsqu'on ajoute un ou plusieurs mouvements en changeant de ligne, ils changent, eux aussi, de caractère et doivent être acceptés comme coups composés et les battements, etc., prennent alors le titre de feintes. Tout le monde comprendra que lorsque l'on fait une marche en avant en ligne droite étant poursuivi par l'ennemi, on ne fait pas de feinte pour lui échapper ; mais une fois la marche interrompue, pour la continuer à droite, à gauche ou en arrière, on a fait une feinte de marche en avant dans le but de tromper ceux qui vous poursuivent par une volteface.

L'art de l'escrime présente, dans certains cas, une grande difficulté pour faire comprendre à tous, par la clarté du mot propre, ce que l'on veut exprimer. J'espère, malgré cette difficulté, m'être fait comprendre.

Note n° 20. — Observation sur deux manières d'envisager certains coups qui amènent les deux tireurs à se toucher en même temps ou à peu près.

Il en résulte que chacun blâme son adversaire et a la prétention d'avoir raison dans sa manière de voir. Leur raisonnement, que je trouve peu rationnel, provient de deux systèmes. L'un des deux a été mis en usage par un tireur qui n'a pas manqué d'un certain mérite, mais qui, malheureusement, a voulu faire école avec un système exclusif et dénué de justesse et de vérité. Ce système consiste à toujours prendre, en tirant, le haut des armes, c'est-à-dire à avoir le poignet plus haut que celui de l'adversaire ; de là il arrive à dire : « J'ai le haut, j'ai raison. » Cette règle est généralement adoptée dans le midi de la France.

Le second système est mis en usage par la plupart des tireurs de Paris ; il se résume en ces mots : « J'attaque, j'ai raison, vous deviez parer. » Les deux systèmes sont appliqués par leurs adeptes d'une manière absolue. Je vais tâcher de démontrer ce qu'il y a de vrai et de faux dans ces deux raisonnements. — Lorsque, par exemple, vous attaquez par un coup simple et que l'adversaire, trompé dans son jugement, prend un *temps,* il peut arriver que l'on se touche tous les deux; cependant votre coup, s'il est bien exécuté, arrive d'une manière bien sensible le premier; il ne peut exister de contestation, l'attaqueur pouvant d'ailleurs presque toujours se garantir quand le *temps* est pris dans le haut. — Sur les coups composés de deux mouvements, tels que *une-deux*, les deux tireurs peuvent se toucher en même temps, s'il n'y a pas une opposition et une élévation suffisantes de la part de l'attaqueur; dans ce cas encore, celui qui est attaqué, doit parer et non jouer son existence en exécutant un coup incertain. Mais si l'attaqueur, au lieu de tirer avec opposition et élévation, baisse la main en faisant sa première feinte, ou retire le bras ou bien encore tire *ouvert* (ce qu'on appelle *caver*), il n'a pas, s'il est touché par le coup du *temps*, le droit de dire à son adversaire : « Vous deviez parer ». L'adversaire pourrait en effet lui répondre : « Vous n'avez pas plus raison que moi; j'aurais sans doute mieux fait de parer, mais, en découvrant votre poitrine, vous m'avez autorisé à tirer droit sur vous, et pour parler franchement, nous avons tort tous deux, vous, d'avoir mal exécuté votre attaque, moi, de n'avoir pas paré. »

Note n° 21. — Opinion de l'auteur sur la feinte en arrière.

Vous me demandez, monsieur, mon opinion sur la valeur de la fente en arrière (échappement); la fente en arrière, décrite dans l'*Encyclopédie*, article *Escrime*, sous la dénomination de coup de nuit, a été abandonnée par les tireurs sérieux depuis fort longtemps; cependant quelques professeurs de Paris l'ont reprise en sous-œuvre en lui donnant une légère différence dans le placement de la main gauche une fois fendu, espérant, sans doute, faire croire à leurs élèves qu'ils avaient fait la découverte d'un coup nouveau.

Le mouvement qui nous occupe ici a été inventé à une époque où les hommes privilégiés, par leur position sociale, portaient tous l'épée au côté, soit dans la rue, comme dans les lieux publics; de là, souvent des querelles et des rencontres à toutes heures de la nuit, et le combat s'exécute, quelquefois à l'endroit même de la rencontre, soit sous un réverbère ou dans l'ombre, et souvent sans témoins. L'irritation, jointe à l'obscurité, portait les plus téméraires, ou les moins prudents, à se précipiter en aveugle sur leur ennemi. Dans cette circonstance, pris à l'improviste, l'échappement, ou fente en arrière, devenait quelquefois fort utile; mais aujourd'hui, que par notre civilisation, nos mœurs et nos habitudes, nous avons régularisé le duel en admettant des témoins dans nos combats singuliers, ce mouvement exécuté au grand jour devient plutôt nuisible qu'utile; c'est du moins l'opinion des tireurs sérieux.

Les raisons que l'on peut donner et que je donne contre la fente en arrière, c'est qu'il faut, pour réussir dans le coup prémédité, que l'attaqueur tire franchement sans aucune préparation. Les tireurs savent que toute tension de l'épée préconçue s'exécutera toujours sur la menace de l'adversaire, et en vous fendant, monsieur, en arrière, vous aurez l'air d'un tireur qui fuit en tendant l'épée, parce que votre jugement aura mal apprécié le mouvement de l'adversaire, et d'un homme qui fuit le combat. Dans les assauts, et plus encore en duel, on doit être très-sobre des coups du temps; c'est, selon moi, quand ils ne sont pas pris avec chance d'une grande probabilité de réussite, l'action du faible tireur contre le fort qui espère et compte sur le hasard, et la fente en arrière exige une appréciation aussi juste de l'action de l'attaqueur que pour les autres temps, et demande de plus une souplesse qui n'appartient qu'à la jeunesse, et l'escrime est de tous les âges. Le coup du temps pris avec l'échappement en arrière présente, sans conteste, moins de danger pour les deux parties, que le temps pris en se fendant en avant ou de pied ferme. Malgré cette qualité que je veux bien reconnaître, je vous engage, Monsieur, et j'engage également les professeurs, vu les inconvénients signalés ci-dessus, à ne pas l'enseigner à la majorité de leurs élèves, et s'ils le démontrent à quelques-uns de leurs forts amateurs, ils doivent recommander de n'employer la fente en arrière pour toucher que contre un adversaire qui se précipite en portant la pointe de son épée en dehors de la ligne directe, et plus particulièrement sur la pointe trop élevée de l'arme de l'adversaire. Sans être partisan de l'échappement en arrière, je vais, de même que pour tout ce que j'approuve, le décrire théoriquement.

Fente en arrière (échappement).

Vous êtes en garde en face de votre adversaire, les épées croisées ou non; si l'on vous attaque par un coup dirigé sur les armes, portez de suite, si vous êtes droitier, le pied gauche en arrière aussi loin que possible, maintenant le droit en place, inclinant le corps un peu en dedans, prenant et conservant à la main armée la hauteur de la position de la garde ordinaire qui se trouve, une fois que l'on est fendu, placée horizontalement avec le sommet de la tête, portant la pointe de l'épée vis-à-vis le haut du corps de l'adversaire, le bras bien tendu. Ce mouvement d'échappement fait avec vitesse, à propos et opposition, peut vous garantir tout aussi bien qu'en vous fendant en avant ou en exécutant ce mouvement de pied ferme; mais si vous avez jugé que l'attaqueur tirera dans la ligne du dedans, faites le même échappement que ci-dessus en portant la pointe de l'épée un peu basse ainsi que le poignet, tout en prenant l'opposition en dehors.; c'est ce qui s'appelle prendre un temps avec garantie. Quand on veut prendre un temps avec échappement sur un tireur qui se précipite, on doit toujours conserver ou prendre l'élévation de la main armée.

Note n° 22. — Méthode italienne.

Des amateurs d'escrime, qui ont eu occasion de faire des armes en Italie, m'ont dit avoir rencontré de grandes difficultés à combattre le jeu italien, et m'ont demandé quels étaient les coups les plus favorables que l'on devait employer pour combattre leur méthode. Il faudrait écrire tout un volume pour répondre d'une manière satisfaisante à cette question, et encore ne parviendrait-on pas à donner une entière satisfaction utile à l'enseignement, car la manière à employer ne doit naître que de la science de l'à-propos et de l'intelligence des tireurs. Malgré la difficulté qui se présente ici, je vais indiquer cependant quelques mouvements avantageux qui peuvent être souvent et utilement employés, afin de satisfaire aux désirs de mes demandeurs.

On se sert généralement, avec le système italien, d'épée plus longue que celle adoptée en France; la garde des jambes que prennent les tireurs italiens est généralement moins étendue que la nôtre, semblable à peu de chose près à notre ancienne garde que nous avons jugé utile d'étendre pour donner à nos attaques plus de rapidité, et l'expérience nous a convaincu que cette étendue de garde a fait naître un progrès dans la vitesse du développement. La méthode italienne ne peut pas adopter ce progrès à moins de changer tout son système, système qui consiste, en général, à prendre beaucoup de temps par le coup droit ou par des dérobements d'épée, à se fendre peu dans leurs attaques, à volter à droite et à gauche et quelquefois même à se coucher (se pencher en avant).

Instruction.

Le tireur qui emploiera la méthode française contre le jeu italien, devra avoir soin de ne faire ses attaques en grande partie qu'en marchant, surtout si son adversaire est de haute taille (voy. chap. X); employant quand l'occasion se présente les liements dans le bas du dehors, les battements, les froissements, tirer droit et faire en sorte également de s'emparer de son épée en quarte avec rapidité par des engagements ou changement d'engagements. La dextérité est très-nécessaire dans ces mouvements afin d'éviter les dérobements subtils du tireur italien. Il faut souvent aussi, après vous être emparé de son arme, chercher à la maintenir et contenir en marchant jusqu'au moment où les distances sont assez rapprochées pour pouvoir porter vos coups en vous fendant ou mieux encore sans vous fendre, agissant de la main seulement; à cette dernière distance, le tireur italien devient presque nul. Si vos engagements ou battements venaient à être dérobés, il faudrait souvent reprendre l'épée par une parade de contre de quarte et la tenir en marchant, si vous n'êtes pas à distance suffisante pour toucher la riposte.

Si vous rencontrez dans vos adversaires un tireur qui ne présente pas son arme en ligne droite en se mettant en garde, surveillez-le avec une attention soutenue pour parer ses attaques ou s'emparer de son épée dans un moment propice pour pouvoir rapprocher les distances, comme je l'ai dit plus haut, point où doivent tendre plus particulièrement les efforts du tireur français contre le tireur italien; il est très-urgent pour ce premier de savoir exécuter avec vitesse et dextérité les coups qui se portent le plus avantageusement étant corps à corps. Le tireur français doit également se prémunir contre les remises et les redoublements, et ce n'est qu'en tenant l'épée de l'adversaire ou ripostant très-vite par le coup droit avec opposition qu'on parvient à obtenir un bon résultat, sans oublier les liements dans le bas du dehors.

Note n° 23.

Ce livre pouvant être lu par des personnes peu habituées aux usages des salles d'armes, je vais les initier à quelques termes d'escrime usités dans ces réunions, soit pour les confirmer, les approuver ou les blâmer par une critique raisonnée et en même temps les faire connaître.

Appât : ce qui veut dire piége tendu à son adversaire par un jour plus ou moins grand qu'on lui présente dans l'espoir qu'il tirera dans ce jour. Ce système suivi par beaucoup de tireurs est, selon moi, mauvais, vicieux et nuisible à celui qui l'emploie ; en voici la raison : le tireur vite qui tirera dans le piége qui lui est tendu avec hardiesse et confiance, touchera, j'en suis certain, plus des trois quarts de ses coups ; dans le cas contraire, si l'attaquéur ne possède pas les qualités de vitesse suffisante, il peut et doit faire croire, par la feinte bien prononcée, qu'il donne dans le piége et diriger instantanément son attaque dans la ligne opposée. Ce double motif m'engage à recommander de ne pas se servir dans un assaut sérieux, encore moins dans une affaire où l'existence est en jeu, de cette manière de faire des armes ; ma grande expérience m'a démontré la faiblesse de cette méthode.

— Appel : c'est frapper le sol du pied qui est placé en avant dans la position de la garde plus ou moins fort.

— Avoir des doigts de la main, veut dire qu'on manie l'épée avec dextérité et justesse. Le mot doigt n'est pas nécessaire, car celui qui a de la main a des doigts.

— Assaillant, veut dire, cela se comprend, l'attaqueur.

— Avoir des jambes : c'est être bien constitué du bas et s'en servir avec vitesse dans l'attaque, la marche et la retraite et toujours avec aplomb sans ébranlement.

— Avoir de la tête : c'est calculer juste et vite, de prévoir les mouvements de son adversaire pour le tromper en attaques ou parer les siennes.

— Avoir tort : c'est toucher son adversaire en même temps que vous êtes touché par lui, en agissant contre les règles établies et contre les vrais principes. Ces fautes commises dans un assaut doivent être jugées par la galerie, à défaut des tireurs qui ne veulent pas convenir de leur tort.

— Attaque à l'épée, mot inutile qui servait à désigner sans explication soit le battement, engagement, froissement ou pression.

— Botte : ce mot adopté pour le noble art de l'escrime, m'a paru trop commun pour le conserver dans ma théorie, malgré le facile avantage qu'il donne à l'écrivain, sa signification indiquant la finale du coup.

— Caver : c'est l'inverse de l'opposition ; c'est porter la main lorsque l'on tire dans la ligne du dedans à droite et à gauche quand on tire dans la ligne du dehors, faisant parcourir à son épée une ligne courbe qui laisse tout le corps à découvert, soit en attaque, soit en riposte ; le coup cavé n'est employé que par les mauvais tireurs, à moins que ce ne soit dans les corps-à-corps où ils deviennnent quelquefois utiles et sans danger.

— Corps-à-corps : c'est lorsque deux tireurs arrivent à la suite d'un coup, d'une marche ou d'une phrase d'armes (coups portés, parés sans interruption) à une distance telle qu'ils peuvent se toucher sans y joindre le développement des jambes.

De cette position, on peut faire aussi correctement et aussi régulièrement des armes qu'en tirant de loin : seulement, c'est plus difficile et plus savant ; les coups se répétant avec plus de rapidité, les calculs doivent être nécessairement beaucoup plus prompts ; mais quand les tireurs en arrivent à pouvoir se toucher avec la garde ou qu'ils peuvent se prendre à bras le corps (ce qui arrive trop souvent), ce n'est plus faire des armes artistement, cela tourne alors en lutte de mauvais goût.

— Coup pour coup, coup double, coup fourré : action de deux tireurs qui se touchent en même temps ; de ces trois mots, qui signifient la même chose, on peut supprimer le premier et le dernier et ne conserver que le second. Le coup double provient toujours de ce que les deux tireurs attaquent en même temps et cela très-souvent faute des deux parties.

Coulé : mouvement abandonné par les tireurs modernes comme nuisible pour celui qui l'emploie, qui désignait l'avancement de l'épée le long de la lame de l'adversaire. On peut le sortir du vocabulaire de l'art de l'escrime comme inutile.

— Coupé-dégagé : on peut se servir du mot coupé-dégagé dans la démonstration comme abréviation, mais le professeur doit prévenir son élève que l'expression est fausse et que le coup doit prendre celle de feinte de coupé et le dégagement.

— Chagriner l'épée, est une expression que l'auteur a ajoutée à la nomenclature des termes adoptés en escrime pour désigner le tireur qui inquiète continuellement son adversaire par des changements d'engagements, battements, froissements, pressions et croisements en seconde, n'ayant pour but que d'embarrasser son adversaire en le tourmentant; système nuisible à la beauté de l'art de l'escrime.

— Découvert, se dit de l'attaqueur qui tire sans opposition et qui commet par là une faute envers l'art et les vrais principes. Il n'en est pas de même de la position de la garde des tireurs, dans cette position, on ne peut jamais être complétement couvert; si l'un des deux tireurs prend l'engagement de quarte, par exemple, il se découvre dans la ligne de tierce, et *vice versâ*, de plus, les deux tireurs ne peuvent pas se couvrir tous deux dans la même ligne, il n'y a que les hommes qui n'ont pas réfléchi qui veulent qu'on se couvre étant en garde.

— Donner l'épée : c'est la présenter à son adversaire de manière qu'il puisse la joindre dans l'engagement.

— Dégagement de revers, coupé de revers, n'indique rien, par conséquent doivent être annuler du vocabulaire.

— Être croisé : c'est l'inverse d'ouvert; c'est quand on est en garde ou fendu (étant droitier) avoir le pied droit porté plus à gauche que ne le comportent la règle et les vrais principes de l'art.

— Étymologie et définition de la parade du contre compris par l'auteur de la leçon d'armes, assaut et duel.

Cette parade a dû être nommée ainsi parce qu'elle renvoie le coup porté de l'attaqueur dans la ligne inverse de l'attaque et qu'elle diffère par ce renvoi de la parade simple, qui ne va que de droite à gauche et de gauche à droite et qui laisse toujours l'épée dans la ligne où a lieu l'attaque, tandis que le contre par son mouvement circulaire ramène toujours l'épée de l'attaqueur dans la dernière ligne qu'elle occupe avant la finale du coup, quand l'attaque a lieu par un changement de ligne et dans la ligne inverse quand elle se fait par un coup droit.

— Faux battement : expression qui doit être annulée rien n'étant faux en escrime.

— Fausse attaque : doit prendre le titre de feinte ou menace préparatoire.

— Jeu, manière plus ou moins élégante de faire des armes. On dit beau jeu, vilain jeu et jeu dur; quelquefois on y ajoute le mot désagréable de ferrailleur.

— Liement : le liement doit être admis et accepté par tous comme coup simple, car si l'on voulait en faire un coup composé, comme certains auteurs l'ont décrit, on nuirait nécessairement à la vitesse du coup en mettant un temps de repos à la soi-disant feinte comprise par eux ; admis comme coup simple, on va directement sans temps d'arrêt au corps de l'adversaire, ce qui contribue puissamment à sa réussite, tout en se trouvant d'accord avec les vrais principes.

— Parade en pointe volante doit être remplacé par le mot rétrograde.

— Phrase, en escrime, veut dire que plusieurs coups sont portés et parés réciproquement avant de se toucher, sans temps d'arrêt dans l'action ; la phrase peut être plus ou moins longue et plus ou moins belle.

— Pied ferme, c'est exécuter une attaque de la position

de la garde sans marcher ni sauter; en défensive, c'est parer sans rompre.

— Rotation du poignet, est l'action de porter les ongles des doigts de la main lorsqu'on tient l'épée la main fermée plus ou moins vers le ciel ou la terre.

— Sauter : c'est faire une attaque en enlevant les deux pieds en même temps.

— S'ébranler : c'est courir en désordre après l'épée qui nous menace.

— S'écraser, veut dire être trop ployé sur les jambes, soit en étant en garde ou fendu.

— Se fendre : c'est porter le pied droit en avant (quand on est droitier) en laissant le pied gauche en place. On peut même à la rigueur laisser suivre un peu ce dernier, pourvu que cela ne nuise pas à la position du développement. On se fend aussi en arrière : cette fente s'appelle alors échappement.

— S'enferrer, se dit d'un tireur qui se jette, soit par une marche précipitée faite sans prudence ou qui se fend avant d'avoir fait précéder le mouvement de la main armée sur la pointe de l'épée tendue de son adversaire.

— Se relever : c'est se remettre en garde après s'être fendu.

— Se loger : c'est se rapprocher à petits pas avec précaution de son adversaire, afin de gagner la distance la plus favorable à l'attaque.

— Sixte : mot employé par quelques auteurs pour désigner le sixième coup et la sixième parade. Cette dénomination est inutile : le sixième coup n'existant pas dans ma théorie, sa parade rentre dans la tierce ne différant de cette dernière que par une nuance dans la rotation et si l'on acceptait un mot pour chaque nuance dans le tourner du poignet, on pourrait en composer un tel nombre qu'il ne ferait qu'embrouiller et rendre fort difficiles le raisonnement et l'entente sur l'art de l'escrime, qui demande à être simplifié le plus possible. Il en est de même du coup et de la parade d'octave, qui, également coup et parade, ne diffèrent de la seconde que dans une nuance de rotation dans le poignet.

— La parade de quinte doit être, comme les deux précédentes, annulée, afin de simplifier l'art déjà trop compliqué. Sur cette parade comme sur le coup, les auteurs et les tireurs n'ont jamais été d'accord : les uns dirigent le coup dans le haut, d'autres dans le bas du dedans, la main basse avec cavation (c'est-à-dire la main en dedans). Ce coup ne se tire plus par les tireurs émérites lorsqu'ils doivent y ajouter le développement. De près, on peut encore se servir du coup cavé avec succès ; mais alors on le désigne sous le nom de coup droit tiré main de tierce dans les armes, ligne de hauteur ou ligne basse. Les auteurs et les tireurs ne sont pas plus d'accord sur la parade que sur le coup : les uns l'ont désigné sous le nom de quarte basse, quarte écrasée, quarte croisée, quarte horizontale. Un auteur, M. Lafaugère, soit par fantaisie ou manque de réflexion, a pris le mot de quinte pour l'appliquer et le placer à l'endroit et de la même manière que la parade de seconde, laissant cette dernière dans le néant.

— Tendre, se dit pour désigner un tireur qui allonge le bras à tout propos ou qui le tient tendu.

— Tromper : c'est éviter les parades de son adversaire en tirant sur lui, soit en attaquant, soit en ripostant par des coups composés. On doit se servir du mot dérober lorsque l'on attaque sur un battement, un changement d'engagement ou froissement de l'adversaire et qu'il ne rencontre pas l'épée de l'attaqueur avec le mouvement qu'il emploie pour s'en emparer.

— Temps perdu : on a toujours entendu par temps perdu toutes ripostes faites en dehors du coup droit (riposte au tact). Cette manière de voir et de comprendre l'art au point de vue du raisonnement m'a paru manquer de fondement ; car, selon moi, on ne perd pas de temps en menaçant la gauche pour frapper à droite ou la droite pour frapper à gauche ; il y aurait temps perdu, au contraire, si l'on voulait pénétrer par le coup droit dans une ligne couverte. Ce qu'en escrime on peut appeler temps perdu, ce sont les mouvements inutiles de menaces, de changements, d'engagements, de tendements d'épée (bras), de va-et-vient, enfin de tous mouvements qui n'ont pas un but déterminé : voilà ce que j'appelle du temps perdu et qui, malheureusement pour l'art de l'escrime, a pris une extension considérable dans les assauts publics, surtout à Paris. L'excès de méfiance et de crainte a contribué puissamment à l'adoption de ce système, qui provient généralement de ce que les tireurs ont commencé les assauts trop jeunes et qu'ils ont pris cette manière de faire pour se garantir des coups trop souvent répétés des tireurs plus forts qu'eux.

Le tireur faible qui emploie contre le fort le jeu de contrariété par de continuels tendements d'épée, par la retraite, par des abandonnements d'épée, des changements d'engagement, des croisés en seconde en se retirant, peut parvenir à n'être pas battu par plus fort que lui; une fois encouragé dans ce système, le faible en prend l'habitude et le conserve même en devenant fort, principe éminemment nuisible à la beauté, à la dignité de l'art de l'escrime et qui empêchera toujours un tireur, en suivant cette manière de faire, quelles que soient les facultés que donne la nature, de prendre une supériorité positive et réelle sur les tireurs, même inférieurs, qui ne voudront pas s'exposer à se faire battre. Le tireur fort ne doit pas viser seulement à se défendre : il doit vaincre, et la manière craintive d'éviter et de tâtonner est contraire à la domination; de là viennent ces assauts pénibles pour les tireurs qui veulent bien faire dans l'intérêt de l'art, qui est l'intérêt de tous les professeurs : ces derniers devraient encourager la jeunesse, par la manière gracieuse, élégante et rapide du maniement de l'épée, à se livrer à ce bel et noble art qui est le plus beau, le plus agréable et le plus utile de tous les exercices.

CHAPITRE XXI.

AU LECTEUR.

Mes lecteurs voudront bien me pardonner de rappeler ici deux articles de journaux qui me concernaient et qui, s'ils traitaient d'escrime en termes flatteurs, il est vrai, pour moi-même, avaient en même temps le mérite de parler de l'escrime avec justesse et avec science. — Je considère comme un sentiment légitime le désir de faire connaître que je ne suis pas resté inconnu dans l'art que je professe, et le lecteur appréciera les bons principes et les jugements vrais qu'avait tracés la plume de deux amateurs distingués.

J'ajoute aux deux articles ci-dessous les principaux qui ont rendu compte de ma première édition, en remerciant encore une fois les auteurs de leur gracieuseté.

De tous les exercices qui exigent l'aptitude du corps et celle de l'esprit, l'escrime est un des plus attrayants et des plus utiles. C'est surtout au point de vue hygiénique que nous voulons considérer son utilité.

Pratiquée avec modération et continuité, l'escrime entretient l'activité du sang et augmente son énergie. Chez les enfants et les jeunes gens elle développe le corps, le fortifie, lui donne de l'aplomb, de l'allure et une certaine grâce virile. Mais son utilité ne se manifeste pas seulement dans la partie physique de l'individu; on a aussi pu constater que l'escrime ajoute de la vivacité et de la rectitude à l'intelligence.

Les effets de l'escrime donnent lieu aux plus curieuses observations. Buffon a dit. « Le style c'est l'homme. » On pourrait presque dire aussi qu'en escrime : *le jeu, c'est l'homme*. Le caractère s'y révèle tout entier. Franchise ou mauvaise foi, nonchalance ou activité, timidité ou audace, orgueil ou modestie, finesse, astuce, ruse, en un mot toutes les nuances du caractère, même les plus faibles, se font jour au milieu des péripéties de la lutte.

L'escrime exige des facultés variées. Celui-là seul y deviendra supérieur, qui sera d'une constitution physique avantageuse; qui à un moral solide unira l'intelligence, le coup d'œil, l'à-propos, la sensibilité du toucher; qui joindra au sang-froid qui permet de prévoir et de concevoir, l'*impétuosité réglée* qui exécute, et enfin, qui saura mettre d'accord toutes ces facultés diverses pour en former l'ensemble de son jeu; quelques-uns, moins bien doués, pourront devenir des tireurs difficiles, sans jamais être des tireurs sérieux; d'autres, enfin, selon le degré d'infériorité de leurs facultés physiques, resteront plus ou moins dans la position du paralytique qui veut marcher. Lors même que le préjugé du duel aura complétement disparu de nos mœurs, l'escrime subsistera comme le plus noble exercice auquel puissent se livrer ceux qui aiment ce qui est beau, savant et utile.

Nous ne pouvons parler de cet art si ancien, et qui a fait tant de progrès depuis Saint-Georges, sans prononcer le nom de Cordelois, de celui qui a su le porter à son plus haut degré de perfection.

Lafaugère fit école; il le dut bien moins à son talent incontestable qu'à l'élévation de son jeu. Lafaugère portait tous ses coups dans le haut du corps de son adversaire. Il étonna d'abord, mais les tireurs expérimentés comprirent bientôt qu'il fallait combattre ce système vicieux, et, comme les extrêmes appellent les extrêmes, on tomba dans l'excès contraire, et l'on vit paraître une espèce d'escrime *terre-à-terre*.

Cordelois sut épurer ces deux systèmes. Il rejeta ce que chacun d'eux avait d'exagéré, et détermina, on peut le dire, les véritables règles de l'art. Nous allons essayer de donner en quelques mots une idée de ce remarquable professeur.

Après avoir passé plusieurs années au service, Cordelois commença en 1817 ses débuts dans l'escrime. Sa force était alors celle de la plupart des anciens militaires, c'est-à-dire fort secondaire. Il voulut être et il fut son unique professeur. C'est de 1817 à 1822 qu'il se forma, aidé par son seul jugement et par tous les avantages physiques et intellectuels qu'il possède à un degré éminent. N'ayant aucun mauvais principe à détruire en lui, il parvint, à force de travail et d'étude, à atteindre la *vérité*, qui, en toutes choses, n'est accessible qu'au génie : or, nous affirmons qu'en cela Cordelois a prouvé le sien.

Il se fixa, en 1823, à Bordeaux, où il resta jusqu'en 1848, époque à laquelle il est venu habiter Paris.

Pendant cette période de vingt-cinq ans, il donna des assauts dans les principales villes de France, et notamment à Paris, où il obtint des succès remarquables sur les premiers tireurs.

Pour qui a pu apprécier Cordelois, ces succès n'ont rien qui doive surprendre. Il joint a une étude longue et approfondie de son art, des moyens divers *hors ligne*. Organisation à la fois nerveuse et musculeuse, intelligence vive et apte aux combinaisons; coup-d'œil et promptitude, main rapide comme l'éclair, telles sont ses qualités les plus saillantes.

Il est difficile de dire dans quel moment il est le plus à craindre ; est-ce quand il bondit par une marche impétueuse sur son adversaire qui rompt, et lorsqu'il le frappe à l'improviste ? Est-ce quand, de pied ferme, il développe ses magnifiques ressorts pour toucher à une distance où, avec tout autre que lui, on aurait eu le droit de se croire inaccessible ? Est-ce enfin, quand, dans les *corps-à-corps*, il se ramasse et *s'insinue*, pour ainsi dire, sous les armes de son partener pour trouver sa poitrine ?

L'attaquera-t-on ou se mettra-t-on sur la défensive ? Comment attaquer un homme qui, devinant presque toujours le coup que vous préparez, arrête avec une rectitude vraiment merveilleuse de jugement, et la parade, et la riposte, et les différentes péripéties d'un débat d'épée ? D'un autre côté, comment parer les attaques aussi promptes que calculées de cette main qui sait toujours ce qu'elle veut faire ?

Passant tour à tour du calme qui permet d'observer et d'attendre le moment favorable à l'impétuosité qui sait en profiter, on ne sait ce qu'on doit le plus admirer en lui, et dans l'embarras où nous nous trouvons, nous sommes réduit à dire, pour rendre l'impression qu'il a faite sur nous, que son calme, tant il est toujours prêt à se transformer en action, a quelque chose de son impétuosité, et que son impétuosité, tant elle est réglée par sa volonté, a des reflets de son calme.

Enfin, nous pouvons le dire pour peindre Cordelois en quelques mots, jusqu'à lui l'escrime n'avait été qu'un art, il en a fait une science.

E. BAILLET.

(Extrait de l'*Avénement* du 1ᵉʳ octobre 1851.)

La semaine dernière, quelques professeurs d'escrime de l'armée et des amateurs en renom, de Paris, s'étaient donné rendez-vous à la salle de Cordelois.

J'arrive à la salle avant le moment indiqué.

Cordelois donnait une leçon ; il la suspendit pour nous recevoir, mais je le priai instamment de la reprendre, parce que je tenais essentiellement à apprécier sa méthode.

Après l'avoir suivi et écouté attentivement, je fus bientôt convaincu que Cordelois était l'un des premiers plastrons de Paris. J'ai rarement vu un démonstrateur plus clair, plus calme, plus élégant.

Cordelois avait à peine terminé sa leçon que déjà la foule des tireurs et de la galerie qui se pressait dans sa vaste salle l'obligea de donner le signal de l'assaut si vivement attendu, assaut qui m'a causé un plaisir non moins grand que l'intérêt toujours croissant avec lequel j'en ai suivi toutes les phases. Je vais essayer de transcrire ici mes impressions et d'exprimer mon opinion sur ce grand professeur.

Cordelois est d'une taille au-dessus de la moyenne ; il est peu charnu ; les lignes de sa charpente sont régulières. Ses formes, admirablement proportionnées, accusent une grande force musculaire et d'excellents éléments d'agilité. Sa figure, empreinte de bonté et de douceur, devient sévère sous le masque; son regard alors est imposant; sa pose, quand *il prend sa garde*, est admirable d'*aplomb*.

On dirait, en le voyant, que ses pieds sont cloués au sol. *Raisonnablement fendu*, il se trouvait dans les meilleures conditions *pour marcher* comme *pour rompre*, pour exécuter une *retraite de corps*, comme pour mettre à profit, *quand il se fend à fond*, la grande puissance de détente qu'il possède. Pour un amateur expert, ces indices révèlent une grande supériorité.

Le premier adversaire qu'il eut à combattre me parut dès le début sous l'influence d'un pénible sentiment d'appréhension; son attitude était celle d'un homme qui ne se fait aucune illusion sur les obstacles insurmontables qu'il va rencontrer; on peut déjà constater un premier symptôme de démoralisation. Après avoir tiré le mur, exercice pour l'exécution duquel Cordelois déploya une grâce infinie, l'assaut commença.

D'abord il laisse son adversaire se livrer à quelques engagements *dessus et dedans*; puis, l'attaquant avec vigueur par des *coups droits*, il le force à la retraite et à se mettre sur la défensive. Le poursuivant alors par une *marche réglée et des feintes serrées*, qui ne donnent *aucun jour*, il tire avec une foudroyante vitesse le *dégagement*, tantôt *dans le haut*, d'autres fois *dans le bas*. Touché coup sur coup, son adversaire fuit en sautant en arrière; mais poursuivi jusqu'à ce que l'extrémité de la salle l'arrête, il est condamné, en quelques secondes, à recevoir une grêle de coups de bouton, dont pas un seul ne saurait être contesté.

Il demande *du champ*, et l'assaut recommence. Cordelois, aussi sûr de sa main que de son jugement, *rompt* dès les premières préparations de son adversaire; celui-ci, encouragé, marche, mais aussitôt il est touché par *un temps d'arrêt pris au pied levé*, avec un à-propos désespérant. Essaie-t-il de tendre l'épée au risque de faire *un coup pour coup*, un battement de *tierce* ou de *quarte*, suivi avec la rapidité de l'éclair, d'un *coup droit bien fourni*, fait bonne justice de sa témérité.

Enfin, on tire les trois dernières. Cordelois les touche sans rencontrer le fer, tant il a habilement *trompé l'épée*. Cet assaut, pendant lequel il n'a pas été touché *une seule fois*, est suivi d'une salve d'applaudissements enthousiastes.

Un nouvel adversaire se présente. C'est M. M..., vieux tireur qui jouit parmi les amateurs d'une grande réputation bien justifiée; il sait allier à beaucoup de tête une grande sûreté d'exécution; il possède de grandes ressources; en un mot, c'est un *tireur roué*. Cette fois la lutte sera pleine d'attraits; il faut que Cordelois y déploie sans réserve tous ses moyens, car il va avoir à combattre un véritable talent.

Les deux athlètes se mettent en garde, mais sans engager l'épée. Après quelques instants d'hésitation, M. M... croise le fer; mais sur ses premières préparations, il est touché par un *coupé-dégagé*. Attaqué par un *dégagement*, il le pare, mais il ne touche pas et se trouve frappé en contre-riposte. Il tente par *quelques battements* d'ébranler l'épée de son adversaire; mais Cordelois les dérobe avec une précision incroyable, soit par *un dégagement*, soit par *le coupé* (c'est la première fois que j'ai vu employer le coupé pour dérober l'épée). Quelquefois M. M... soutient honorablement des *phrases longues et pleines d'intérêt*, mais presque toujours elles se terminent à l'avantage de Cordelois.

Celui-ci, comme pour *donner* la mesure de sa puissance, se met à tromper l'épée par *quatre, cinq et six mouvements*, ce qui m'eût paru impossible si je ne l'avais vu moi-même. C'est dire que son immense talent s'est produit pendant le cours de cet assaut dans tout son éclat, et, je dois l'avouer, a beaucoup dépassé ce que sa grande réputation avait fait espérer.

Cordelois est un tireur *hors ligne*, à qui la nature n'a rien refusé, *tête, mains et jambes*, il possède tout au plus haut degré. Il joint à une grande énergie beaucoup d'élégance. Chose remarquable, tous ses coups sont *rigoureusement fournis*; rarement il les *plaque*, même avec le *faible de la lame*. Sauf quelques exceptions, il tire dans le haut avec une élévation de main tout académique.

Soit qu'il attaque, soit qu'il attende, il est toujours le même ; c'est-à-dire maître absolu de ses mouvements.

Il a surtout un grand mérite, c'est d'avoir pris le juste milieu entre le système de Lafaugère et celui des adversaires de ce grand maître. Aussi est-il arrivé à éviter de *ferrailler* et à prévenir les *corps-à-corps et les cliquetis*, que doivent amener nécessairement les couronnements de Lafaugère et les excentricités de l'école romantique.

Cordelois a donc fait faire un grand pas à l'escrime ; il a droit aux sympathies et à la reconnaissance de tous ceux qui aiment cet art et qui savent apprécier les immenses avantages qu'il offre sous le triple rapport de l'utilité, du plaisir et de l'hygiène.

L. BOUILLON,

Officier supérieur, commandeur de la Légion d'honneur.

(*Messager* du 5 novembre 1852.)

« Mon cher Villemessant,

« Je suis depuis plus de vingt ans élève de M. Cordelois. Mon très-habile et très-intelligent professeur n'a pas voulu prendre sa retraite sans laisser un livre qui conservât la mémoire de ses préceptes et qui constatât les progrès qu'il a fait faire à la noble science de l'épée. Permettez-moi de présenter en quelques lignes cet ouvrage à vos lecteurs.

« L'escrime occupait autrefois une grande place dans l'éducation des gentils-hommes. Aujourd'hui, tout le monde sait plus ou moins bien tenir une épée. Ce n'est plus une science privilégiée. M. Cordelois, par le livre qu'il vient de publier, sous le titre modeste de *Leçons d'armes*, aidera encore à la populariser. Le but du professeur est de mettre cet art à la portée de tous. En lisant son traité, en l'étudiant, chacun peut devenir son élève, et l'on sait quels élèves il a formés! Sans aller dans une salle d'armes, deux hommes, le livre d'une main, le fleuret de l'autre, doivent en très-peu de temps acquérir une force positive.

« Chaque coup est décrit avec une telle lucidité qu'il suffit de la plus légère attention pour l'exécuter. M. Cordelois a orné son livre de gravures qui représentent fidèlement la manière de porter et de parer les principales bottes, et il a donné à ce travail un soin qu'on ne saurait trop louer. Ces dessins sont des œuvres d'art.

« Attaques simples et composées, ripostes au tact, ripostes de plusieurs mouvements, battements, engagements, dégagements ; conseils sur l'assaut, sur le duel, rien n'a été oublié. Son chapitre des feintes est surtout traité d'une manière exceptionnelle. Les vues du maître sont nouvelles, hardies, parfois étranges, mais toujours justes. C'est là qu'on peut apprécier le fruit de sa longue expérience et de son immense savoir. — Maintenant, que M. Cordelois nous permette de lui exprimer tout le regret que nous fait éprouver sa retraite. Il laissera un grand vide dans les armes. Comme professeur, il sera difficilement remplacé. Son jugement était droit. Son esprit d'une finesse pleine de distinction. Comme tireur, il était parvenu à une force prodigieuse. Son épée était brillante et sévère. Il éblouissait par la variété de son jeu. Il n'y a peut-être jamais eu de plus intrépide attaqueur. Il atteignait à une distance impossible. Sa main, d'une incomparable vitesse, étonnait par sa précision. Ses coups de bouton faisaient mouche. Aussi, tout le monde lui a-t-il rendu une éclatante justice,

« Il avait le génie des armes, et pendant plus d'un quart de siècle, il a tenu sans conteste le premier rang dans l'escrime.

ADELSON WAILL.

(*Figaro*, 26 décembre 1861.)

———

On a beaucoup écrit et on écrira sans doute beaucoup encore sur l'escrime. Cet art, qui remonte aux temps les plus reculés, faisait les délices de nos pères, et est aujourd'hui la plus utile et la plus agréable distraction qu'un homme puisse se procurer.

Le premier livre qui parut sur la science des armes remonte à 1573, sous Charles IX ; il eut pour auteur Henri de Saint-Didier, un des maîtres de l'époque. Plus tard, Labossière publia un traité qui fit quelque sensation ; c'est à ce maître célèbre, qui eut pour élève le fameux chevalier de Saint-Georges, que l'on doit l'invention des masques actuels, qui ont eu beaucoup de peine à être adoptés et qui ne le furent qu'alors que quelques maîtres eurent perdu un œil en donnant leçon à leurs élèves.

En armes, le choix du professeur est le point capital. Quelles que soient vos dispositions pour faire un tireur, si votre plastron est inhabile, ou faible, ou inintelligent, vous n'arriverez à rien ; au contraire, avec un bon maître, sachant approprier ses leçons à la structure, aux dispositions, au caractère même de ses élèves, vous finirez par acquérir un degré de force qu'il saura vous donner, même en faisant servir vos défauts naturels à l'à-propos si utile en armes.

L'escrime n'est pas, ainsi que bien des gens se le figurent, un composé de ferraillements, d'engagements, de dégagements ; c'est une véritable science, qui demande autant de calme que de précision, de jugement que de combinaison. La vigueur, l'intrépidité, sont sans doute de superbes conditions ; mais comme un tireur calme, recueilli, peut frapper à coup sûr ! Pour développer ces aptitudes diverses, il faut un plastron, et ce plastron on doit le chercher dans le maître qui a fait les meilleurs élèves. Cordelois quitta Bordeaux en 1848 pour aller se fixer à Paris, où il sut se placer au premier rang.

Cordelois a laissé ici de forts, d'habiles tireurs qu'il a formés ; mais celui qui a le mieux répondu à l'attente du maître, qui s'est le plus pénétré de ses leçons, c'est Girard, passé maître lui-même, après s'être mesuré avec les premiers professeurs de Paris. Qui ne se souvient de l'assaut public donné il y a quelques années par Robert et Gatechair, et où Girard figura avec tant d'honneur ?... Mais venons au livre qui nous occupe.

« Afin, dit M. Cordelois, de justifier le titre que nous avons choisi pour cet ou-
« vrage, celui de *Leçons d'armes*, nous indiquerons la manière de faire exécuter
« tous les coups et toutes les parades dont nous nous servons pour notre leçon. »

Et une démonstration brève, concise, mais intelligente et claire, vous initie à une foule de détails utiles même aux forts tireurs.

C'est bien la leçon dans toute l'acception du mot, avec ses démonstrations, ses sages conseils, et en lisant l'excellent ouvrage de Cordelois, on croit prendre une leçon de Girard, car celui-ci s'est tellement pénétré des bons principes de son maître, qu'à son tour il les inculque à ses élèves, et il en a fait de bons.

Les notes générales qui accompagnent les leçons de M. Cordelois sont surtout fort remarquables ; elles renferment des recommandations judicieuses, dont un tireur intelligent doit savoir faire son profit. Ceux qui aiment l'escrime, qui cherchent à la comprendre par une étude approfondie, qui veulent, enfin, se corriger des défauts qui échappent sous les armes, doivent lire l'œuvre du célèbre professeur, qui a laissé à Bordeaux autant d'amis qu'il a fait d'élèves.

Charles POINSOT.

(*L'Indicateur de Bordeaux*, 12 janvier 1862.)

Leçons d'armes par Cordelois, tel est le titre classique d'un ouvrage d'escrime qui vient de paraître. C'est le testament d'un professeur célèbre qui se retire de la carrière. Nous avons trouvé à la première page de cet excellent livre une observation dont chaque tireur a pu apprécier la vérité : « L'escrime a aussi sa moralité. La lutte « des amours-propres n'est pas moins vive que la lutte matérielle des épées, et les « caractères se modifient *en bien ou en mal* à ce contact ou à ce froissement. » Ne cherchez pas dans ce livre des anecdotes, des histoires, ce n'est pas un supplément au *Mille et une Nuits*, c'est un traité classique d'escrime. Vous n'y trouverez qu'une explication nette et concise des coups recommandés par le maître.

Le chapitre important de l'assaut vous plaira particulièrement. Il faut se créer le jour plutôt que le chercher ; tel est le précepte judicieux de Cordelois. Si cette règle était toujours suivie, nous verrions disparaître le *ferraillement* brutal et ces tireurs insupportables et disgracieux qui *chagrinent* l'épée, expression charmante de Cordelois. Nous aurions vu avec plaisir un chapitre consacré aux écoles étrangères, notamment à cette école italienne, si perfide par son jeu étrange, si terrible par sa rapidité et par sa position, qui vous fait profiter même à votre insu des fautes de l'adversaire, école inférieure à la nôtre en théorie, quoique souvent supérieure en pratique, école enfin qui est trop méprisée en France, parce qu'elle est inconnue. On le voit, ce ne sont pas là des critiques, mais de simples observations sur certaines lacunes que nous adressons à l'auteur, en vue de sa seconde édition, qui ne se fera pas attendre.

(*Gazette de France*, 21 janvier 1862.)

Tout le monde sait la légitime réputation que s'est acquise la salle d'armes de M. Cordelois. Plusieurs de nos lecteurs ont certainement suivi les leçons de l'honorable professeur, qui s'est fait un ami de chacun de ses élèves, et, pour notre part, nous lui avons conservé le plus sympathique souvenir.

Pendant trente ans qu'a duré son enseignement, M. Cordelois a toujours tenu une des premières places parmi les tireurs renommés. L'armée lui doit ses plus brillants maîtres d'armes. Dans toutes les villes de France, on rencontre des tireurs éminents qui ont reçu de lui leur instruction. En un mot, on peut dire qu'il a fait école.

Quoiqu'il ait conservé toute la vigueur de ses jeunes années, quoique son jeu se distingue toujours par la même sûreté, la même précision et la même agilité, M. Cordelois aspirait au repos, et vient de céder sa salle d'escrime. Néanmoins, il n'a pas voulu se séparer complétement de ses élèves, et en prenant sa retraite il a écrit un livre pour eux.

Cet ouvrage très-remarquable, intitulé : *Leçons d'armes*, forme un beau volume grand in-octavo, orné d'un grand nombre de planches d'une exécution irréprochable. M. Cordelois s'est appliqué à fixer d'une manière certaine les principes de son art. Il a travaillé avec conscience et réussi avec un rare bonheur.

Une théorie sur l'escrime n'était pourtant pas sans offrir de sérieuses difficultés. Cet art a son langage, et celui qui abuse des mots techniques s'expose à n'être pas toujours compris. Évitant le danger, le livre que nous avons sous les yeux reste toujours clair.

Les *Leçons d'armes* comprennent trois parties bien distinctes. La première est écrite pour les professeurs; elle est irréprochable de netteté. En quelques pages, le maître expose sa méthode; il indique la manière de faire exécuter tous les coups et toutes les parades. Il tend à dégager l'enseignement de ses faux accessoires. Les attaques sont réduites; les parades inutiles sont supprimées, et, par cette simplification, la science de l'escrime fait un incontestable progrès.

La seconde partie s'adresse aux amateurs. Elle traite de l'assaut, des feintes, des coups excentriques. C'est un chapitre excellent d'un bout à l'autre.

La troisième partie sera lue avec un extrême intérêt par les gens du monde. Il s'agit du duel. Les précautions à prendre, le choix du terrain, les distances à conserver, l'influence du grand jour, rien n'y a été négligé. M. Cordelois a cherché à établir ce que nous nommerons *la jurisprudence des armes*. Il a fait justice, une fois pour toutes, de ces coups douteux qui font le désespoir des tireurs, et cela avec une autorité qu'il n'est pas possible de méconnaître.

Quelques mots suffiront pour résumer notre appréciation. Les *Leçons d'armes* seront bientôt dans toutes les bibliothèques, et on les consultera comme un dictionnaire d'escrime.

Th. GRASSET.

(*La Presse*, 13 février 1862.)

L'assaut avait attiré les vieux amateurs d'escrime, élèves en grande partie du célèbre Cordelois qui a laissé, non-seulement parmi nous, mais à Paris, de si grands souvenirs comme professeur et comme tireur.

Avant de donner notre opinion sur cette séance, nous recommandons aux professeurs et aux amateurs d'escrime le Traité de notre grand maître qui vient de paraître chez tous les libraires; les professeurs y puiseront d'excellentes leçons dont les amateurs pourront profiter.

(Extrait du *Mémorial bordelais*, 13 février 1863.)

L'épée est l'arme française par excellence, et le noble exercice de l'escrime a toujours été en honneur chez nous. Soit qu'on considère l'escrime comme un exercice purement gymnastique, soit qu'on l'examine à son véritable point de vue et qu'on n'hésite pas à la proclamer un art, une science, dans toute l'acception du mot, on n'en saurait contester l'immense utilité.

« Comme art plastique, elle contribue puissamment au développement du corps
« de l'homme;—elle raffermit les muscles et leur communique une vigueur, une force
« de résistance surtout, qui les rendent propres à supporter et à vaincre toute espèce

« de fatigue ; — elle donne aux membres la souplesse, la grâce et la force qui font
« la beauté robuste et virile. »

En écrivant son ouvrage, le but de l'auteur a été, ainsi qu'il le dit lui-même, de considérer l'escrime en elle-même, d'en donner les règles avec plus de justesse et de clarté qu'on ne l'a fait jusqu'à présent et de créer une *méthode* qui puisse être aussi utile à ceux qui se livrent à l'enseignement qu'aux amateurs qui désireront atteindre une force réelle et remarquable.

Or, M. Cordelois est une de nos meilleures lames, si point la meilleure : la supériorité de sa théorie est parfaitement établie, et les élèves remarquables qu'il a formés en sont la preuve la plus positive. On peut le dire avec assurance : M. Cordelois a droit à la reconnaissance et aux sympathies de tous les amateurs de l'escrime, de tous ceux qui savent en apprécier les incontestables avantages.

Pendant une longue période de temps, ce professeur distingué s'est fait admirer à Paris et dans les principales villes de France où il a donné une quantité considérable d'assauts qui ont mis en relief les qualités hors ligne qui le caractérisent.

« Pour qui a pu apprécier Cordelois, lisons-nous dans l'*Avénement*, ces succès
« n'ont rien qui doive surprendre. Il joint à une étude longue et approfondie de
« son art des moyens divers *hors ligne*. Organisation à la fois nerveuse et muscu-
« leuse, intelligence vive et apte aux combinaisons, coup d'œil et promptitude, main
« rapide comme l'éclair, telles sont ses qualités les plus saillantes.

« Enfin, nous pouvons le dire pour peindre Cordelois en quelques mots, jusqu'à
« lui l'escrime n'avait été qu'un art, il en fait une science. »

Les *Leçons d'armes*, que M. Cordelois ne s'est décidé à publier qu'après en avoir été longuement sollicité par ses amis et ses élèves, forment un excellent livre dans lequel la pratique s'allie heureusement à la théorie, grâce à de belles et nombreuses planches gravées sur acier et représentant les diverses positions de l'escrime. Cet ouvrage brille surtout par une lumineuse concision dont nous ne saurions trop féliciter l'éminent professeur, qui prouve péremptoirement que le maniement de l'épée n'est nullement incompatible avec celui de la plume.

Ajoutons que M. Cordelois a déployé dans l'impression de ce travail un luxe typographique inusité, désireux qu'il a été de pouvoir mettre son volume entre les mains de gens de bonne compagnie ; aussi un grand succès est réservé aux *Leçons d'armes*, qui sont le traité le plus complet que nous connaissions sur la matière, et que vont se disputer à l'envi les hommes du monde, l'armée et tous les amateurs distingués de notre belle France.

L. Riga.

(*Revue bibliographique*, 10 avril 1862.)

L'escrime n'est pas appréciée comme elle devrait l'être ; aucun exercice ne contribue à donner plus de force et de grâce au corps de l'homme ; elle assure le maintient en même temps que le courage; elle indique au tireur la mesure exacte de la confiance qu'il doit avoir dans la vigueur de son corps et dans sa bravoure personnelle. L'escrime n'est pas autre chose que la réglementation des luttes barbares des premiers âges; elle les rend non-seulement plus rares, mais moins dangereuses, et, en cela, on peut dire qu'elle a bien mérité de la civilisation.

Elle agit sur les individus comme sur les mœurs; car si, d'un côté, en soumettant les combats singuliers à certaines règles, à des conventions acceptées d'avance, elle prévient les funestes effets d'un mouvement de colère irréfléchie, elle enseigne, d'autre part, la patience et le pardon aux caractères les plus violents. L'homme dont le courage et la force sont éprouvés est rarement agressif et pardonne volontiers les torts, même réels; les gens implacables sont ordinairement faibles, et, en tout cas, ne sont jamais sûrs d'eux-mêmes.

Les *Leçons d'armes* de M. Cordelois n'ont d'autre but, comme leur titre l'indique, que d'enseigner l'art de l'escrime aux maîtres qui se livrent à l'enseignement et aux élèves qui suivent leurs leçons. L'auteur aurait pu y ajouter les observations et les réflexions critiques qu'une longue et judicieuse pratique a fait naître dans son esprit; mais il a voulu que son livre ne renfermât rien d'étranger à l'enseignement spécial pour lequel il était écrit. Aussi ne trouvera-t-on dans ce traité d'armes aucune anecdote, aucune fantaisie en dehors de son sujet, mais on y trouvera certainement une méthode et des leçons que leur simplicité, leur précision et leur clarté mettent bien au-dessus de toutes les publications du même genre qui ont paru jusqu'à ce jour. Quelques conseils sur le Duel et sur l'Assaut, dans lesquels les théories et les démonstrations, souvent nouvelles, de M. Cordelois trouvent leur sérieuse application, ajoutent à l'utilité de son livre, que complètent vingt-huit planches et quarante-deux gravures représentant les diverses positions de l'escrime avec une exactitude photographique.

(*Journal de la Côte-d'Or*, 15 mai 1862.)

Bien des gens considèrent l'escrime comme une sorte d'apprentissage de férocité, et les tireurs comme les duellistes de profession, sans respect pour la vie du prochain, et disposés à abuser de leur force et de leur adresse en toute occasion, et contre tous les malheureux qu'un sort contraire amène sur leur chemin.

Cette double erreur doit être rectifiée. La plupart des tireurs sont des hommes essentiellement pacifiques, pour lesquels l'escrime a l'attrait d'un exercice hygiénique, d'un jeu passionné, d'une lutte courtoise, après laquelle, comme dans les grandes luttes des peuples, chacun s'attribue la victoire, et se chante à lui-même intérieurement un petit *Te Deum* de satisfaction, mais qui se termine toujours par les compliments d'usage, et sans que les convenances soient jamais blessées.

Ceux qui fréquentent les salles d'armes savent combien il est rare de voir les contestations qui s'élèvent, à chaque instant, sur le mérite d'une riposte ou l'opportunité d'une parade; sur un coup de bouton nié d'un côté, affirmé de l'autre, se terminer par une provocation, et à plus forte raison, par une rencontre sérieuse.

Ce fait peut être attesté par tous les tireurs, et il est d'autant plus remarquable, que ces contestations se produisent toujours dans un moment où toutes les passions violentes de l'homme sont en jeu, excitées par l'ardeur de la lutte, et par l'exercice actif auquel les deux adversaires viennent de se livrer.

L'art de l'escrime, bien loin d'être le préliminaire de rencontres plus sérieuses, est la meilleure des mesures préventives à employer contre le duel, beaucoup moins dangereux, du reste, entre deux tireurs qu'entre deux adversaires inexpérimentés. Et, de toutes les réunions d'hommes, les salles d'armes sont celles où la politesse apprise est le plus en usage, et trouve le plus souvent son application. Les vanités de chacun sont aussi féroces et aussi implacables là qu'ailleurs ; mais, plus qu'ailleurs peut-être, elles sont forcées de se dissimuler sous ce vernis extérieur qui, seul, rend les relations supportables et possibles.

La valeur de l'escrime, son côté moral et ses avantages incontestables, ne peuvent être bien appréciés qu'à la suite d'une longue et judicieuse pratique, et par une étude sérieuse, à laquelle les traités publiés sur les armes par plusieurs professeurs et par quelques amateurs distingués, peuvent venir efficacement en aide. Malheureusement ces traités sont, pour la plupart, incomplets : quelques-uns reposent sur des idées préconçues et systématiques, qui deviennent la source d'une foule d'erreurs dans la démonstration ; d'autres sont faits sans méthode, sans enchaînement dans les idées, les coups se mêlent ou se suivent au hasard ; ils sont dépourvus, en un mot, de toute qualité scientifique ; d'autres traités, enfin, d'une valeur littéraire incontestable, manquent des qualités nécessaires à un bon enseignement : une pratique longue et intelligente, et une expérience raisonnée.

Aucun livre sur l'escrime ne nous paraît avoir réuni ce double mérite au même degré que les *Leçons d'armes*, de M. Cordelois. Le titre de l'ouvrage indique suffisamment qu'il est dégagé de toute prétention littéraire, et que le but de l'auteur a été uniquement de former de bons professeurs et des élèves distingués. On n'y trouve, en effet, rien d'étranger à l'enseignement : tout se suit et s'enchaîne d'une manière logique, et nulle part on n'a sacrifié la brièveté et la clarté aux fantaisies littéraires ou aux déclamations superflues.

Les préliminaires sommairement indiqués, l'auteur enseigne la manière de tirer les coups simples ; et il continue par la démonstration successive des feintes, des parades, des ripostes, des coups composés de deux et de trois mouvements ; des parades à employer contre ces coups composés : des battements, des pressions, des parades rétrogrades, du salut et du mur. A la suite de chacune de ces démonstrations, M. Cordelois a placé des observations, qui sont la partie réellement originale de son livre, et dont la lecture ne saurait être trop recommandée aux professeurs et aux élèves.

La leçon est divisée en trois parties ; elle vient à son ordre naturel, après la démonstration de tous les coups qui y sont employés. Afin de conserver au tireur la sûreté de main et la rapidité de décision qu'il doit avoir, M. Cordelois n'enseigne qu'une seule manière de parer les mêmes coups (1).

[1] Ici l'auteur de l'article aurait dû dire une seule rotation du poignet pour parer les mêmes coups.

La mémoire de l'élève ne se trouve pas ainsi surchargée sans nécessité, et sa main n'a pas à choisir, sur le terrain du duel ou de l'assaut, entre diverses parades qui ne varient entre elles que par la rotation du poignet. Nous signalerons encore, comme les innovations les plus heureuses, les recommandations du professeur sur les feintes, sur la décision et la spontanéité ; sur la manière de revenir à l'épée, lorsque le jugement est trompé ; sur la nécessité de bien fournir les coups, c'est-à-dire de se fendre à fond, en attaquant avec décision et franchise.

En outre des observations relatives à chaque partie de son livre, M. Cordelois a placé à la fin des *Leçons d'armes* des observations et des notes générales, dans lesquelles tous les cas qui peuvent se présenter dans un assaut sont prévus et trouvent leur solution.

Le livre de M. Cordelois est un adieu à une carrière qu'il a parcourue avec une modestie rare dans sa profession, et un talent bien au-dessus de sa renommée. Ses élèves regretteront toujours le professeur intelligent, le maître impartial, qui, pour eux, ne sera jamais remplacé. Qu'il reçoive ici le témoignage public de l'estime qu'inspire à tous ceux qui l'ont connu son caractère comme homme et comme citoyen, et de la reconnaissance que nous garderons toujours au professeur, dont la vie entière n'a été que le long commentaire des qualités que lui-même voudrait trouver dans tous les maîtres d'armes : « Qui devraient être, dit-il, non-seulement des maîtres de tenue, de dignité, de maintien, de politesse et de courtoisie, mais encore des modèles d'honneur. »   Fr. Favre.

(*Le Temps*), 29 mai 1862.

Tous les fervents de l'escrime et la gent irritable des hommes de lettres en particulier salueront l'apparition des leçons d'armes, par M. *Cordelois*.

Ce traité est le manuel le plus complet qu'un professeur puisse mettre entre les mains de ses élèves, le guide le plus technique à consulter pour tous. Une série de planches, gravées par Brown, professeur à l'Académie de Bruxelles, vient encore aider à l'intelligence des théories déjà si précises de ce livre spécial et si bien fait.

(*Le Monde Illustré*), 5 mai 1862.

L'un de nos plus anciens et de nos plus habiles maîtres d'armes, M. Cordelois, vient de publier un beau volume sur l'escrime, cet art difficile, et parfois souverainement utile, de défendre sa vie en menaçant celle des autres. Cet ouvrage paraît avoir pour but, surtout, d'enseigner par les yeux. Une série complète de planches gravées représente de la façon la plus nette et la plus démonstrative toutes les applications des principes de l'escrime, toutes les attaques, les feintes, les parades connues. En regard de chaque planche se trouve un texte explicatif, concis, sans phrases parasites, et propre à éclaircir tout ce que la représentation graphique pourrait offrir de douteux dans l'action ou dans le geste. Le livre de M. Cordelois paraît destiné à un véritable succès.

(*Le Moniteur de l'Armée*), 1er juin 1862.

De tous les exercices, le plus noble est sans contredit celui des armes. La souplesse du corps, la rapidité des mouvements, la justesse de la main n'y suffisent pas; il met en œuvre toutes les ressources de l'esprit : la décision, l'à-propos, la finesse pour surprendre et tromper l'adversaire ; le jugement, le sang-froid, la pénétration pour le deviner et le prévenir. Dans ce jeu terrible et savant que nos pères tenaient en si grand honneur, l'intelligence commande en souveraine : de là son incontestable supériorité.

Aussi n'est-ce pas sans une vive satisfaction que nous voyons depuis quelques années les jeunes gens s'adonner de nouveau au salutaire exercice de l'escrime, que les idées trop pacifiques du dernier règne avaient peut-être contribué à faire un peu délaisser. Il n'en est plus ainsi, et des groupes nombreux d'élèves assidus se pressent aujourd'hui autour des Robert, des Pont, des Gatechair, des Mimiague, ces jeunes et habiles professeurs de la génération actuelle.

Cette valeureuse phalange de brillants tireurs et de professeurs émérites vient de perdre un de ses doyens, M. Cordelois, qui se retire de la lice après avoir consacré à son art, comme il le dit lui-même « la plus longue partie de sa vie et la meilleure part de son intelligence ». Heureusement le fruit de ses études et de son expérience ne sera pas perdu ; en se retirant de l'escrime militante, si l'on peut dire ainsi, M. Cordelois nous laisse un livre précieux. Sous ce titre modeste mais vrai : *Leçons d'armes*, il expose avec une merveilleuse clarté la méthode au moyen de laquelle il a formé de si redoutables élèves. C'est un livre classique, où tout est sérieusement raisonné et logiquement gradué ; on y sent à chaque page l'homme pratique qui, après avoir tout étudié, a su tout résumer et tout décrire. Si heureuse, cependant, ou si juste que soit l'expression, elle ne suffit pas toujours, dans un pareil sujet ; l'auteur l'a senti et il a comblé cette lacune par de nombreuses planches, où toutes les positions du corps et de la main en garde, en attaque, en parade, en riposte, ont été admirablement rendues par l'artiste. Il avait du reste sous les yeux le plus parfait des modèles, M. Cordelois, qui a poussé le soin jusqu'à poser lui-même pour toutes les gravures qui accompagnent son texte.

En un mot, les *Leçons d'armes* sont un livre dont les amateurs d'escrime peuvent tirer le plus grand profit. Mais il ne suffit pas pour cela de les lire, il faut les exécuter le fleuret à la main. Rien n'est plus facile lorsque deux élèves se trouveront réunis, et s'ils suivent scrupuleusement les indications du maître, nous pouvons leur prédire des progrès dix fois plus rapides que s'ils se livraient entre eux à une longue série d'assauts.

E. PAUCHET.

(*L'Opinion nationale*, 11 juin 1862.)

On a publié de nombreux traités d'escrime depuis Fabri de Padore et Walhausen, qui écrivaient au seizième siècle, jusqu'à Laboissière, qui eut l'insigne bonheur de compter le fameux Saint-Georges parmi ses élèves.

L'art de l'escrime a fait des progrès; il a subi des transformations; les professeurs qui se sont voués à son enseignement ont rédigé des traités dont quelques-uns sont vraiment remarquables, et à l'aide desquels les amateurs peuvent se tenir au courant des progrès accomplis.

Le traité le meilleur et le plus complet qui ait été écrit dans ces derniers temps sur l'art de l'escrime est celui que vient de publier M. Cordelois.

Le nom seul de l'auteur nous dispenserait de tout éloge, car M. Cordelois est connu comme le meilleur et le plus logique des professeurs d'escrime. Tireur exceptionnel, il ne doit pas exclusivement ses succès aux qualités naturelles qui le distinguent : rapidité d'exécution, vigueur, précision des mouvements. Il les a dus (et c'est là sa principale valeur) à la supériorité de sa méthode, à la sûreté de son jugement, au développement logique de la théorie d'après laquelle il a formé tant de bons élèves, et dont M. Cordelois a toujours appliqué les principes dans les nombreux assauts qu'il a soutenus.

M. Cordelois a simplifié la série de parades enseignée par ses devanciers. Contrairement à la théorie de Laboissière, il recommande un usage modéré de la parade de prime. En cela nous l'approuvons fort, cette parade ayant le désavantage d'élargir le jeu, de déranger le poignet et d'écarter la pointe du corps de l'adversaire, dont elle doit se tenir toujours à portée.

Les anciens professeurs faisaient parer du dedans au dehors, soit avec la main tournée le pouce en dessous, soit avec les ongles en dessus comme dans la parade de quarte; c'est cette dernière position que certains maîtres appellent la parade de sixte. M. Cordelois supprime avec raison l'une de ces deux parades, l'ancienne tierce, qu'il était difficile d'exécuter sans que l'épée sortît de la ligne.

Le mécanisme se trouve ainsi débarrassé des mouvements qui compliquaient la parade, la riposte et l'attaque, lorsqu'on ne voulait pas garder la main en tierce pour se fendre ou pour riposter de pied ferme.

C'est surtout dans l'enseignement des parades basses que M. Cordelois a porté la lumière et l'ordre. Les maîtres distinguaient cinq parades différentes : demi-cercle, seconde, quinte, quarte basse et octave.

M. Cordelois supprime avec raison l'octave, qui ne diffère de la seconde que par la position de la main (les ongles en dessus). La main en octave n'a pas plus de vitesse que dans la position de seconde, et elle a beaucoup moins de force. Il supprime également la quinte, parade disgracieuse et dangereuse au cas où l'adversaire essaierait de remiser. Avec trois mouvements il complète une excellente série de parades faciles à exécuter et avantageuses à tous les tireurs, surtout aux hommes de haute taille, qui sont spécialement exposés à des coups portés au-dessous de la ceinture.

Nous ne voulons pas suivre M. Cordelois dans tous les développements qu'il donne ; ce que nous avons dit suffira pour faire apprécier le mérite d'une méthode qui simplifie les difficultés et s'adresse toujours à l'intelligence de l'élève. Nous avons lu avec plaisir l'ouvrage tout entier, et nous sommes certain qu'il intéressera tous les vrais amateurs de l'escrime.

Indocti discant, et ament meminisse periti.

A. LOMON.

(*Le Pays*, 4 septembre 1862.)

Les *Leçons d'armes*, tel est le titre d'un livre que vient de publier M. Cordelois. Cet ouvrage, illustré de 28 planches, est le traité le plus simple et le plus complet qu'on ait écrit sur l'escrime, depuis le seizième siècle. Il ne peut guère ajouter à la réputation de l'auteur, qui a toujours passé, à juste titre, pour un de nos plus habiles professeurs et un de nos tireurs les moins contestés ; mais il permettra à ses nombreux élèves, à tous les appréciateurs de sa méthode, d'assister encore à ses brillantes leçons, aujourd'hui que le maître semble avoir renoncé au professorat, et cette lecture d'un haut enseignement pour les débutants, sera du plus vif intérêt pour tous les vrais amateurs de l'escrime.

(*La France*, vendredi 24 octobre 1862.)

Jeudi dernier, 16 octobre, a eu lieu dans la salle d'armes de M. Girard, un des plus brillants assauts dont notre ville ait été depuis longtemps le théâtre. Deux amateurs des plus distingués, MM. E.... et R..., élèves de Cordelois, ont fait preuve d'une habileté qui leur a valu les suffrages d'une société nombreuse et essentiellement compétente.

Parmi les assistants se trouvait un homme qui a laissé à Bordeaux les souvenirs les plus honorables et qui a acquis à Paris une grande et légitime renommée : nous voulons parler de notre vieil ami M. Cordelois.

(*Le Progrès*, 23 octobre 1862.)

Auriez-vous jamais supposé que l'on pût transporter une salle d'armes dans un volume?

Je parierais volontiers que ma question vous fait sourire, et, pourtant, ce tour de force a été opéré, cette année même, par le professeur Cordelois, qui se trouve être, par parenthèse, un écrivain aux mains duquel la plume est tout aussi à son aise que le fleuret.

Jamais, en effet, matière aussi aride que la démonstration complète *de la garde, de l'extension, de la fente, du développement, de la marche, de la retraite, des engagements, des coups simples et de deux et trois mouvements, des parades, des ripostes, du salut et du mur, de l'assaut et du duel, etc., etc.*, n'avait été traité, jusqu'à présent, avec autant de clarté et d'élégance à la fois. Il semble vraiment, en lisant Cordelois, que son livre d'une main et le fleuret dans l'autre, on pourrait aisément pénétrer dans les arcanes sans nombre de cet art compliqué auquel on a donné le nom d'escrime.

Les *Leçons d'armes*, ne sont pas seulement indispensables à tous ceux qui ont le goût de ce jeu si brillant dans lequel se révèlent nécessairement les qualités physiques et morales du tireur; elles sont écrites — cela se sent — par un professeur qui possède une habileté assez rare pour les rendre pleines d'attrait, et par un assez grand cœur pour vous inspirer, pour vous *imposer* même les sentiments et les délicatesses de l'homme bien élevé qui doit toujours témoigner de la déférence pour la dignité d'autrui et savoir, au besoin, faire respecter la sienne propre.

Nous ne pouvons pas, on le comprend, suivre pas à pas le savant démonstrateur dans toutes ses leçons et nous arrêter à chacune des vingt-huit planches et des quarante-deux figures que renferme son livre: Cordelois prend l'élève à la première position et le conduit, avec la plus grande patience, la plus parfaite lucidité, jusqu'aux dernières péripéties d'un assaut.

Nous ne résistons pas au désir de reproduire, à propos de ce livre, une partie de ce que M. E. Baillet publiait, le 1er octobre 1851, dans le journal l'*Avénement*:

« Nous ne pouvons parler de l'escrime, cet art si ancien, et qui a fait tant de progrès depuis Saint-Georges, sans prononcer le nom de Cordelois, de celui qui a su le porter à son plus haut degré de perfection.

« Lafaugère fit école; il le dut bien moins à son talent incontestable qu'à l'élévation de son jeu. Lafaugère portait tous ses coups dans le haut du corps de son adversaire. Il étonna d'abord, mais les tireurs expérimentés comprirent bientôt qu'il fallait combattre ce système vicieux, et, comme les extrêmes appellent les extrêmes, on tomba dans l'excès contraire, et l'on vit paraître une espèce d'escrime *terre à terre*.

Cordelois sut épurer ces deux systèmes. Il rejeta ce que chacun d'eux avait d'exagéré, et détermina, on peut le dire, les véritables règles de l'art. Nous allons essayer de donner en quelques mots une idée de ce remarquable professeur.

« Après avoir passé plusieurs années au service, Cordelois commença en 1817 ses débuts dans l'escrime. Sa force était alors celle de la plupart des anciens militaires. C'est de 1817 à 1822 qu'il se forma, aidé par son seul jugement et par tous les avantages physiques et intellectuels qu'il possède à un degré éminent. N'ayant aucun mauvais principe à détruire en lui, il parvint, à force de travail et d'étude, à atteindre la *vérité*, qui, en toutes choses, n'est accessible qu'au génie : or, nous affirmons qu'en cela Cordelois a prouvé le sien.

« .... Pendant une période de vingt-cinq ans, il donna des assauts dans les principales villes de France, et notamment à Paris, où il s'est fixé depuis 1848 et où il a obtenu des succès remarquables sur les premiers tireurs...

« On peut le dire pour peindre Cordelois en quelques mots, jusqu'à lui l'escrime n'avait été qu'un art, il en a fait une science. »

Nous ne sachons point qu'on en ait jamais écrit davantage sur les Grisier et autres professeurs — jouissant, du reste, d'une légitime réputation — et nous pouvons affirmer à nos lecteurs amateurs que si les lignes qui précèdent leur font connaître Cordelois, son livre — qui laisse fort loin derrière lui les *traités* qui ont été faits déjà sur la matière — et qu'il leur est facile d'avoir entre les mains, leur donnera la possibilité d'acquérir au moins une partie de son étonnante habileté.

E. D.

(*Le Courrier du Nord*, 17 octobre 1862.)

M. Cordelois, dont le nom fait autorité en matière d'escrime, vient de publier un magnifique volume illustré de 28 planches et de 42 figures, dans lequel il pose les principes qui ont servi de base à ses habiles leçons. Tous ceux qui fréquentent les salles d'armes, tous ceux qui pratiquent un art dont l'utilité ne saurait être contestée et dont les difficultés sont des plus nombreuses, voudront lire le traité de M. Cordelois. Ils y trouveront avec une grande sobriété d'expressions une clarté et une simplicité qui décèlent l'homme essentiellement pratique, visant surtout au résultat et ne cherchant pas à entourer ses préceptes d'une vaine phraséologie.

(*Le Progrès de Bordeaux*, 6 novembre 1862.)

A propos d'un livre publié récemment par M. Cordelois, *Leçons d'armes*, presque tous nos journaux ont consacré quelques lignes à cet art charmant, que nos pères ont beaucoup aimé et beaucoup pratiqué, parce qu'il convenait admirablement à leur nature chevaleresque et élégante, et que nous sommes en train de laisser perdre, en perdant tant d'autres choses, l'escrime, qui peut être presque mise au rang des gloires secondaires de la France ; elle a été une de nos spécialités. Les Anglais avaient le pistolet, les Allemands le sabre, les Espagnols le couteau... ; mais l'épée était une arme véritablement française, une arme nationale, que nul peuple ne connaissait et ne maniait comme nous.

Pendant trois ou quatre cents ans, l'escrime fit partie, et partie nécessaire, de l'éducation d'un gentilhomme, et elle contribua beaucoup, assurément, au développement de cet esprit militaire qui faisait de notre noblesse la première gendarmerie du monde. Si elle donna naissance à de tristes abus, et causa bien des malheurs, il faut en accuser autant un des travers de notre caractère, qui est en quelque sorte l'exagération de la bravoure, que la pratique de l'art en elle-même.

Considérée au point de vue de l'hygiène seulement, l'escrime est d'une incontestable utilité. Elle donne au corps la souplesse, la force et la santé ; et dans ce temps où la prédominance nerveuse, de plus en plus excessive, attaque au cœur même notre génération, pour employer l'expression de M. Michelet, et menace de faire de nous une nation de femmelettes, on ne saurait trop employer cet exercice vraiment viril, pour lutter contre les prédispositions générales et redresser les organisations.

Comme toute chose en notre siècle, l'escrime a été touchée par le vent de la Révolution, et le romantisme, qui n'a guère été que la forme littéraire de la révolte immense qui secoue de plus en plus le monde, le romantisme, dis-je, a fait aussi invasion dans l'escrime sous le coup du dévergondage poétique et artistique qui, vers 1830, tournait toutes les imaginations; on vit surgir, dans les vieilles académies d'armes, les théories et les tireurs les plus invraisemblables. De classique, de correcte, de noble et digne qu'elle était, l'escrime devint romantique, c'est-à-dire fantaisiste, folle, échevelée ; aujourd'hui encore, l'ombre de Saint-Georges, l'ombre de la chevalière d'Eon frémiraient d'indignation, j'en suis bien sûr, si elles pouvaient voir les écarts et les hardiesses que se permettent les tireurs sortis du romantisme. Les rénovateurs sont-ils inférieurs à leurs prédécesseurs, et pour s'abandonner sans règle à toutes leurs inspirations, en sont-ils moins redoutables? je n'ose point le dire ; mais comme la correction, l'élégance et la tenue, ne peuvent pas être des choses indifférentes dans l'exercice d'un art qui a précisément pour prétention et pour résultat de donner au corps la noblesse, la correction et la tenue, je crois que le tireur complet et vraiment redoutable sera celui qui, à la vitesse, à la fougue et aux allures un peu déconcertantes de la nouvelle école, joindra la régularité, la noblesse et la solidité de l'école classique.

Plusieurs tireurs, maîtres ou amateurs, ont réuni à différents degrés ces qualités diverses, et cette union a fait leur supériorité. Au premier rang de ces tireurs privilégiés il faut mettre l'homme dont le livre est l'occasion de cet article : Cordelois, Bertrand, Bonnet, voilà à coup sûr les trois maîtres qui ont le mieux prouvé à nos générations que le meilleur moyen d'arriver en escrime, comme en toutes autres choses, à des résultats de premier ordre, était de respecter les vieilles traditions tout en les adaptant à ce que les exigences et les progrès des temps pouvaient leur demander. M. Cordelois vient de résumer ses théories et ses leçons dans un livre qui obtient un succès mérité. Avant de se retirer tout à fait sous la tente et de céder la place à un des maîtres de notre temps les plus dignes de le remplacer, M. Peleng, il a voulu livrer aux amateurs tous les secrets de sa longue expérience. Je doute que cette tentative puisse faire naître, parmi nos jeunes hommes, le goût d'un art que les habitudes de plus en plus molles et les préoccupations de moins en moins chevaleresques de nos générations semble avoir condamné sans retour ; quoi qu'il en soit, en renfermant et précisant dans des formules nettes un art et un enseignement qui, jusqu'à ce jour, n'avaient eu que des formes incomplètes, M. Cordelois aura fait une œuvre nécessaire et attendue depuis longtemps ; et il aura bien mérité d'un art et des amateurs d'un art dont il restera, à coup sûr, comme une des plus fortes individualités et un des plus brillants représentants.

Dubosc de Pesquidoux.

(*L'Union*, 19 février 1863.)

L'auteur de ce livre est connu de tous ceux qui se sont occupés d'escrime ; il passe à juste titre pour l'un des plus habiles professeurs que nous ayons eus, et le traité qu'il laisse en quittant une carrière que nul n'a parcourue plus brillamment que lui, sera pour les professeurs et les amateurs la leçon la plus simple, la plus claire et la plus instructive qu'on puisse consulter dans les académies et dans les salles d'armes particulières. On peut dire que Cordelois a eu le génie de l'escrime : nous ne parlons point seulement de son admirable exécution et des dons naturels qui le prédisposaient à être un tireur hors ligne, presque sans rival ; nous parlons surtout de son intelligence, de l'étonnante lucidité d'esprit qui l'ont distingué parmi les meilleurs maîtres et qui, dans la leçon aussi bien que dans l'assaut, lui assuraient une incontestable supériorité.

La *Leçon d'armes*, que Cordelois vient de publier et dans laquelle il résume les découvertes que son expérience lui a fait acquérir dans son art, nous paraît la théorie la plus juste, la plus simple et la plus lucide qu'on puisse écrire sur la matière.

Le professeur s'exprime avec une admirable précision, et son livre nous paraît supérieur à tout ce qui a été dit avant lui sur l'escrime ; pour s'en convaincre il suffit de le comparer, comme nous l'avons fait, avec les traités anciens et modernes.

Le chapitre de la Leçon, divisé en trois parties : les observations et les notes de l'auteur, la démonstration des divers coups, les oppositions dans les feintes, qui n'avaient jamais été décrites avant Cordelois, et notamment le principe de se créer le jour au lieu de le chercher des yeux, a une très-grande portée et une valeur incontestable. Le livre sera donc lu avec un vif intérêt et avec profit par tous les amateurs du noble exercice de l'escrime. Il est destiné à rectifier beaucoup d'idées fausses, à donner aux élèves une excellente direction, à faire réfléchir les maîtres et à rester, en somme, comme le meilleur guide à consulter et la meilleure théorie à pratiquer.

A. Rigault.

(*Le Salut Public*, journal de Lyon, 26 juin 1863.)

Les maîtres en fait d'armes et les forts amateurs ne se battent pas en duel, non-seulement parce que la conscience de leur supériorité les rend presque toujours doux et bienveillants, mais aussi parce que l'usage ne le leur permet que dans des circonstances très-exceptionnelles. Si donc le noble et salutaire exercice des armes était plus généralisé, s'il faisait partie de notre instruction physique, il y aurait beaucoup de chances pour que la barbare coutume des duels disparût bientôt de nos mœurs.

A ce point de vue, il serait nécessaire que tous les jeunes gens fussent de bonne heure familiarisés avec l'épée; la société y gagnerait sous plusieurs rapports. Moins de duels, plus de vigueur, plus de santé, une jeunesse robuste. L'escrime est la gymnastique par excellence. Nul exercice ne donne au corps plus de souplesse et de grâce; au coup d'œil, plus de sûreté; à l'esprit, plus de vivacité et d'à-propos. L'épée à la main, c'est la prestesse des mouvements, la rapidité des décisions. Chose étrange! ce fer, dès que vous apprenez à le manier, à en faire à la fois une arme offensive et défensive, ce fer adoucit toutes les relations. Il semble qu'il devrait surexciter les caractères aigres ou violents; il les adoucit et les calme au contraire.

Que de fois nous avons vu cela dans la salle du maître célèbre auquel nous devons un livre excellent qui fera autorité en ces délicates matières! Dès qu'on avait franchi le seuil de cette vaste pièce où les fers se croisaient bruyamment, on était comme entouré d'une atmosphère de bienveillance. Il en est de même chez tous nos maîtres. Leur affabilité y est pour quelque chose, mais le maniement du fleuret ou de l'épée y est pour plus encore.

Tout homme familiarisé avec les armes gagnera beaucoup à lire ces préceptes simples, ces indications sûres, ces principes excellents que Cordelois a si longtemps pratiqués parmi nous, et qu'avant de quitter le professorat il a voulu résumer pour l'enseignement de tous. C'est véritablement la théorie de l'école française, bien supérieure à toutes les écoles, et notamment à cette école italienne à laquelle nous avons beaucoup trop emprunté.

Nous ne saurions analyser ici ce savant traité, écrit par un maître éminent. Les expressions techniques effaroucheraient ceux qui les ignorent et n'apprendraient rien à ceux qui les connaissent. Nous le recommandons à tous ceux qui de près ou de loin s'intéressent à ce bel et utile exercice des armes, que tous les pères de famille devraient enseigner ou faire enseigner à leurs fils.

(*Le Siècle*, 18 *octobre* 1863.)

Ce n'est pas par une vaine prétention que nous venons parler de ce livre, mais par un sentiment de reconnaissance et d'affection pour l'auteur. L'escrime est un art dont nous avons à peine appris à déchiffrer les principes rudimentaires. Mais quiconque a tenu quelquefois un fleuret et surtout une épée, doit reconnaître à quel point la connaissance de la pratique et de la théorie de l'escrime importe à tous les hommes, au point de vue de l'hygiène, de la santé, du développement de la force musculaire et aussi au point de vue moral de la défense de sa dignité et de son honneur.

Il s'en faut de beaucoup que l'escrime et le duel soient en quelque sorte corrélatifs, de telle sorte que l'une engendre l'autre presque fatalement. C'est bien plutôt le contraire qui serait vrai, et nous posons en fait que sur cent duels il y en a bien au moins quatre-vingts ou quatre-vingt-dix dans lesquels l'un des deux adversaires, et souvent tous deux, n'ont qu'une connaissance très-superficielle de l'escrime.

Ce n'est pas ici la place de disserter sur la légitimité ou sur la criminalité du duel, en distinguant même le duel passé à l'état de théorie haïssable et odieuse du duel accidentel qui met dans les relations du monde un peu de cette retenue, de ce savoir-vivre qui ne sont pas, en général, les signes bien distinctifs des mœurs actuelles.

Que le duel soit un mal, qu'il soit un crime ou un délit, ou, au contraire, qu'il ait sa raison d'être, c'est une question de droit et de philosophie. Mais ce qu'il y a de certain, c'est que le duel est trop souvent un fait et qu'il faut bien l'admettre au moins comme tel et en tenir compte.

Or, de tous les modes de duel, le moins dangereux, le plus honorable pour les adversaires, le plus loyal, le plus égal, c'est assurément le duel à l'épée. Dans le duel au pistolet, le ridicule n'épargne pas toujours deux adversaires qui, après avoir échangé un coup de feu, suivant l'expression consacrée, s'en reviennent bien portants. D'un autre côté, un peu plus ou un peu moins de poudre dans la charge du pistolet, une balle plus ou moins forcée, une situation plus ou moins avantageuse, peuvent rendre les chances inégales. Celui qui tire le premier peut blesser son adversaire sans courir le risque d'une blessure; celui qui tire le second vise un ennemi désarmé. Beaucoup d'autres circonstances encore peuvent rendre le duel au pistolet sujet aux méfiances et aux commentaires malveillants lorsqu'il se termine par un événement sérieux.

Dans le duel à l'épée, au contraire, tout est franc, tout est net. Le courage, le sang-froid peuvent suppléer jusqu'à un certain point à l'adresse. Ceci nous ramène à l'escrime dont M. Cordelois, en professeur émérite, a tracé les principes et posé les règles avec l'autorité d'une grande expérience. Il manquait à l'escrime une théorie claire, précise, qui pût guider les professeurs dans leur enseignement et encourager les élèves dans le respect des principes sûrs et des traditions éprouvées.

M. Cordelois a comblé cette lacune en prenant l'escrime à son point de départ et en décrivant, avec une rigoureuse exactitude, tous les exercices d'attaque et de défense qu'elle comporte. Le savant professeur commence dans son livre, comme il le faisait hier encore à la salle de la rue Laffitte, par enseigner à ses élèves, nous voulons dire à ses lecteurs, la manière de tenir un fleuret. Il leur inculque ensuite les principes si essentiels d'une bonne garde; il leur apprend à se fendre, à se relever, à marcher et à rompre. Puis viennent les engagements, en quarte ou en tierce, les coups droits, les dégagements, les coupés, le liement du fer, les feintes, le battement, le froissement, la pression; ensuite arrivent les parades, les contres, les ripostes. Le professeur conduit ainsi son élève aux coups composés de deux et de trois mouvements, espèce de phrases toutes faites dans le langage de l'escrime, dont un tireur habile saura plus tard varier les combinaisons et les formules, suivant les aptitudes particulières.

Tel est le livre de M. Cordelois, qui élève l'escrime à la hauteur d'une science. Des planches parfaitement dessinées et gravées par M. Brown, professeur à l'académie des beaux-arts de Bruxelles, ajoutent à la clarté du texte et donnent aux démonstrations du professeur une merveilleuse limpidité. Nous ne doutons pas que l'œuvre didactique de M. Cordelois ne soit bientôt dans les mains de tous les professeurs, auxquels il servira de manuel, et dans celles des élèves, dont il hâtera les progrès en les persuadant de l'excellence des principes dont ils pourraient, au début, ne pas comprendre toute l'impérieuse nécessité. Quant aux amateurs d'escrime, aux tireurs émérites, ils placeront dans leur bibliothèque le livre de M. Cordelois, pour le consulter au besoin dans les cas douteux, pour s'en inspirer à la veille d'un assaut brillant ou d'une affaire sérieuse, et en tout état de cause, pour témoigner de leur sympathie et de leur estime envers un homme, un professeur également recommandable par son caractère et par son talent.

Gustave NAQUET.

(*La Petite Presse*, 28 mai 1864.)

Un des hommes les plus expérimentés et les plus compétents dans l'art de l'escrime, M. Cordelois, a publié récemment, sous le titre de : *Leçons d'armes,* un ouvrage rempli de science et d'intérêt. C'est une méthode facile, intelligible, attrayante, qui permet à chaque élève d'être son propre répétiteur, à chaque tireur d'être son propre adversaire, en ce qu'elle donne, avec une clarté merveilleuse, l'explication de tous les termes parfois assez amphibologiques que l'on emploie dans les armes, et qu'elle en démontre l'exécution avec une précision mathématique.

L'épée est l'arme la plus ancienne que l'on connaisse ; elle fut constamment en honneur chez tous les peuples valeureux. En Grèce, l'*art des armes* occupait le premier rang dans la gymnastique, et c'est à ce point de vue, plus qu'inoffensif, que nous voulons l'apprécier aujourd'hui. Existe-t-il, en effet, un exercice plus noble et plus convenable à l'éducation de l'homme ? En est-il de plus complet ? Dans l'escrime, tous les muscles, tous les ressorts du corps humain sont en jeu ; les jambes et les bras acquièrent une vigueur et une souplesse extrêmes, les reins une admirable élasticité, les épaules se fortifient, s'effacent, la poitrine s'élargit, les poumons se dilatent, la tête est fièrement portée, la démarche libre et dégagée.

L'escrime fait agir continuellement le cerveau ; l'attention doit être toujours tendue, le coup d'œil vif, la pensée prompte, la décision rapide, l'exécution instantanée, franche et hardie, et, s'il faut à l'audace joindre la prudence, la circonspection, le jugement, vous avouerez, lecteurs, qu'une leçon d'armes vaut bien une leçon de philosophie.

Le livre que j'ai cité en tête de cet article est le fruit de cinquante années d'études, de pratique, d'observations et d'expérience.

L'auteur, M. Cordelois, par l'âge, est aujourd'hui un vieillard; mais, par la vigueur, la souplesse, la vivacité, l'intelligence, c'est encore un jeune et brillant athlète. Nous l'avons vu, il y a trois ans à peine, dans la salle qu'il dirigeait alors rue Laffitte, faisant assaut avec un entrain, une énergie, une supériorité sans rivales. Il n'existait pas, du reste, d'homme mieux doué pour le noble exercice des armes; vif, souple, mince, élancé, des muscles d'acier, un jarret de fer, une agilité de panthère, l'œil électrique, il avait toutes les qualités qui font le tireur d'élite; et comme jugement, calcul, précision, nul ne le surpassait.

Dans l'assaut, pendant que son adversaire s'épuisait en fausses attaques ou en feintes inutiles, lui, calme, réservé, souriant, cherchait le faible, surprenait un passage invisible, et tout à coup, d'un bond d'une portée folle, avec la foudroyante rapidité de l'éclair, il frappait l'homme en plein corps et restait là le jarret tendu, le bouton incrusté dans la poitrine de son adversaire, superbe de développement et d'attitude.

Comme professeur, M. Cordelois se faisait remarquer par une patience et une courtoisie parfaites; d'une clarté unique dans l'exposition des coups, il savait rendre sa leçon accessible aux organisations les plus rebelles. Il a formé, dans ces dix dernières années, toute une pléiade d'amateurs de première force, parmi lesquels je citerai MM. Girard, Waill, Dupuch, Christine, Lauge, de Bellegarde, Burton, de Espelleta, etc., etc.

Quelles que soient les qualités physiques et intellectuelles que possède ce maître vénéré auquel je suis heureux d'offrir ici mon tribut d'admiration et de reconnaissance, il n'a pu obtenir d'aussi grands résultats dans l'enseignement que par une méthode nouvelle plus vraie et plus juste que celles qu'on avait employées jusqu'à ce jour, méthode qui lui appartient exclusivement, et dont les principes sont décrits dans son livre avec une clarté et une simplicité saisissantes : aussi recommandons-nous à tous les professeurs et amateurs ce bel et savant ouvrage où, partant des principes les plus élémentaires, l'auteur arrive à résoudre d'une façon lumineuse les plus grands problèmes de l'escrime.

Un de mes confrères a écrit dans le *Figaro* que deux hommes intelligents, le livre de Cordelois d'une main et le fleuret de l'autre, pourraient parvenir à se donner réciproquement des leçons, et devenir, sans autre concours, d'excellents professeurs. Après la lecture de ce livre et l'examen des magnifiques gravures descriptives qu'il renferme, tout lecteur sera de son avis.

Eugène Paz.

(*Le Petit Journal*, 17 novembre 1864.)

Je vous faisais part dans ma dernière lettre du passage d'Adelson Weill dans le camp des baissiers; il abandonne la rente juste au moment où elle monte. A sa place nous avons fait une brillante recrue, celle de mon ami Philippe, qui a eu sa vision de Damas et qui de persécuteur des haussiers s'est fait leur apôtre et leur champion.

Il faut voir Philippe avec sa haute taille, ses longs bras et sa voix stridente, défendant le cours de la rente dans les groupes. Quelle ardeur! Alpaga ose à peine lui tenir tête.

Un élève de Cordelois.

— Ton Alpaga, me disait-il encore hier, me donne sur les nerfs; il faudra absolument que j'aie une affaire avec lui et que je lui passe ma Durandal à travers le corps.

— Tu tires donc l'épée ?

— Je suis un des forts élèves de Cordelois.

— Fichtre !

— Et non-seulement, a-t-il ajouté, je me souviens de ses préceptes, mais encore je ne passe pas un jour sans relire et méditer son excellent livre : *Leçons d'armes*. Texte net et précis, gravures parfaites qui ajoutent à la clarté du texte, maximes et conseils précieux sur le duel et sur l'assaut ; avec ce livre seul on deviendrait un tireur de premier ordre ; c'est le véritable bréviaire de l'escrime, et je t'en recommande la lecture, si tu as jamais à pourfendre un baissier.

— C'est peu probable, lui dis-je. Il faut souhaiter la conversion et non la mort du pécheur. Aussi vais-je charitablement prévenir ce sarrasin d'Alpaga du sort que lui réserve ta Durandal.

Choses et autres.

Laissons mon ami Philippe transperçant Alpaga d'un superbe dégagement qu'il dessine avec sa canne, et revenons à la Bourse.

ZABAN.

(*Le Charivari*, 5 décembre 1864.)

A propos de ce bel art de l'escrime, il y a sur ma table, depuis quelques jours, un livre spécial qui mérite bien qu'on le mentionne—et je ne manquerai pas de le faire, bien que l'élément bibliographique figure au nombre des cent éléments qui me sont interdits. Une fois n'est pas coutume.

Ce livre est intitulé simplement, ainsi qu'il sied à un ouvrage qui traite une matière mâle et sévère : *Leçons d'armes*, par Cordelois. Rien de plus ! L'épée n'admet ni les grands mouvements ni les grandes phrases.

C'est le résumé de la science profonde du vieux maître Cordelois ; c'est l'œuvre de sa verte vieillesse, et il y a condensé toute l'expérience de sa longue carrière. Cela est très-beau comme exécution, très-complet comme théorie et très-clair comme application. Illustré avec talent par un professeur de l'Académie des beaux-arts de Bruxelles, ce volume artistique et utile a sa place marquée dans la bibliothèque de tous ceux qu'enfièvre et réjouit le bruit sec et nerveux de l'acier sur l'acier.

312   LEÇONS D'ARMES.

Je ne sais si quelqu'un donnera à ceci le vilain nom malveillant et banal de *réclame*. Ce serait une iniquité, ce n'est qu'un peu de justice rendue à beaucoup d'art et de talent consacrés par de longues années de gloire incontestée. Cordelois est vieux maintenant ; il n'exerce plus ; il a été le maître de la plupart des maîtres d'aujourd'hui, et c'est bien le moins qu'on parle avec un peu de respect et d'admiration de son excellent livre, qui est le couronnement et l'œuvre de sa vie.

Georges MAILLARD.

(*Le Figaro*, 13 juillet 1867.)

Nous venons de parcourir un ouvrage dont il a déjà été rendu compte dans ce journal par un de nos collaborateurs, certes, plus autorisé que nous en pareille matière, M. Eugène Paz. Cet ouvrage a pour titre : *Leçons d'armes*, par M. Cordelois.

Tous les vrais amateurs d'escrime connaissent, au moins de nom, M. Cordelois, et la plupart le considèrent comme le premier des démonstrateurs.

Son livre, le plus complet et le plus sérieux qu'on ait à coup sûr publié sur l'art de l'escrime, nous paraît aussi utile à ceux qui se livrent à l'enseignement qu'aux amateurs qui veulent acquérir une force réelle et supérieure. Toutes les positions, tous les coups, toutes les attaques, toutes les feintes, toutes les parades, toutes les ripostes s'y trouvent indiqués, commentés, expliqués avec une justesse et une clarté saisissantes. En étudiant les *Leçons d'armes*, on apprend à raisonner ses mouvements, à rechercher pour les déjouer les projets de son adversaire, à combiner ses coups avec intelligence, en un mot, à ne rien livrer au hasard.

L'ouvrage si consciencieux et si substantiel de M. Cordelois est digne de prendre place dans les meilleures bibliothèques ; le texte en est imprimé d'une façon magnifique, et les planches qui l'accompagnent ont été exécutées et tirées avec un soin remarquable.

M. Cordelois a pris aujourd'hui sa retraite, retraite laborieusement gagnée, car sa méthode est le fruit de cinquante années d'expérience.

Nous parlions tout à l'heure de M. Eugène Paz : nulle part, à notre avis, les excellents principes de M. Cordelois ne sont mis plus parfaitement en pratique que dans la salle d'armes du Grand Gymnase, dirigée par notre collaborateur. —Et cela n'a rien d'étonnant : le premier maître de cette salle est un ancien prévôt de M. Cordelois, et M. Paz lui-même était un de ses meilleurs élèves.

Marc CONSTANTIN.

(*Le Petit Journal*, 23 septembre 1867.)

En analysant l'ouvrage que vient de faire rééditer M. Cordelois, je reste en dehors de la critique littéraire.

L'habile professeur d'escrime a résumé ses leçons dans un volume que je viens de parcourir : il n'avait rien à demander aux élégances de style ; les fleurs de rhétorique auraient fait mauvais ménage avec le *coup droit* et le *contre de quarte*. M. Cordelois s'est appliqué surtout à être clair. Son livre n'intéresse, bien entendu, qu'une classe déterminée de lecteurs : les habitués de salles d'armes, les amateurs d'assauts le liront avec fruit et en retiendront de précieux enseignements.

Les *Leçons d'armes* m'ont séduit, en ce qu'elles renferment l'art de l'escrime dans un petit nombre de règles et qu'elles le dégagent de toute complication superflue. La simplicité est la condition essentielle d'un art, quel qu'il soit.

« Le but de cet ouvrage, dit M. Cordelois dans sa préface, est de considérer l'escrime en elle-même, d'en donner les règles avec plus de justesse et de clarté qu'on ne l'a fait jusqu'à présent, et de créer une *méthode* qui puisse être aussi utile à ceux qui se livrent à l'enseignement qu'aux amateurs qui désirent atteindre une force réelle et remarquable. »

Et plus loin :

« L'escrime est un art véritable, et nous tâcherons ici de le dégager de toutes les superfluités dont le temps et des maîtres incapables ont encombré son enseignement et de le ramener à sa simplicité primitive, en tenant compte de tous les progrès accomplis. »

Les amateurs d'escrime deviennent tous les jours plus nombreux. Quelques-uns se réunissent pour reprendre à tour de rôle la leçon du professeur. A ceux-là surtout l'ouvrage de M. Cordelois est indispensable, car il est le résumé le plus pratique et en même temps le plus complet qui ait été écrit sur l'escrime. De nombreuses planches indiquant les différentes positions du professeur et de l'élève complètent le texte et le mettent à l'abri de toute équivoque.

L. L.

(*Le Philosophe*, 8 novembre 1867.)

Tout le monde connaît le nom de M. Cordelois, un de nos maîtres d'armes les plus distingués et les plus autorisés.

Les principes sur lesquels il a basé son enseignement sont devenus classiques, et c'est sa méthode qui a été adoptée au Grand Gymnase pour les leçons d'escrime. M. Cordelois, après avoir consacré à ses nombreux élèves une longue et honorable carrière, a pris aujourd'hui sa retraite, mais il a réuni et fixé les résultats de sa grande expérience dans un volume remarquable intitulé *Leçons d'armes*.

M. Cordelois a été notre maître, il est demeuré notre ami, et à ce titre, il a bien voulu nous autoriser à reproduire dans ce journal ses leçons si claires, si simples et si méthodiques.

C'est une bonne fortune que nous nous empressons de mettre à profit dans l'intérêt de nos lecteurs.

E. Paz.

(*Le Moniteur de la Gymnastique*, 15 janvier 1869.)

Je termine cet ouvrage par une citation du *Bourgeois gentilhomme* de notre grand Molière.

« L'art de l'escrime, dit-il, consiste à donner et à ne pas recevoir. Voilà
« le résultat de la science définie en peu de mots. Seulement les tireurs
« d'armes doivent, selon moi, chercher autant que possible à mettre dans
« le jeu de l'escrime, de la grâce, de la dignité. Je ne dirai pas qu'ils
« doivent mettre de la justesse et de la vitesse dans les mouvements : tout
« le monde doit savoir qu'on n'arrive jamais à une grande force sans pos-
« séder ces dernières qualités. »

Cher Lecteur, recevez les saluts et les respectueux hommages de celui qui croit avoir fait une œuvre utile.

CORDELOIS.

TABLE DES MATIÈRES.

	Pages.
Préface.	1
Chap. Ier. — Préliminaires	17
Manière de tenir l'épée ou le fleuret	17
Position pour passer à celle de la garde	19
De la position de la garde, extension du bras	21
De la fente ou développement, étant placé dans la position de la garde	23
Se relever, ou se mettre en garde après le développement	23
De la marche	24
Rompre (retraite)	24
Des engagements	24
Changement d'engagement	24
Chap. II. — Coups simples	25
Le coup droit dans le haut du dedans (quarte)	25
Coup droit dans le bas du dedans	27
Coup droit dans le haut du dehors (tierce)	28
Coup droit dans le bas du dehors	28
Observations sur le coup droit dans le bas du dehors	28
Observations pour favoriser les dégagements ou les feintes	28
Du dégagement sur les armes (tierce)	31
Dégagement dans les armes (quarte)	31
Définition du coupé	33
Coupé sur les armes	33
Coupé dans le haut de la ligne du dedans (quarte)	35

316   TABLE DES MATIÈRES.

                                                                                                      Pages.

Liement dans le bas de la ligne du dehors (les épées engagées en quarte)   37
Liement dans le haut de la ligne du dehors (tierce)................   37

Chap. III.—Observation sur les parades........................   40

Définition des parades et de leur valeur........................   40
Parades de quarte..   41
Parade du contre de tierce......................................   43
Observations sur la manière de parer...........................   43
Parade du demi-cercle..   45
Parade de quarte basse...   47
Parade de prime, de tierce, et de contre de quarte..............   49
Parade de tierce..   52
Parade de contre de quarte, sur le coup droit tiré sur les armes par l'adversaire..   52
Parade de seconde..   53
Parade contre le dégagement tiré dans la ligne de quarte (ligne du dedans)..   53
Parade de prime sur le dégagement dans les armes..............   54
Parades à employer contre le dégagement sur les armes (tierce).....   55
Parade de tierce..   55
Parades contre le coupé sur les armes..........................   55
Parade contre le coupé dans les armes..........................   55
Parade de quarte haute...   56
Parade contre le liement dans le bas de la ligne du dehors........   56
Parade en cédant...   57
Parade contre le liement tiré dans le haut du dehors (tierce)......   57

Chap. IV.—Ripostes par les coups simples......................   59

Ripostes d'un mouvement qu'on exécute après les parades décrites ci-dessus..   59
Riposte de coup droit dans le haut du dedans après la parade de quarte ou du contre de quarte................................   59
Riposte dans le bas de la ligne du dedans après la parade de quarte ou du contre de quarte.......................................   60
Riposte par le dégagement après la parade de quarte ou du contre de quarte..   60
Riposte par le coupé après la parade de quarte ou du contre de quarte.   61
Riposte par le liement après la parade de quarte ou du contre de quarte..   61
Ripostes d'un mouvement que l'on peut exécuter après la parade de

Pages.

tierce ou du contre de tierce.................................... 62
Observation... 65
Démonstration d'un coup nouveau en forme de coupé, la main tournée en tierce, les épées engagées en quarte. 65
Riposte après avoir paré le demi-cercle........................ 66
Riposte par le liement après la parade du demi-cercle........... 66
Autre riposte par le dégagement................................ 67
Riposte après avoir paré quarte basse........................... 67
Riposte après la parade de prime................................ 67
Riposte par le coupé après la prime............................. 68
Riposte par le liement après la parade de prime................. 68
Autre manière de riposter par le liement après la parade de prime.. 68
Différence dans la parade de prime pour riposter par le coupé, les deux mouvements se liant ensemble............................ 69
Riposte après avoir paré la seconde............................. 69
Autre riposte après la parade de seconde........................ 69
Riposte après la parade de quarte haute......................... 69
Riposte après la parade en cédant............................... 70

Chap. V. — Des feintes.. 73
Feinte du coup droit dans le haut de la ligne du dedans (quarte).... 73
Feinte du coup droit dans le haut de la ligne du dehors (tierce)..... 75
Feinte du coup droit dans le bas du dedans (quarte).............. 76
Feinte du coup droit dans le bas du dehors (tierce).............. 76
Feinte de dégagement dans le haut de la ligne du dehors (tierce).... 76
Feinte de dégagement dans les armes (quarte)................... 77
Observation concernant les feintes............................. 78
Feinte de coupé sur les armes (tierce).......................... 78
Feinte de coupé dans les armes (quarte)........................ 79
Feinte de liement dans le bas du dehors........................ 80
Feinte de liement dans le haut du dehors (tierce)............... 80
Battement en quarte ou en tierce.............................. 81
Froissement.. 81
De la pression... 82

Chap. VI. — Coups de deux mouvements, etc................... 83
Coups de deux mouvements en attaque commençant par le battement... 83
Battement en quarte en changeant de ligne et coup droit dans le haut. 83
Observation sur le coup droit après le battement................ 84
Battement en quarte et coup droit dans le bas................... 84

	Pages.
Battement en quarte et le dégagement.........................	85
Battement en quarte et le coupé sur les armes..................	85
Battement en quarte et tromper le contre de tierce par le dégagement.	86
Battement en quarte et tromper le contre de tierce par le coupé.....	86
Battement en tierce et coup droit dans le haut du dehors...........	87
Battement en tierce et coup droit dans le bas....................	87
Battement en tierce et le dégagement dans les armes..............	88
Battement en tierce et le coupé dans les armes..................	88
Battement en tierce, tromper le contre de quarte dans le bas.......	89
Battement en tierce, tromper le contre de quarte par le dégagement.	89
Battement en tierce, tromper le contre de quarte par le coupé......	90
Observation..	90
COUPS DE DEUX MOUVEMENTS COMMENÇANT PAR LA FEINTE DU COUP DROIT....	91
Feinte du coup droit et coup droit dans le haut du dedans..........	91
Feinte du coup droit dans le haut de la ligne de quarte et coup droit dans le bas..	91
Feinte du coup droit en quarte et le dégagement sur les armes......	92
Observation..	92
Feinte du coup droit en quarte et tromper le contre de tierce par le dégagement.	92
Observation..	93
Feinte du coup droit en quarte et tromper le contre de tierce par le coupé dans les armes..	93
Feinte du coup droit dans le haut du dehors et coup droit achevé...	94
Feinte du coup droit en tierce et coup droit dans le bas............	94
Observation..	94
Feinte du coup droit en tierce et le dégagement..................	95
Feinte du coup droit en tierce, tromper le contre de quarte par le coup droit dans le bas..	96
Feinte du coup droit en tierce et tromper le contre de quarte par le dégagement sur les armes.....................................	96
Feinte du coup droit en tierce et tromper le contre de quarte par le coupé sur les armes...	96
Feinte de dégagement en quarte et coup droit dans le bas..........	97
Feinte de dégagement en quarte, et le dégagement en tierce, coup désigné en escrime sous la dénomination de : *Une-deux sur les armes*.	97
Observation..	98
Feinte de dégagement en quarte et le coupé sur les armes..........	99

TABLE DES MATIÈRES.

Pages.

Feinte du dégagement dans les armes, tromper le contre de tierce par le dégagement dans la même ligne où l'on a fait la feinte. Coup que l'on appelle et que j'appellerai doubler le dégagement.. 99

Feinte de dégagement dans les armes et tromper le contre de tierce par le coupé.. 100

Feinte de dégagement sur les armes et le dégagement dans les armes (ou *une-deux* dans les armes)............................... 100

Feinte de dégagement sur les armes et le coupé dans les armes...... 101

Feinte de dégagement sur les armes et tromper le contre de quarte par le coup droit dans le bas du dedans........................... 101

Feinte de dégagement sur les armes et tromper le contre de quarte par le dégagement, du même côté, ce que l'on appelle et ce que j'appellerai, comme je l'ai dit plus haut, *doubler le dégagement*. (Cette dénomination, quoique n'étant pas exacte, doit être conservée pour faciliter la leçon.)............................... 102

Feinte de dégagement sur les armes et tromper le contre de quarte par le coupé.. 102

Feinte de coupé dans les armes et le coup droit dans le bas......... 103

Feinte de coupé dans les armes et dégagement sur les armes........ 103

Feinte de coupé dans les armes et tromper le contre de tierce par le dégagement dans la même ligne................................ 104

Feinte de coupé sur les armes, et le dégagement dans les armes (coupé-dégagé)... 104

Feinte de coupé sur les armes et tromper le contre de quarte par le coup droit dans le bas.. 105

Feinte de coupé sur les armes et tromper le contre de quarte par le dégagement sur les armes.. 105

Observation.. 105

Feinte de liement dans le bas de la ligne du dehors, et coup droit dans le haut de la même ligne... 106

Feinte de liement en tierce et le dégagement en dedans (quarte).... 106

Feinte de liement dans le haut du dehors (tierce) et tromper le contre de quarte par le coup droit dans le bas du dedans............... 106

Même feinte de liement et tromper le contre de quarte par le dégagement sur les armes... 107

Observation des plus utiles sur la manière de faire une feinte quand on veut tromper un contre et ce qu'on doit faire quand l'adversaire ne le prend pas... 107

Des contractions... 110

	Pages.

CHAP. VII.—PARADES ET RIPOSTES SUR LES COUPS DE DEUX MOUVEMENTS.... 113

Parades que l'on doit prendre sur le battement en quarte et le coup droit dans le haut.. 113

Parades que l'on doit exécuter sur le battement en quarte et le coup droit dans le bas de la même ligne, et les ripostes que l'on peut exécuter.. 113

Parades que l'on peut prendre sur le battement en quarte et le dégagement sur les armes... 114

Parades que l'on peut prendre sur le battement en quarte et le coupé en tierce.. 114

Parades que l'on doit prendre sur le battement en quarte, tromper le contre de tierce par le dégagement.. 115

Parades que l'on peut prendre sur le battement en quarte, tromper le contre de tierce par le coupé.. 115

Parades que l'on peut prendre sur le battement en tierce et le coup droit dans le haut.. 115

Parades que l'on peut prendre sur le battement en tierce et le coup droit tiré dans le bas de la même ligne................................. 116

Parades que l'on peut prendre sur le battement en tierce et le dégagement dans les armes.. 116

Parades que l'on peut prendre sur le battement en tierce et le coupé dans les armes.. 116

Observation.. 117

Parades que l'on doit prendre sur la feinte de dégagement dans les armes et le coup droit dans le bas...................................... 117

Parades que l'on peut prendre sur une-deux dans les armes........ 117

Parades contre la feinte de dégagement sur les armes et le coupé dans les armes... 117

Observation sur la parade de tierce et demi-cercle, quand le jugement du pareur est trompé dans son appréciation............................. 118

Parades que l'on peut prendre sur le battement en tierce, tromper le contre de quarte dans le bas par l'adversaire........................... 119

Parades que l'on peut prendre sur le battement en tierce, tromper le contre de quarte par le dégagement...................................... 119

Parades que l'on peut prendre sur le battement en tierce, tromper le contre de quarte par le coupé... 119

Parades contre la feinte de dégagement sur les armes (tierce) et tromper le contre de quarte par le coup droit dans le bas du dedans.. 119

Parades contre la feinte de dégagement en tierce, et tromper le contre

de quarte par le dégagement sur les armes ou le coupé.	120
Parades contre une-deux sur les armes	120
Parades contre la feinte de dégagement dans les armes et le coupé sur les armes	120
Parades contre la feinte de dégagement dans les armes, et tromper le contre de tierce par le dégagement du même côté	121
Parades qu'il faut prendre pour parer la feinte de dégagement dans les armes, et tromper le contre de tierce par le coupé	121
Parades que l'on peut prendre pour parer la feinte de coupé sur les armes et le dégagement dans les armes, coup désigné sous le nom de *coupé-dégagé*	121
Parades contre la feinte de coupé sur les armes et tromper le contre de quarte par le coup droit dans le bas	122
Parades contre la feinte du coupé sur les armes et tromper le contre de quarte par le dégagement du même côté	122
Parades contre la feinte de coupé dans les armes et le coup droit dans le bas	122
Parades contre la feinte de coupé dans les armes et le dégagement sur les armes (coupé-dégagé)	123
Parades contre la feinte de coupé dans les armes, tromper le contre de tierce par le dégagement du même côté	123
Observation	123
Parades contre la feinte de liement dans le bas et le coup droit dans le haut du dehors	123
Parades contre la feinte de liement sur les armes et le dégagement dans les armes	124
Parades contre la feinte de liement sur les armes, tromper le contre de quarte par le coup droit dans le bas	124
Parades contre la feinte de liement sur les armes et tromper le contre de quarte par le dégagement du même côté	124
Chap. VIII. — Coups de trois mouvements	125
Feinte du coup droit dans le haut de la ligne du dedans, feinte de dégagement dans le haut du dehors, et le dégagement dans les armes.	126
Feinte du coup droit dans le haut du dedans, feinte de dégagement dans le haut du dehors, et le coupé dans les armes	127
Feinte du coup droit dans le haut du dedans, tromper le contre de tierce par la feinte du dégagement du même côté, et la parade de quarte par le dégagement sur les armes	127
Feinte du coup droit dans le haut du dedans, tromper le contre de	

Pages.

tierce par la feinte de dégagement du même côté et la parade de quarte par le coupé sur les armes............................ 128
Feinte du coup droit dans le haut du dedans, feinte de dégagement sur les armes (tierce) et tromper le contre de quarte par le coup droit dans le bas... 128
Feinte du coup droit dans le haut du dedans, feinte de dégagement sur les armes, tromper le contre de quarte par le dégagement dans le haut du dehors.. 129
Feinte du coup droit dans le haut du dedans, feinte de dégagement sur les armes, tromper le contre de quarte par le coupé dans le haut du dehors... 129
Continuation des coups composés de trois mouvements, les épées engagées en tierce.—Feinte du coup droit, feinte de dégagement et le dégagement sur les armes.................................. 130
Feinte du coup droit dans le haut du dehors, feinte de dégagement dans les armes et le coupé sur les armes...................... 130
Feinte du coup droit sur les armes et tromper le contre de quarte par la feinte de dégagement dans le haut du dehors, et le dégagement dans les armes en trompant la parade de tierce........... 131
Feinte du coup droit sur les armes, tromper le contre de quarte par la feinte de dégagement sur les armes et la parade de tierce par le coupé dans les armes.................................. 131
Feinte du coup droit sur les armes, feinte de dégagement dans les armes, et tromper le contre de tierce par le dégagement dans les armes... 132
Feinte du coup droit sur les armes, feinte de dégagement et tromper la parade du contre de tierce par le coupé dans les armes....... 132
Suite des coups composés de trois mouvements, les épées engagées en quarte commençant par la feinte de dégagement.—Feinte de dégagement sur les armes, feinte de dégagement dans les armes et le dégagement sur les armes. (En démonstration ce coup s'appelle une-deux-trois)..................................... 133
Feinte de une-deux dans les armes (c'est-à-dire feinte de dégagement dessus et feinte de dégagement dedans) et le coupé sur les armes.. 134
Observation sur le coup ci-dessus............................... 134
Feinte de une-deux dans les armes, tromper le contre de tierce par le dégagement dans les armes.................................. 135
Feinte de une-deux dans les armes et tromper le contre de tierce par le coupé dans les armes...................................... 135
Feinte de dégagement sur les armes, tromper le contre de quarte par

TABLE DES MATIÈRES.   323

Pages.

une même feinte, et la parade de tierce par le dégagement dans les armes (coup qu'on appelle en démonstration *doubler-tromper*)..... 136

Feinte de dégagement sur les armes, tromper le contre de quarte par la même feinte, et le coupé pour terminer le coup (en démonstration de leçon ce coup s'appelle *feinte de troubler sur les armes et coupé*). 137

Feinte du coupé sur les armes, feinte de dégagement dans les armes et le dégagement sur les armes. (Ce coup s'appelle en démonstration *feinte de coupé-dégagé et dégagement*.)........................ 137

Feinte de coupé-dégagé dans les armes, tromper la parade de tierce et contre de tierce par le 'dégagement dans les armes........... 137

Feinte du liement dans le bas du dehors, feinte du coup droit dans le haut de la même ligne et le dégagement dans les armes.......... 138

Feinte du liement dans le bas du dehors, feinte du coup droit dans le haut, tromper le contre de quarte dans le bas.................. 138

Feinte du liement dans le bas du dehors, feinte du coup droit dans le haut de la même ligne et tromper le contre de quarte par le dégagement... 139

Suite des coups composés de trois mouvements, commençant par la feinte de dégagement, les épées engagées en tierce. — Feinte de dégagement dans les armes, feinte de dégagement sur les armes et le dégagement dans les armes. (Ce coup s'appelle en escrime *une-deux-trois dans les armes*.)............................ 139

Feinte de dégagement dans les armes, feinte de dégagement sur les armes, et coupé dans les armes. (Ce coup s'appelle en démonstration *feinte de une-deux coupé*.)................................ 140

Feinte d'une-deux sur les armes, tromper les parades de quarte et de contre de quarte par le coup droit dans le bas.................. 140

Feinte d'une-deux sur les armes, tromper le contre de quarte par le dégagement sur les armes.................................... 141

Feintes d'une-deux sur les armes et tromper le contre de quarte par le coupé sur les armes.. 141

Feinte de dégagement dans les armes, tromper le contre de tierce par une même feinte, et la parade de quarte par le dégagement sur les armes. (Coup que l'on appelle en démonstration *doubler-tromper*.)... 142

Feinte de dégagement dans les armes, tromper le contre de tierce par une même feinte et la parade de quarte par le coupé sur les armes. (Ce qu'on appelle en démonstration *feinte de doubler le dégagement, coupé*.)... 142

Feinte du coupé dans les armes, feinte de dégagement sur les armes et dégagement dans les armes. (Ce coup s'appelle en démonstration *feinte du coupé-dégagé et dégagement.*)........................ 143

Feinte du coupé dans les armes, feinte de dégagement sur les armes (*coupé-dégagé*), tromper les parades de quarte et de contre de quarte par le coup droit dans le bas du dedans...................... 143

Feinte du coupé dans les armes, feinte de dégagement sur les armes (*coupé-dégagé*), tromper la parade de quarte et du contre de quarte par le dégagement sur les armes............................ 144

CHAP. IX.—PARADES CONTRE LES COUPS DE TROIS MOUVEMENTS ET RIPOSTE APRÈS AVOIR PARÉ... 145

Observation sur les coups de trois mouvements................... 145

Sur la feinte du coup droit en quarte, la feinte de dégagement sur les armes et le dégagement dans les armes...................... 145

Sur la feinte du coup droit dans les armes, feinte de dégagement sur les armes et le coupé dans les armes.......................... 146

Sur la feinte du coup droit dans les armes, tromper le contre de tierce par la feinte de dégagement du même côté et la parade de quarte par le dégagement sur les armes............................. 146

Sur la feinte du coup droit dans les armes, tromper le contre de tierce par la feinte de dégagement du même côté et la parade de quarte par le coupé sur les armes.................................. 146

Sur la feinte du coup droit dans les armes, feinte de dégagement sur les armes, tromper le contre de quarte en tirant dans le bas...... 146

Sur la feinte du coup droit dans les armes, feinte de dégagement sur les armes, tromper le contre de quarte dans le haut du dehors par le dégagement... 147

Sur la feinte du coup droit dans les armes, feinte de dégagement sur les armes et tromper le contre de quarte par le coupé dans le haut du dehors... 147

Sur la feinte du coup droit sur les armes, feinte de dégagement dans les armes et dégagement sur les armes........................ 147

Sur la feinte du coup droit sur les armes, feinte de dégagement dans les armes et le coupé sur les armes............................ 147

Sur la feinte du coup droit sur les armes, tromper le contre de quarte par la feinte du dégagement du même côté, et le dégagement dans les armes... 148

Sur la feinte du coup droit sur les armes, tromper le contre de quarte et tierce par la feinte du dégagement du même côté que la feinte du coup droit et le coupé dans les armes......................... 148

TABLE DES MATIÈRES. 325
Pages.
Sur la feinte du coup droit sur les armes, feinte de dégagement dans les armes, tromper le contre de tierce par le dégagement dans les armes.. 148
Sur la feinte du coup droit sur les armes, feinte de dégagement dans les armes et tromper le contre de tierce par le coupé dans les armes. 148
Sur la feinte de dégagement sur les armes, feinte de dégagement dans les armes et le dégagement sur les armes..................... 149
Sur la feinte d'une-deux dans les armes et le coupé sur les armes... 149
Sur la feinte d'une-deux dans les armes, tromper le contre de tierce par le dégagement dans les armes............................. 149
Sur la feinte d'une-deux dans les armes et tromper le contre de tierce par le coupé dans les armes.................................. 149
Sur la feinte de dégagement sur les armes, tromper le contre de quarte par une même feinte de dégagement et la parade de tierce par le dégagement dans les armes...................................... 150
Sur la feinte de dégagement sur les armes, tromper le contre de quarte par la même feinte et la parade de tierce par le coupé dans les armes.. 150
Sur la feinte du coupé-dégagé dans les armes et le dégagement sur les armes... 150
Sur la feinte du coupé-dégagé dans les armes, tromper la parade de tierce et le contre de tierce par le dégagement dans les armes.... 150
Sur la feinte du liement dans le bas du dehors, feinte du coup droit dans le haut de la même ligne et le dégagement dans les armes... 151
Sur la feinte de liement dans le bas du dehors, feinte du coup droit dans le haut de la même ligne et tromper le contre de quarte par le coup droit dans le bas de dedans........................... 151
Sur la feinte du liement dans le bas du dehors, feinte du coup droit dans le haut de la même ligne et tromper le contre de quarte par le dégagement sur les armes..................................... 151
Les épées engagées en tierce sur une-deux-trois dans les armes..... 152
Sur la feinte d'une-deux sur les armes et le coupé dans les armes... 152
Sur la feinte d'une-deux sur les armes, tromper les parades de quarte et contre de quarte par le coup droit dans le bas du dedans...... 152
Sur la feinte d'une-deux sur les armes et tromper le contre de quarte par le dégagement sur les armes................................ 152
Sur la feinte d'une-deux sur les armes, tromper le contre de quarte par le coupé sur les armes...................................... 153
Sur la feinte du dégagement dans les armes, tromper le contre de tierce par une même feinte et la parade de quarte par le dégage-

ment... 153
Sur la feinte de dégagement dans les armes, tromper le contre de tierce par une même feinte et la parade de quarte par le coupé sur les armes... 153
Sur la feinte du coupé-dégagé sur les armes et le dégagement dans les armes... 153
Sur la feinte du coupé-dégagé sur les armes, tromper la parade de quarte et du contre de quarte par le coup droit dans le bas...... 154
Sur la feinte du coupé-dégagé sur les armes, tromper la parade de quarte et du contre de quarte par le dégagement sur les armes... 154
Observation... 154

CHAP. X.—COMPOSÉ DES COUPS (ATTAQUE) EN MARCHANT ET D'OBSERVATIONS DIVERSES.. 157
Coups en marchant, parades rétrogrades et ripostes............... 157
Battement en quarte en marchant par un changement d'engagement, et le coup droit dans le haut, les épées engagées dans la ligne du dehors... 158
Observation... 159
Coup imaginé par l'auteur.. 159
Coup exceptionnel.. 160
Feinte du coup droit en quarte en marchant et achever le coup droit dans le haut du dedans.. 161
Observation sur les coups en marchant............................. 161
Battement en quarte rétrograde en marchant et le coupé sur les armes. 162
Battement en quarte rétrograde en marchant et le coupé-dégagé dans les armes.. 162
Observation... 163
Pression en quarte rétrograde en marchant et le coup droit dans le haut... 164
Feinte de dégagement dans les armes, pression en quarte rétrograde en marchant, et coup droit.................................... 164
Pression en quarte rétrograde en marchant et le coupé............ 165
Observation... 165
Manière la plus facile pour combattre la pression rétrograde..... 165

CHAP. XI.—DES PARADES RÉTROGRADES............................... 167
Parade du contre de quarte rétrograde et riposte par le coupé sur les armes... 167
Parade du contre de quarte rétrograde et riposte par le coupé-dégagé 168

	Pages.
Parade du contre de tierce rétrograde et riposte par le coupé dans les armes...	169
Parade du contre de tierce rétrograde et riposte par le coupé-dégagé sur les armes...	169

CHAP. XII. — LE SALUT ET LE MUR............................... 171
  Le salut.. 171
  Le mur... 172

CHAP. XIII. — DE L'ASSAUT ET DU DUEL............................ 175
  L'assaut est la représentation du duel......................... 175
  Conseils et observations..................................... 175
  Questions sur le duel.. 180
  Réponse.. 180
  Réponse à la seconde question................................ 182
  Exemple.. 183
  Suite des observations sur le duel............................ 184
  Les caractères des gouvernants................................ 186
  Question sur le rôle que peut jouer la main gauche en duel étant droitier.. 189
  Réponse à ces diverses questions............................. 189
  Remarque sur le choix des armes accordé à l'agresseur dans certaines contrées. Réglementation sur le duel qui n'a pu être établi que par la force des préjugés passée dans les mœurs contre le droit. 192
  Observation et opinion de l'auteur sur le duel................. 193

CHAP. XIV. 201
  Redoublement... 201
  Dérobement (dérober l'épée).................................. 201
  Remise... 202
  Manière de prendre le temps sur une-deux, dans les armes, en se garantissant.. 202

CHAP. XV. — LEÇON D'ARMES DIVISÉE EN TROIS PARTIES............. 205
  Première partie... 205
  Observation.. 213
  Seconde partie.. 214
  Troisième partie.. 220
  Suite de la troisième partie................................. 227
  Coups du temps direct et d'opposition. — Temps *par le dérobement d'épée*... 227

	Pages.
Coup du temps avec opposition.	228
Absence d'épée.—Absence d'épée en quarte (pour parer).	230
Absence d'épée en tierce pour parer.	231
Absence pour attaquer (en quarte).	231
Absence pour attaquer (en tierce).	231
Observation.	232
Fente de dégagement dans les armes en se fendant à demi ou plus selon les vitesses relatives, pour parer la riposte du coup droit de l'adversaire après la parade de quarte, par le contre de tierce, et riposter.	232
Observation.	233
CHAP. XVI. — DES DIVERS COUPS ET DE DIVERSES PARADES ET RIPOSTES DANS LES CORPS-A-CORPS.	235
Parade contre le coup ci-dessus.	236
Du coupé en corps-à-corps.	236
Parade contre ce coup.	237
Autre corps-à-corps et sa parade.	237
Coup et parade exceptionnels conçus par l'auteur pour se garantir du dérobement par le dégagement de l'adversaire, sur le battement en tierce. Mouvement des plus rapides et à deux fins. Enseignement théorique.	238
CHAP. XVII.—DES QUALITÉS PHYSIQUES, MORALES ET INTELLECTUELLES QUE DOIT POSSÉDER LE MAITRE D'ARMES, POUR S'ÉLEVER A LA HAUTEUR DE SON PROFESSORAT.	241
Des qualités physiques.	241
Des qualités morales.	241
Des qualités intellectuelles.	242
CHAP. XVIII. — MOUVEMENTS D'ENSEMBLE.	245
Première position.	245
Observation.	247
CHAP. XIX. — DES CONTRES.	249
Manière de tirer les contres.—Attaque par le coup droit.	249
Attaque par le dégagement sur les armes et parade par le contre de quarte.	250
CHAP. XX.—NOTES GÉNÉRALES, TRÈS-UTILES A CONNAITRE ET A ÉTUDIER; ON Y TROUVERA ÉGALEMENT L'ENSEIGNEMENT THÉORIQUE DE QUELQUES COUPS, CONTRE ET POUR LES GAUCHERS.	253
Note n° 1.	253

	Pages.
Note n° 2.	254
Note n° 3.	254
Note n° 4.	255
Note n° 5.—Moyen de s'assurer si le mouvement de la main qui conduit l'épée précède le mouvement de la jambe.	256
Note n° 6.	256
Note n° 7. — Du toucher.	256
Note n° 8. — Valeur et emploi de la vue en escrime, toucher et jugement.	257
Exemple.	257
Note n° 9.	259
Note n° 10.	259
Note n° 11.	259
Note n° 12.	260
Note n° 13. — Observation sur l'usage des fleurets lourds pour tirer au plastron.	260
Note n° 14. — Observation sur les différences de tailles.	261
Note n° 15. — Précautions à prendre pour connaître les distances sur le terrain.	261
Note n° 16. — Observations sur les gauchers et coups spéciaux.	262
Observation.	264
Note n° 17. — Demande.	265
Réponse.	265
Note n° 18. — Autres questions.	267
Réponse.	267
Note n° 19. — Question adressée à l'auteur par un amateur.	268
Réponse.	269
Note n° 20. — Observation sur deux manières d'envisager certains coups qui amènent les deux tireurs à se toucher en même temps ou à peu près.	270
Note n° 21. — Opinion de l'auteur sur la fente en arrière.	271
Fente en arrière (échappement).	273
Note n° 22. — Méthode italienne.	274
Instruction.	275
Note n° 23.	277
Chap. XXI. — Au lecteur.	287

FIN DE LA TABLE.

AVIS AU RELIEUR

POUR LE PLACEMENT DES 28 GRAVURES.

	Pages.
Première position..	16
Deuxième position : La garde......................................	18
Troisième position : Extension du bras...........................	20
Quatrième position : La fente......................................	22
Cinquième position : Coup droit dans le haut du dedans...........	24
Sixième position : Coup droit dans le bas du dedans..............	26
Septième position : Coup droit sur les armes.....................	30
Huitième position : Coupé sur les armes..........................	32
Neuvième position : Coupé dans le haut de la ligne de quarte......	34
Dixième position : Liement dans le bas de la ligne du dehors......	36
Onzième position : Feinte du coup droit dans le haut de la ligne de quarte..	40
Douzième position : Feinte du coup droit dans le haut de la ligne de tierce..	42
Treizième position : Feinte du coup droit dans le bas de la ligne du dedans..	44
Quatorzième position : Parade de quarte..........................	46
Quinzième position : Contre de tierce.............................	48
Seizième position : Parade du demi-cercle........................	50
Dix-septième position : Quarte basse..............................	52
Dix-huitième position : Parade de prime..........................	146
Dix-neuvième position : Parade de prime.........................	56
Vingtième position : Parade de seconde...........................	60

	Pages.
VINGT ET UNIÈME POSITION : Quarte haute........................	62
VINGT-DEUXIÈME POSITION : Parade en cédant.....................	64
VINGT-TROISIÈME POSITION : Riposte par le coupé, après la parade de quarte..	68
VINGT-QUATRIÈME POSITION : Riposte par le coupé, après la parade de tierce...	72
VINGT-CINQUIÈME POSITION : Riposte par le liement................	74
VINGT-SIXIÈME POSITION : Riposte après avoir paré la seconde.......	76
VINGT-SEPTIÈME POSITION : Le mur...........................	170
VINGT-HUITIÈME POSITION : Le mur...........................	172

www.ingramcontent.com/pod-product-compliance
Lightning Source LLC
Chambersburg PA
CBHW050428170426
43201CB00008B/592